통합교과 지식 100 인물

통합교과 지식 100 인물

초판 1쇄 발행 2014년 12월 1일
초판 3쇄 발행 2015년 5월 10일

글쓴이 권기경 | **그린이** DK

발행인 양원석 | **본부장** 박철주
편집장 전혜원 | **기획 편집** 김지연, 이희자 | **디자인** 김신애
영업 마케팅 김경만, 정재만, 양근모, 윤면규, 김민수, 장현기, 이영인, 정미진, 송기현, 이선미
해외 저작권 황지현, 지소연 | **제작** 문태일, 김수진

펴낸곳 (주)알에이치코리아
주소 153-802 서울시 금천구 가산디지털2로 53, 20층(한라시그마밸리)
문의 02-6443-8870(내용), 02-6443-8838(구입), 02-6443-8962(팩스)
등록번호 제 2-3726호(2004년 1월 15일 등록) | **홈페이지** www.jrrhk.com

ⓒ 권기경·DK, 2014

ISBN 978-89-255-5470-9 (74900)
ISBN 978-89-255-5469-3 (세트)

※ 값은 뒤표지에 있습니다.
※ 잘못된 책은 구입하신 곳에서 바꾸어 드립니다.
⚠ 책 모서리가 날카로워 다칠 수 있으니 사람을 향해 던지거나 떨어뜨리지 마십시오.

알에이치코리아 홈페이지와 카페, SNS로 들어오시면 자사 도서에 대한 더 많은 정보와 다양한 이벤트 혜택을 확인할 수 있습니다.
주니어RHK 홈페이지 http://jrrhk.com | 북카페 http://cafe.naver.com/randomhousekorea
페이스북 https://www.facebook.com/rhk.co.kr | 트위터 @randomhouse_kr | 유튜브 http://www.youtube.com/randomhousekorea
RHK 는 랜덤하우스코리아의 새 이름입니다. 주니어RHK 는 알에이치코리아의 아동 브랜드입니다.

통합교과 지식 100

권기경 글·DK 그림

인물

주니어 RHK

시리즈 소개 및 활용

〈통합 교과 지식 100〉 시리즈는 주제, 활동 중심의 통합 교과를 지향하는 초등 교과서 개정 흐름에 맞추어 기획된 시리즈입니다. 교육 과정이 바뀌어도 빠지지 않고 등장하는 인물, 명화, 고전, 유적 등의 주제를 선정해 주제별로 100가지를 선별했습니다. 여러 교과에 흩어져 있는 다양한 지식과 정보를 아울러 이해를 돕는 디자인과 그림, 사진으로 정리해 통합 교과 대비에 탁월한 시리즈입니다.

〈통합 교과 지식 100〉 시리즈의 첫 번째 책인 《통합 교과 지식 100 인물》은 역사 흐름에 영향을 끼친 인물, 인류 발전에 도움이 되는 업적을 쌓은 인물을 100인 선정했습니다. 특히 국어, 수학, 과학, 사회, 미술, 음악, 도덕 등의 교과서에 언급되는 인물을 위주로 선정해 교과 학습에 도움이 됩니다. 특정 분야의 인물에 치우치지 않도록 '정치가, 사상가, 예술가, 과학자, 탐험가, 사업가'라는 다섯 분야를 기준으로 삼았으며 각 시대별로 중요한 인물을 고루 뽑았습니다. 따라서 인물의 생애, 업적과 함께 다양한 직업에 대한 이해도 가능할 뿐만 아니라, 자연스럽게 역사의 흐름도 익힐 수 있습니다. 서양사와 한국사의 주요 인물을 뽑으며 다양한 국적의 인물들과 역사에서 소외되었던 여성들도 포함시켜 균형 있는 시각을 제시했습니다.

《통합 교과 지식 100 인물》은 각 인물과 관계 있는 인물을 함께 싣고 있어 실제로는 100인 이상의 인물에 관한 정보가 집약되어 있는 책입니다. 인물의 흥미로운 생애를 살펴보면서 다양한 배경지식과 관련 교과를 한눈에 정리해 보세요. 이 책의 맨 뒤에 실려 있는 '한국사·세계사 비교 연표'를 활용해 역사의 흐름을 살펴보면서 100인의 인물이 활동한 당시의 시대적 상황을 연관 지으면 인물을 더 잘 이해할 수 있습니다.

이 책의 활용

현대의 인물부터 근대, 근세, 중세, 고대의 인물을
역사의 흐름에 따라 순차적으로 배치했어요.
연표를 통해 한국사와 세계사의 흐름을 비교할 수 있어요.

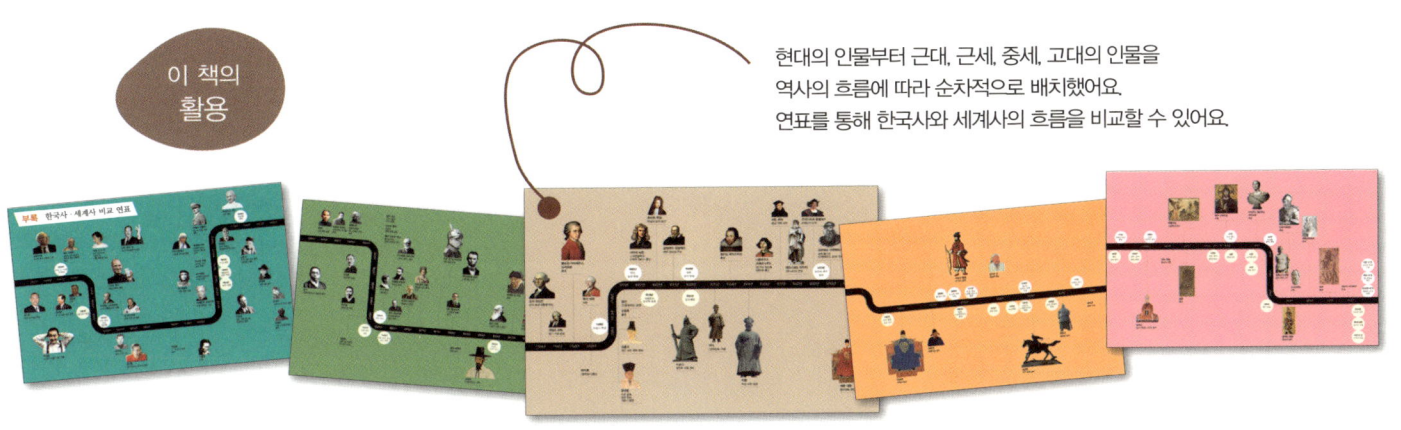

인물에 관한 핵심 정보와 인물의 이름이 한눈에 먼저 들어오도록
구성해 인물에 관한 이해를 도왔어요.

인물의 국적과 태어나고 죽은 연도를 눈에 띄게 표시해
활동 공간과 시대를 짐작할 수 있어요.

인물의 특징과 업적을 일러스트로 표현해
인물을 생생하게 느낄 수 있어요.

왼쪽부터 시간의 흐름에 따라 에피소드와 업적,
관련 정보 등을 배열했어요. 따라 읽다 보면 자연스럽게
인물의 생애와 흐름이 그려져요.

더 깊이 있게 다룰 만한 정보나 인물과
관련 깊은 인물들에 관한 정보, 관련 교과는 〈연관 검색〉과
〈관련 교과〉를 두어 따로 정리했어요.

관련 인물의 쪽수를 표시해 두어 동시에
살펴보며 관계를 연관 지을 수 있어요.

일러두기

1. 맞춤법과 띄어쓰기는 국립국어원의 기준에 따랐습니다.
2. 인물의 배열 순서는 인물의 출생 연도를 기준으로 했습니다.
3. 찾아보기에서 인물 이름으로 쉽게 찾을 수 있도록 가나다 순으로 정리해 놓았습니다.

차례

시리즈 소개 및 활용 • 04

001 애플 컴퓨터를 만든 창의적인 IT 사업가 **스티브 잡스** • 10
002 한국의 노동 운동을 상징하는 아름다운 청년 **전태일** • 12
003 미얀마 민주화 운동을 이끄는 정치가 **아웅 산 수 치** • 14
004 최초의 한국인 유엔 사무총장 **반기문** • 16
005 티베트의 정신적 지도자 **달라이 라마** • 18
006 비디오 예술을 개척한 세계적인 예술가 **백남준** • 20
007 개방과 개혁을 추진한 소련의 초대 대통령 **미하일 고르바초프** • 22
008 세계 최고의 경영자 **워렌 버핏** • 24
009 인류 최초로 달에 착륙한 우주 비행사 **닐 암스트롱** • 26
010 흑인 인권 운동을 전개한 목사 **마틴 루터 킹** • 28
011 쿠바 혁명을 이끈 정열적인 혁명가 **체 게바라** • 30
012 노벨 평화상을 받은 한국의 대통령 **김대중** • 32
013 사랑을 남긴 바보 천사 **김수환** • 34
014 남아프리카 공화국 최초의 흑인 대통령 **넬슨 만델라** • 36
015 군사 정변을 일으키고 경제 성장을 이룬 **박정희** • 38
016 한국의 대표 서양화가 **이중섭** • 40
017 북한의 공산 혁명을 이끈 최고 권력자 **김일성** • 42
018 가난한 사람들의 어머니 **마더 테레사** • 44
019 한국 영화의 선구자 **나운규** • 46
020 한국의 잔 다르크라 불리는 애국지사 **유관순** • 48

021 어린이날을 만든 어린이들의 친구 **방정환** • 50
022 육종학을 개척한 세계적인 육종학자 **우장춘** • 52
023 기업의 이익을 사회에 환원한 기업가 **유일한** • 54
024 중국 공산주의 혁명을 이끈 정치가 **마오쩌둥** • 56
025 인종 우월주의를 내세운 독재자 **아돌프 히틀러** • 58
026 장애를 극복한 사회 운동가 **헬렌 켈러** • 60
027 인술을 펼친 의사이자 신학자 **알베르트 슈바이처** • 62
028 제2차 세계 대전을 영국의 승리로 이끈 **윈스턴 처칠** • 64
029 인도의 비폭력 독립운동 지도자 **마하트마 간디** • 66
030 한국 최초의 여자 성악가 **윤심덕** • 68
031 입체주의 미술의 선구자 **파블로 피카소** • 70
032 승려의 신분으로 조국 독립에 앞장선 **한용운** • 72
033 상대성 이론을 만든 천재 과학자 **알베르트 아인슈타인** • 74
034 민족의식을 일깨운 독립운동가 **안창호** • 76
035 한글 보급에 앞장선 국어학자 **주시경** • 78
036 독립 의지를 세계에 알린 독립운동가 **김구** • 80
037 러시아 혁명을 주도한 혁명가 **블라디미르 레닌** • 82
038 최초로 실용적인 비행기를 만든 형제 발명가 **라이트 형제** • 84
039 폴로늄과 라듐을 발견한 여성 과학자 **마리 퀴리** • 86
040 중국 혁명의 아버지 **쑨원** • 88

041 대량 생산 시스템을 처음 도입한 자동차 왕 **헨리 포드** • 90
042 정신분석학을 창시한 정신과 의사 **지그문트 프로이트** • 92
043 동학 농민 운동의 지도자 **전봉준** • 94
044 후기 인상주의를 대표하는 화가 **빈센트 반 고흐** • 96
045 세계 최고의 발명왕 **토머스 에디슨** • 98
046 엑스(X)선을 발견해 물리학을 발전시킨 **빌헬름 뢴트겐** • 100
047 러시아 문학을 대표하는 대문호 **레프 톨스토이** • 102
048 미생물학의 아버지 **루이 파스퇴르** • 104

049 구한말 조선을 움직인 고종의 아버지 **흥선 대원군** • 106
050 19세기 영국의 전성기를 이끈 **빅토리아 여왕** • 108
051 독일의 철학자이자 사회주의 혁명가 **카를 마르크스** • 110
052 독일의 통일을 이룩한 철혈 재상 **오토 폰 비스마르크** • 112
053 진화론을 확립한 생물학자 **찰스 다윈** • 114
054 조선 지리학의 성과를 집대성한 **김정호** • 116
055 노예 해방을 선언한 미국의 대통령 **에이브러햄 링컨** • 118
056 근대 국가의 기틀을 다진 프랑스 황제 **나폴레옹 보나파르트** • 120
057 실학을 집대성한 조선 후기의 개혁가 **정약용** • 122
058 조선 시대의 풍류와 여인을 화폭에 담은 **신윤복** • 124
059 고전주의 음악을 완성한 천재 음악가 **볼프강 아마데우스 모차르트** • 126
060 프랑스 혁명으로 처형된 비운의 왕 **루이 16세** • 128

061 새로운 풍속화를 개척한 조선의 천재 화가 **김홍도** • 130
062 전지를 처음 개발한 물리학자 **알렉산드로 볼타** • 132
063 조선 후기를 대표하는 실학자이자 소설가 **박지원** • 134
064 증기기관으로 산업 혁명을 앞당긴 기술자 **제임스 와트** • 136
065 미국 독립을 이끈 미국 건국의 아버지 **조지 워싱턴** • 138
066 고유의 화풍을 개척한 화가 **정선** • 140
067 만유인력을 발견한 천재 과학자 **아이작 뉴턴** • 142
068 실험의 중요성을 강조한 화학의 아버지 **로버트 보일** • 144
069 세계 최고의 시인이자 극작가 **윌리엄 셰익스피어** • 146
070 근세 물리학의 아버지 **갈릴레오 갈릴레이** • 148
071 임진왜란에서 나라를 구한 영웅 **이순신** • 150
072 조선의 대학자이자 뛰어난 정치가 **이이** • 152
073 조선의 성리학을 발전시킨 동방의 주자 **이황** • 154
074 면죄부 판매를 비판한 종교 개혁가 **마틴 루터** • 156
075 르네상스 시대의 천재 예술가이자 발명가 **레오나르도 다 빈치** • 158
076 신대륙 아메리카를 유럽에 소개한 탐험가 **크리스토퍼 콜럼버스** • 160

077 지동설을 주장한 천문학자 **니콜라우스 코페르니쿠스** • 162
078 한글을 창제한 조선의 위대한 임금 **세종 대왕** • 164
079 조선 시대의 최고 과학자 **장영실** • 166
080 유럽 최초로 금속 활자를 발명한 **요하네스 구텐베르크** • 168

081 조선을 건국한 태조 임금 **이성계** • 170
082 화약을 만든 고려의 발명가 **최무선** • 172
083 동방견문록을 쓴 탐험가 **마르코 폴로** • 174
084 세계의 반을 정복한 몽골의 지배자 **칭기즈 칸** • 176
085 거란의 침략을 물리친 고려의 명장 **강감찬** • 178
086 청해진을 건설해 국제 무역을 한 해상 왕 **장보고** • 180
087 고구려를 계승해 발해를 세운 왕 **대조영** • 182
088 불교의 대중화에 앞장선 신라의 고승 **원효** • 184
089 삼국 통일을 이룬 신라의 장군 **김유신** • 186
090 이슬람교의 창시자 **무함마드** • 188
091 삼국 통일의 기틀을 마련한 **선덕 여왕** • 190
092 고구려의 영토를 크게 넓힌 왕 중의 왕 **광개토 대왕** • 192
093 기독교의 창시자 **예수 그리스도** • 194
094 로마의 영웅이자 정치가 **가이우스 율리우스 카이사르** • 196
095 부력의 법칙을 발견한 고대 그리스의 수학자 **아르키메데스** • 198
096 동방 원정으로 대제국을 건설한 **알렉산더 대왕** • 200
097 고대 그리스의 과학자이자 의학의 아버지 **히포크라테스** • 202
098 고대 그리스의 사상가 **소크라테스** • 204
099 유교를 창시한 중국의 사상가 **공자** • 206
100 불교를 창시한 인도의 성인 **고타마 싯다르타** • 208

[부록] 한국사·세계사 비교 연표 • 210
찾아보기 • 220
사진 자료 출처와 소장처 • 222

애플 컴퓨터를 만든 창의적인 IT 사업가
스티브 잡스
미국 · 1955년~2011년

아주 특별한 입양아

미혼모의 아들로 태어난 스티브 잡스는 태어나자마자 잡스 부부에게 입양되었어요. 어릴 때부터 새로운 기계 만드는 것을 좋아하고 호기심이 많았던 잡스는 대학 때 히피 문화에 빠지기도 하고, 힌두교와 불교에 심취하기도 했어요. 한동안 글자 모양을 연구하기도 했는데, 이런 경험이 훗날 애플 사(Apple Inc.)를 창조하는 데 밑거름이 되었어요.

> 나머지 인생을 설탕물이나 팔면서 보내고 싶습니까, 아니면 세상을 바꿔 놓을 기회를 갖고 싶습니까?

→ 아이폰.

차고에서 시작된 애플의 신화

대학을 중퇴한 잡스는 엔지니어 스티브 워즈니악과 함께 컴퓨터 회사를 차렸어요. 사무실은 부모님의 차고였지요. 훗날 세상을 뒤바꿔 놓은 애플사의 신화는 그렇게 시작되었어요. 오늘날 애플사는 컴퓨터 소프트웨어와 개인용 컴퓨터를 만드는 세계 정상의 IT 기업이지요. 우리에게도 친숙한 아이팟, 아이폰, 아이패드가 바로 애플사에서 만드는 제품이에요.

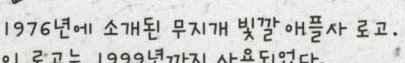

1976년에 소개된 무지개 빛깔 애플사 로고. 이 로고는 1999년까지 사용되었다.

연봉 1달러 사장

승승장구하던 잡스는 매킨토시와 리사 컴퓨터의 실패, 독단적인 성격 때문에 애플사에서 쫓겨나다시피 물러나야 했어요. 하지만 그로부터 12년 후 잡스는 경영이 어려워진 애플사를 살리기 위해 다시 돌아갔어요. 최고 경영자 잡스의 연봉은 겨우 1달러. 돈을 위해서 일하는 것이 아니라 오직 열정을 위해서 일한다며 그가 요구한 금액이었어요.

1달러는 원화로 약 천 원에 해당한다.

개인용 컴퓨터 시대가 열리다

1977년, 컴퓨터의 케이스는 쇳덩이여야 한다는 상식을 깨고 플라스틱 케이스로 만들어진 애플Ⅱ가 공개됐어요. 단순하고 가볍고 편리한 작동으로 애플Ⅱ는 일반인들에게 큰 인기를 끌었어요. 애플Ⅱ의 성공으로 개인용 컴퓨터 시대가 열렸어요.

애플Ⅱ는 1970년대 말부터 개인용 컴퓨터 붐을 이끌었다.

세상을 놀라게 한 스마트폰

2007년 스티브 잡스는 또 한 번 세상을 깜짝 놀라게 했어요. 손안의 컴퓨터이자 휴대 전화, 엠피쓰리(MP3) 플레이어의 기능을 갖춘 아이폰을 공개한 것이에요. 언제 어디서든 인터넷에 접속할 수 있는 스마트폰의 등장으로 인류의 삶은 크게 바뀌었어요.

| 연관 검색 | 세계 IT 발전을 이끈 창업자들 |

마이크로소프트 창업자 빌 게이츠

고등학생 때부터 교통량 데이터 분석 프로그램을 만들어 돈을 벌었던 빌 게이츠(1955년~)는 열아홉 살에 하버드 대학교를 중퇴하고 스물한 살에 마이크로소프트 회사를 차렸어요. 컴퓨터 운영 체제인 윈도우를 개발하면서 세계 최대의 갑부가 되었지요.

페이스북 창업자 마크 주커버그

중학생 때부터 프로그래밍을 시작한 마크 주커버그(1984년~)는 하버드 대학 재학 시절에 페이스북을 만들었어요. 페이스북은 온라인에서 여러 사람들과 관계를 맺을 수 있는 소셜 네트워크 서비스(SNS)예요. 처음엔 대학생을 대상으로 했던 페이스북이 점차 세계로 확산되어 2012년에는 가입자 수가 9억 명을 넘어섰어요.

한국의 노동 운동을 상징하는 아름다운 청년
전태일
한국 • 1948년~1970년

돈을 벌어야 하는 소년

아버지의 양복 공장이 망하면서 전태일의 가족은 하루아침에 집을 잃고 떠도는 신세가 되었어요. 전태일은 열네 살부터 구두닦이, 신문팔이, 우산 장수 등 닥치는 대로 돈을 벌어야 했어요.

여공들의 지옥 동대문 평화시장

재단사가 된 전태일은 동대문 평화시장에서 일했어요. 평화시장에는 옷 만드는 작업실이 모여 있었는데, 작업실은 하나같이 어둡고 좁고 먼지투성이의 다락방이었어요. 그곳에서 어린 여공(공장에서 일하는 여자)들은 햇볕 한 번 쬐지 못한 채 하루 종일 일해야 했어요.

바보회를 결성하다

바보회는 평화시장에서 일하는 동료 재단사들이 모여 만든 모임이에요. 평화시장의 노동 환경을 개선하기 위해 설문조사를 하기도 하고, 그 결과를 노동청이나 시청에 전달하기도 했어요.

노동자의 불꽃으로

아무리 노력을 해도 노동 조건이 나아지지 않자 전태일은 큰 결심을 했어요. 1970년 11월 13일, 온몸에 불을 지른 전태일은 '근로 기준법을 준수하라.'고 외쳤어요. 전태일의 죽음으로 평화시장 노동자들의 비참한 환경이 세상에 알려지게 되었답니다.

1960년대 평화시장에 소규모 의류 공장에서 여성 노동자들이 일하고 있는 모습.

연관 검색 — 전태일의 생애를 다룬 작품들

《전태일 평전》
서울대 법대를 졸업하고 변호사 시험을 준비하던 조영래는 전태일의 정신을 널리 알려야겠다 결심하고 그에 관한 책을 썼어요. 이 책이 바로 《전태일 평전》으로 책 출간 이후 더 많은 사람들이 전태일과 노동 운동에 관심을 가지게 되었지요.

영화 〈아름다운 청년 전태일〉
1995년에 개봉한 전태일의 생애를 다룬 영화예요. 전태일 역을 맡은 배우 홍경인과 내레이션 역할을 맡은 배우 문성근은 이 영화에 무료로 출연했다고 해요.

근로 기준법

근로 시간, 휴일, 해고 등 근로 조건의 최저 기준을 정한 법이에요.
1960~1970년대만 해도 근로 기준법을 지키는 회사가 많지 않았어요.

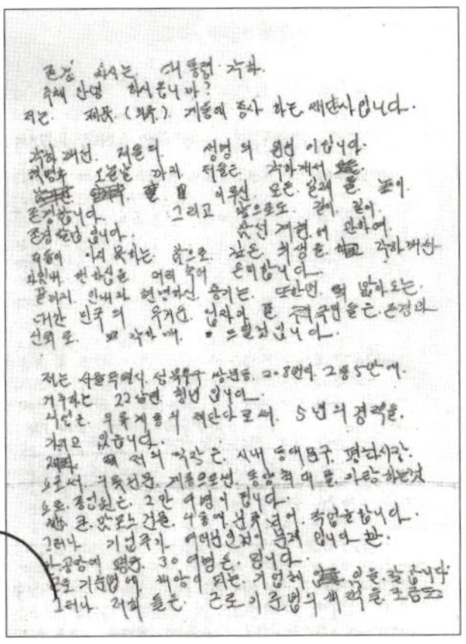

전태일이 대통령에게 쓴 편지. 공장에서도 근로 기준법을 적용시켜 달라고 쓰여 있다.

노동자들의 어머니가 된 어머니 이소선

전태일의 장례식을 치른 뒤 어머니 이소선은 아들의 동료들과 힘을 합쳐 노동조합을 만들었어요. 그 후로도 노동자들이 사람다운 대우를 받을 수 있도록 계속해서 노동 운동에 앞장섰지요. 이소선은 노동자들의 어머니였어요.

노동자를 혹사하지 마라, 근로 기준법을 준수하라!

미얀마 민주화 운동을 이끄는 정치가
아웅 산 수 치
미얀마 • 1945년~

미얀마 독립의 아버지 아웅 산

1886년, 버마(1989년 이전까지 미얀마의 국가 명)는 영국의 식민지가 되었어요. 그후 60여 년 동안 계속된 식민지 역사를 끝낸 주인공은 독립투사 아웅 산이었어요. 아웅 산 수 치는 미얀마의 국민 영웅이자 독립의 아버지로 불리는 아웅 산의 셋째 딸이에요.

평범한 여인의 삶을 살다

아웅 산 수 치는 열다섯 살에 인도 대사인 어머니를 따라 인도로 떠난 이후, 28년 동안 줄곧 외국에서 생활했어요. 영국 옥스퍼드 대학을 졸업하고 유엔에서 일하다 영국인 학자와 결혼해 두 아들을 두었지요. 1988년에 어머니의 병간호를 위해 귀국하기 전까지는 그저 두 아들의 어머니로서 평범하게 살았어요.

→ 아웅 산 수 치.

8888 민주화 운동

아웅 산과 함께 독립운동을 하던 네윈이 군사 쿠데타를 일으켜 정권을 장악했어요. 권력을 잡은 네윈은 탐욕스런 독재자가 되었지요. 26년 동안 네윈의 독재 정치에 신음하던 버마의 학생과 시민들이 모두 일어나서 민주화를 요구했어요. 1988년 8월 8일에 일어난 이날의 궐기를 8888 민주화 운동이라고 해요.

민주화 운동의 상징이 된 여인

8888 민주화 운동을 목격한 아웅 산 수 치는 버마의 현실을 외면할 수 없었어요. 정부에 시민들의 요구를 들어줄 것을 촉구하는 '화평안'을 제시하며 민주화 운동에 뛰어들었어요. 이후 그녀는 미얀마 민주화 운동의 상징이 되었어요.

15년의 가택 연금

민주화 운동에 뛰어든 아웅 산 수 치가 국민의 지지를 받자 미얀마 정부는 그녀를 가택 연금 시켰어요. 집안에 가두고 모든 정치 활동을 못 하도록 막은 것이지요. 아웅 산 수 치가 갇혀 지낸 세월은 세 번에 걸쳐 총 15년. 그 사이 노벨상을 탔지만 시상식장에 갈 수 없었고, 남편이 세상을 떠났지만 장례식장에도 갈 수 없었어요. 모든 것을 희생하며 민주화 운동에 헌신하다 2010년 11월 13일, 마침내 가택 연금에서 풀려났어요.

2009년 이탈리아 로마에서 아웅 산 수 치를 위한 시위가 일어나기도 했다.

계속되는 투쟁

2012년 4월 1일, 아웅 산 수 치는 국회의원 보궐 선거에 출마해 하원 의원에 당선됐어요. 그리고 그녀가 이끄는 민족민주동맹(NLD)이 선거에서 압승을 거두었지요. 2015년 대선 출마를 선언한 아웅 산 수 치는 지금도 미얀마의 민주화를 위해 열심히 뛰고 있어요.

최초의 한국인 유엔 사무총장
반기문

한국 • 1944년~

유엔 UN

유엔(UN)은 제2차 세계 대전이 끝난 후 국제 평화를 유지하기 위해 설립된 기구예요. 전쟁, 테러, 빈곤, 기후 변화 등 지구 전체의 문제를 논의하고 해결하기 위해 노력하고 있지요. 현재 회원국은 남북한을 비롯해서 193개국이랍니다.

유엔 로고. 올리브 나뭇가지는 평화를 상징하고, 세계 지도는 평화와 안보를 성취하는 데 중요한 지역을 의미한다.

성실과 겸손은 외교관의 자세

외무고시에 합격한 반기문은 인도에서 첫 외교관 생활을 시작했어요. 그곳에서 노신영 총영사관을 만나 외교관의 기본자세를 배웠어요. 사람과 사람 사이의 소통을 중시하고, 지위가 높고 낮음에 관계없이 다른 사람을 겸손하게 대해야 한다는 것을 깨달았지요.

나의 꿈은 외교관

미국 적십자사는 해마다 세계 각국의 청소년들을 미국으로 초청하는 연수 프로그램(VISTA)을 운영하고 있었어요. 반기문은 영어 경시대회에서 1등을 해서 미국 적십자사의 연수생으로 선발되었어요. 그리고 미국 연수 기간 중 케네디 대통령을 만났지요. 케네디 대통령이 꿈이 무엇이냐고 묻자 반기문은 외교관이라고 대답했다고 해요.

미국의 제35대 대통령이었던 존 피츠제럴드 케네디.

유엔 사무총장에게 편지를 보낸 소년 반기문

1956년에 헝가리에서 민주화 시위가 일어나자 소련은 탱크를 동원해 무력으로 시위대를 진압했어요. 당시 초등학교 6학년이었던 반기문은 이 뉴스를 듣고 유엔 사무총장 다그 함마르셸드에게 편지를 썼어요. 유엔이 헝가리를 도와줘야 한다고 말이지요.

황장엽 망명 성공

1997년에 북한의 노동당 비서 황장엽이 베이징 한국 대사관에 망명을 요청했어요. 하지만 중국은 북한과의 관계에 부담을 느끼고 그를 필리핀으로 출국시켜 버렸지요. 이에 한국 정부는 은밀하고 신속하게 황장엽의 망명을 추진했어요. 당시 청와대 안보수석이었던 반기문은 직접 필리핀으로 날아가 황장엽을 무사히 망명시키는 데 큰 역할을 했어요.

지구촌의 대통령 유엔 사무총장

유엔 사무총장은 어떤 국가나 기구로부터 영향을 받지 않는 독립적인 자리예요. 193개 회원국의 대표라 지구촌 대통령이라고도 하지요. 반기문은 2006년에 제8대 유엔 사무총장으로 선출되었어요.

새 천 년 개발 목표

2000년 9월, 유엔은 2015년까지 전 인류가 함께 달성해야 할 여덟 가지 목표를 설정했어요. 여덟 가지 목표는 절대 빈곤 및 기아 퇴치, 보편적 초등 교육 달성, 남녀평등 및 여성 능력 고양, 아동 사망률 감소, 모성 보건 증진, 후천성 면역 결핍증과 말라리아 및 기타 각종 질병 퇴치, 지속가능한 환경 보전, 개발을 위한 범지구적 파트너십 구축이에요.

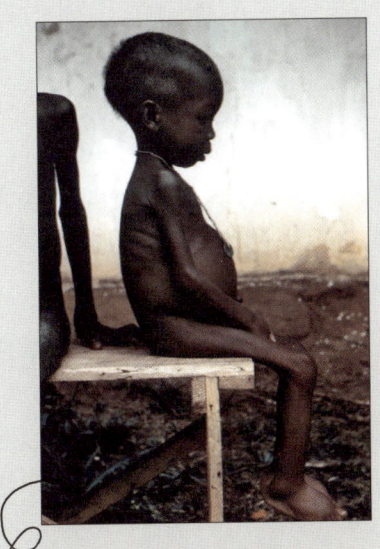

단백 결핍성 소아 영양실조에 걸린 아이의 모습.

티베트의 정신적 지도자
달라이 라마
티베트 • 1935년~

지도에서 찾을 수 없는 티베트

티베트는 히말라야 산맥을 따라 중국 남서부에 자리잡고 있는 자치구예요. 중국의 자치구이기 때문에 지도에서 찾을 수 없는 것이지요. 티베트 땅의 대부분은 해발 5천 미터 정도의 티베트 고원에 위치해 있어 하늘과 가까운 곳이라고 할 수 있어요.

티베트의 슬픈 역사

티베트는 고유의 종교와 문화를 지닌 채 살아가던 나라였어요. 그러던 중 1950년에 무력으로 중국에 점령당했지요. 1959년 3월에는 티베트에서 반중국 반란이 일어나 12만여 명에 달하는 티베트 사람이 학살되고, 6천여 개의 불교 사원이 파괴되기도 했어요. 이를 계기로 달라이 라마는 중국의 티베트 통치에 반대해 인도로 망명했어요. 1965년에 중국 정부는 티베트를 시짱이라는 이름의 중국 자치구로 편입시켰어요.

> 원하든 원하지 않든 간에 우리는 서로 연결되어 있다. 나 혼자만 따로 행복해지는 것은 생각할 수도 없다.

말 축제에 참석한 티베트 가족.

환생하는 스승, 달라이 라마

환생은 사람이 죽으면 모습을 바꾸어 다시 태어난다는 뜻이에요. 티베트 사람들은 이 환생을 믿지요. 그래서 달라이 라마처럼 위대한 스승이자 지도자는 다시 달라이 라마로 태어난다고 믿어요. 달라이 라마는 자비의 보살인 관세음보살이 환생한 존재를 뜻해요.

의자 위의 빈 의복은 달라이 라마가 현재 그곳에 없음을 의미한다.

제14대 달라이 라마

제14대 달라이 라마의 본명은 텐진 갸초이고, 중국 티베트족 자치구에서 농부의 아들로 태어났어요. 1940년에 포탈라 궁에서 제14대 달라이 라마로 즉위했지요. 이후 그는 티베트 사람들의 정신적인 지주로 자리매김하고 있어요.

포탈라 궁.

달라이 라마가 머문 포탈라 궁

티베트의 라싸라는 곳에는 우뚝 솟아 있는 궁전이 있어요. 이곳이 바로 달라이 라마가 티베트를 떠나기 전까지 머문 포탈라 궁이랍니다. 포탈라 궁은 1654년 제5대 달라이 라마 때 당나라에서 시집온 공주를 위해 지은 건물이에요. 현재 포탈라 궁에는 중국의 깃발이 펄럭이고 있답니다.

티베트의 독립을 위해

달라이 라마는 비폭력주의를 주장하며 티베트의 독립운동을 위해 노력하고 있어요. 인도에 망명한 이후 인도 동북부의 히말라야 산맥 기슭에 티베트 망명 정부를 세우고, 티베트 헌법의 기초를 만들었어요. 또한 학교와 수공예 공장 등을 세워 티베트 문화의 정체성을 지키는 데 힘을 쏟았지요. 이런 공로를 인정받아 1989년에는 노벨 평화상을 받기도 했어요. 현재 달라이 라마는 전 세계를 다니며 불교의 가르침을 전하고, 국제 사회에 티베트의 독립을 지지해 줄 것을 호소하고 있어요.

2007년, 달라이 라마는 미국 워싱턴 국회 의사당에서 수여하는 황금 메달을 받았다.

| 연관 검색 | 달라이 라마를 세상과 이어 준 하인리히 하러 |

하인리히 하러는 히말라야를 등반하러 갔다가 제2차 세계 대전이 터지는 바람에 인도 군인들에게 체포되어 포로수용소에 갇혔어요. 포로수용소를 탈출해 티베트로 가게 된 그는 달라이 라마를 만나 7년을 머물며 영어 등을 가르쳐 주었지요. 중국이 티베트를 점령한 뒤에는 조국 오스트리아로 돌아가 《티베트에서의 7년》이라는 책을 썼어요.

비디오 예술을 개척한 세계적인 예술가
백남준
한국 • 1932년~2006년

인생을 바꾼 존 케이지와의 만남

서울의 부유한 가정에서 태어난 백남준은 음악을 공부하기 위해 일본을 거쳐 독일로 유학을 떠났어요. 독일 다름슈타트 국제 현대 음악제에서 그의 예술에 가장 큰 영향을 미치는 스승을 만나게 되는데, 바로 작곡가 존 케이지였지요. 존 케이지의 영향으로 백남준은 모든 사람이 함께 즐길 수 있는 재미있고, 새롭고, 실험적인 예술을 해야겠다고 생각했어요.

미국의 작곡가 존 케이지.

존 케이지의 4분 33초

존 케이지는 이제까지의 음악과는 전혀 다른 실험적인 음악을 하는 작곡가였어요. 이런 예술을 하는 사람들을 전위 예술가라고 하지요. 존 케이지의 대표작은 〈4분 33초〉예요. 이 작품은 4분 33초 동안 연주자가 아무것도 연주하지 않는 곡이에요. 아무것도 연주하지 않음으로써 관객들이 환경의 소리(소음)를 발견하게 하려는 의도였지요.

전위 예술

20세기 초에 프랑스와 독일, 미국 등을 중심으로 등장한 예술 운동을 일컫는 말이에요. 예술에 대한 기존의 생각과 가치를 부정하고 새로운 개념을 추구한 운동이지요. '전위'라는 말은 '선두, 선구'의 뜻으로 원래는 전투할 때 선두에서 적진을 향해 돌진하는 소수 정예 부대를 뜻하는 말이었는데 점차 혁신적인 예술 활동을 가리키는 말이 되었어요. 예술 영역에 따라 전위 미술, 전위 음악 등으로 나누어 부른답니다.

텔레비전과 비디오 예술

전위 예술에 영향을 받아 새로운 예술 형식을 찾고 있던 백남준은 텔레비전에 주목했어요. 공학을 공부하며 텔레비전의 기능을 파악한 백남준은 가지고 있던 돈을 모두 털어 헌 텔레비전 열세 대를 샀어요. 열세 대의 텔레비전으로 1962년에 〈음악 전시회〉를 열면서 비디오 예술이라는 새로운 분야를 개척했어요.

굿모닝 미스터 오웰

1894년 새해 첫날, 뉴욕, 파리, 베를린, 함부르크, 샌프란시스코, 서울 등의 대도시에서 백남준의 위성 TV 쇼 〈굿모닝 미스터 오웰〉이 방송됐어요. 〈굿모닝 미스터 오웰〉은 텔레비전을 매개로 지구촌이 한 가족처럼 어울려 지내는 자리를 만들기 위해 백남준이 기획한 즉석 공연이었지요. 막대한 공연 비용을 마련하기 위해 백남준은 아끼는 작품들을 모두 팔아야 했어요.

시련을 극복한 예술혼

예순네 살에 찾아온 뇌졸중은 백남준의 몸 왼쪽을 마비시켜 버렸어요. 당뇨에 백내장까지 겹쳐서 앞도 거의 보이지 않았지요. 하지만 병상에서 일어난 백남준은 새로운 작품을 만들기 시작했어요. 2000년에는 미국에서 으뜸가는 현대미술관인 뉴욕 구겐하임 미술관에서 레이저 전시를 해 사람들을 놀라게 했어요.

백남준의 작품들

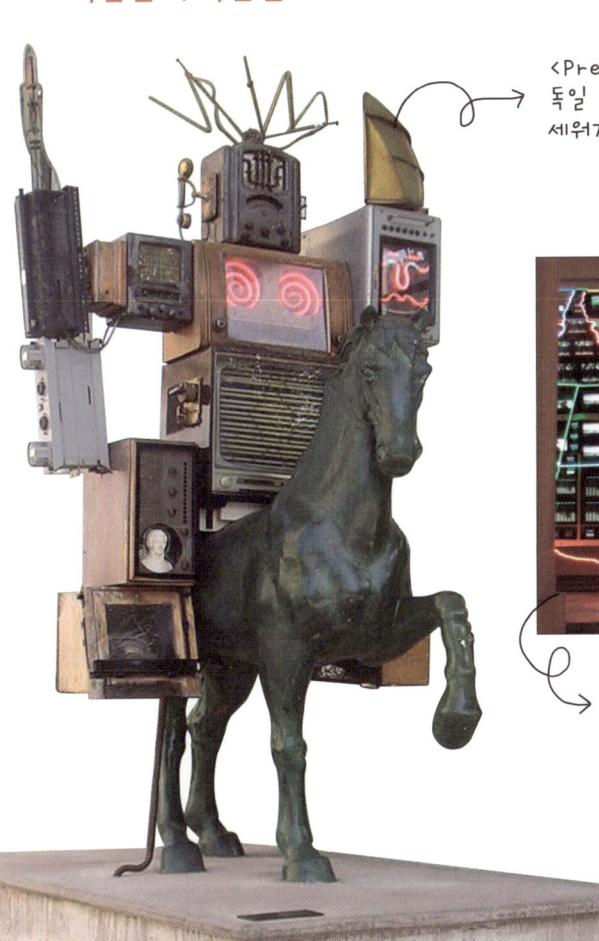

〈Pre-Bell-Man〉
독일 프랑크푸르트에 있는 베른 통신박물관 앞에 세워져 있다.

〈Electronic Superhighway〉
스미소니언 아메리카 아트 뮤지엄에 전시되어 있다.

〈다다익선(1988년)〉
국립 현대미술관에 설치되어 있다. 1003개의 텔레비전을 쌓아 만든 탑으로, 높이가 18.5미터에 이른다.

연관 검색 백남준아트센터

세계적인 비디오 예술가 백남준의 작품 세계를 기리기 위해 2008년 경기도 용인시에 세워졌어요. 〈TV 물고기〉, 〈로봇〉 등 백남준의 작품 450여 점이 전시되어 있어요.

개방과 개혁을 추진한 소련의 초대 대통령
미하일 고르바초프

러시아 • 1931년~

얼어붙은 제국 소련

최초의 사회주의 국가 소련(소비에트 사회주의 공화국 연방)은 미국과의 힘겨루기로 국방비를 많이 썼어요. 1930년대에 나라 살림은 물론이고 국민들의 살림도 극도로 어려워졌어요. 생활필수품이 부족해 매일 아침 상점 앞에는 물건을 구하려는 사람들의 줄이 길게 이어졌고, 서방의 상품을 몰래 들여와서 파는 암시장이 성행했어요.

50대 젊은 서기장

농민의 아들로 태어난 고르바초프는 모범적인 학생이었어요. 공산당에 가입한 후에는 성실함과 능력을 인정받아 비교적 평탄하게 승진을 거듭했어요. 고르바초프는 쉰두 살의 젊은 나이로 소련 공산당 서기장으로 선출됐어요. 서기장은 소련 공산당의 최고 통치자 자리랍니다.

1986년에 동독을 방문한 고르바초프.

개혁이 필요해

서기장이 된 고르바초프는 제27차 소련 공산당 전당 대회에서 침체된 소련 경제를 일으키고 정치 개혁을 위한 새로운 정책을 발표했어요. 그것이 바로 '페레스트로이카'인데 러시아 어로 재건, 개혁이라는 뜻이에요. 이 정책의 특징은 개인 기업, 자유 시장, 임금 격차, 외국과 합작 유치 등 자본주의적 요소를 대거 도입한 것이었어요.

페레스트로이카를 선전하기 위한 소련의 우표.

개방 정책 추진

고르바초프는 소련의 개혁을 위해서는 정보를 공개하고 국민의 자율성을 증대시키는 것이 필요하다고 생각했어요. 그래서 페레스트로이카와 함께 추진한 정책이 '글라스노스트' 즉, 개방 정책이었어요. 이 정책에 따라 1897년부터 공산당 고위직을 대중의 선거로 선출하고, 시민들이 당과 정부를 마음껏 비판할 수 있도록 허용했어요. 또 국가가 독점하고 있던 무역도 기업이 독자적으로 외국과 거래할 수 있도록 했어요.

세계적으로 인기를 끈 소련 최초의 대통령

소모적인 군비 경쟁 대신에 정치 개혁과 경제 발전에 주력한 고르바초프는 세계적으로 인기 있는 정치인으로 떠올랐어요. 1990년, 고르바초프는 최초의 소련 대통령으로 선출되기도 했지요. 그러나 그의 라이벌인 옐친의 주도로 사회주의 체제가 무너지면서 대통령에서 사임했어요.

동유럽으로 번진 개혁의 바람

소련의 개혁 개방은 세계 질서에도 큰 변화를 가져왔어요. 가장 먼저 영향을 받은 곳은 소련에 의해 사회주의 국가가 된 동유럽이었어요. 철의 장막에 갇혀 있던 동유럽에 자유의 바람이 불기 시작하면서 사회주의 체제는 급격히 무너지기 시작했어요.

고르바초프 재단

대통령직에서 물러난 뒤 고르바초프는 환경과 평화 운동에 앞장섰어요. 1992년에는 국제 환경 보호와 전쟁 난민, 아동 구호 사업 등을 목적으로 하는 '고르바초프 재단'을 설립했지요.

연관 검색 고르바초프의 라이벌 보리스 옐친

보리스 옐친(1931년~2007년)은 급진적인 개혁가였어요. 고르바초프의 개혁 개방 정책이 임금 격차, 대량 해고 등의 부작용을 낳으며 경제난이 해결되지 않자 옐친은 고르바초프를 비난했어요. 그러면서 각 공화국의 독립을 추진했지요. 고르바초프가 대통령직에서 사임하자 옐친은 사회주의 국가인 소련을 해체하고 러시아 공화국의 설립을 발표했어요.

세계 최고의 경영자
워렌 버핏 미국·1930년~

돈 버는 재주가 좋은 아이

버핏은 증권 회사를 다닌 아버지의 영향으로 어릴 때부터 주식 투자에 관심이 많았어요. 열한 살 때 처음으로 주식 투자를 시작했지요. 고등학교 때는 친구와 함께 핀볼 게임기 사업으로 돈을 벌었어요. 그렇게 해서 졸업 때까지 모은 돈이 6천 달러가 넘었답니다.

현명한 투자를 가르친 그레이엄 교수

버핏이 다닌 컬럼비아 대학의 교수 벤자민 그레이엄은 주식 투자가이기도 했어요. 그는 현명한 투자는 '가치 투자'라고 가르쳤지요. 가치 투자란 기업의 가치와 장래를 판단해서 투자하는 것을 뜻해요.

뉴욕 시에 위치한 컬럼비아 대학교. 버핏과 버락 오바마 등 수많은 유명 인사를 배출한 명문 사립 학교이다.

투자 인생

대학을 졸업한 버핏은 아버지가 경영하는 증권사를 거쳐, 그레이엄 교수가 세운 투자 회사 '그레이엄 노먼'에서 일하며 전문 투자가로 성장했어요. 주식 투자에 성공한 버핏은 새로운 도전을 위해 버핏 파트너십이라는 투자 조합을 만들었어요.

세계에서 주식이 가장 비싼 회사

버핏은 1965년에 전 재산을 투자해 망해 가던 섬유 회사인 버크셔 해서웨이의 주식을 사들였어요. 그리고 이 회사를 세계 굴지의 투자 회사로 키워 나갔어요. 버크셔 해서웨이의 현재 직원은 무려 23만 명이에요. 세계에서 주식이 가장 비싼 회사로도 유명하답니다.

오마하에 위치한 버크셔 해서웨이 건물.

검소한 억만장자

버핏은 고향인 네브래스카 주 오마하에서 살고 있어요. 1958년에 3만 1,500달러를 주고 산 집에서 지금도 살면서 낡은 중고차를 타고 다니고 있지요. 세계에서 가장 돈이 많은 사람이라고는 믿기지 않을 정도로 검소한 생활을 하고 있어요.

오마하에 위치한 버핏의 집.

재산을 사회에 기부

2006년, 버핏은 자신의 재산이 더 나은 사회를 만드는 데 쓰이길 바란다며 재산의 85퍼센트인 370억 달러를 사회에 기부하겠다고 발표했어요. 370억 달러 중에서 310달러는 빌 게이츠가 운영하는 빌&미란다 게이츠 재단에, 나머지는 자신의 자녀들이 운영하는 재단에 기부했지요. 자신이 직접 운영하는 재단이 있음에도 빌&미란다 게이츠 재단에 기부를 한 것은 그들이 좀 더 기부금 운영을 잘할 것이라는 판단에서였다고 해요.

연관 검색 | 부자에게 세금을 더 거두자!

유명 주식 투자자이자 세계 최대의 부자인 워렌 버핏은 2012년 11월 25일자 〈뉴욕타임스〉에 '슈퍼 부자에 대한 감싸기를 중단하라'라는 제목의 글을 기고했어요. 그 내용은 미국의 재정 적자를 해소하려면 자신을 포함한 슈퍼 부자들에게 세금을 더 부과해야 한다는 주장이었지요. 이와 같은 부자 증세 주장 이후 버핏은 '양심 있는 부자'라는 평가를 받으며 많은 사람의 본보기가 되고 있어요.

인류 최초로 달에 착륙한 우주 비행사
닐 암스트롱
미국 • 1930년~2012년

> 이것은 한 사람에게는 작은 발걸음이지만 인류에게는 위대한 도약이다.

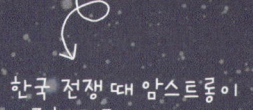

한국 전쟁 때 암스트롱이 조종한 전투기.

소련, 최초의 인공위성 발사

미국과 소련이 대립하며 냉전 중이던 1957년, 소련이 먼저 최초의 인공위성 스푸트니크 1호를 쏘아 올렸어요. 스푸트니크 1호는 타원형을 그리며 지구 궤도를 도는 데 성공했어요.

스푸트니크 1호 모형.

유리 가가린.

첫 우주인 가가린

소련의 우주 비행사 유리 가가린은 인류 최초의 우주 비행사였어요. 그는 1961년에 보스토크 1호를 타고 인류 최초로 우주를 정복했어요. 가가린은 우주에서 지구를 쳐다본 첫 번째 사람이기도 해요.

미국의 아폴로 계획

소련이 최초의 인공위성 발사를 성공시키자 미국은 미국항공우주국(NASA, 나사)을 설립했어요. 소련의 우주 개발을 따라잡기 위해 나사는 인간을 달에 착륙시키는 아폴로 계획을 추진했어요. 아폴로 계획은 1969년부터 1972년까지 모두 여섯 번에 걸쳐 달 착륙에 성공했어요.

나사는 미국의 비군사적 우주 개발 활동의 주체가 되는 정부 기관이다.

인류 최초의 달 착륙

아폴로 11호.

1969년 7월 20일, 아폴로 11호가 달 표면에 사뿐히 내려앉았어요. 잠시 후 한 명의 우주 비행사가 사다리를 타고 달에 첫발을 내딛었지요. 인류 최초로 달 표면에 착륙한 주인공은 바로 우주 비행사 암스트롱이었어요. 암스트롱은 동료 우주 비행사와 함께 두 시간 동안 달 표면을 탐사한 후 무사히 지구로 돌아왔어요.

한국 전쟁에 참전

퍼듀 대학에서 항공학을 전공한 암스트롱은 해군 비행 학교에 진학해서 전투기 조종사가 되었어요. 1950년에 한국 전쟁이 일어나자 조종사로 참전해 78회에 걸쳐 출격을 했지요. 전쟁이 끝난 뒤에는 나사에 들어가 우주 비행사로 선발되었어요.

아폴로 11호

처음으로 달 착륙에 성공한 유인 우주선이에요. 1969년 7월 16일에 발사되어 20일에 달 착륙에 성공하고, 24일에 무사히 지구로 돌아왔지요. 아폴로 11호는 미국 아폴로 계획의 다섯 번째 유인 우주선이었어요. 암스트롱은 아폴로 11호의 선장이었답니다.

암스트롱.

연관 검색 우주로 날아간 최초의 강아지 라이카

모스크바 시내의 떠돌이 개였던 라이카는 우주 궤도에 진입한 최초의 동물이에요. 소련은 1957년에 인공위성 스푸트니크 2호에 라이카를 태워 발사했어요. 스푸트니크 2호는 계획대로 7일 동안 과학 연구 프로그램을 진행한 뒤 지구 대기권으로 진입해 타 버렸어요. 라이카도 함께 말이지요.

흑인 인권 운동을 전개한 목사
마틴 루터 킹

미국 · 1929년~1968년

여전한 흑인 차별

에이브러햄 링컨 →118쪽 의 노예 해방 선언 후 미국의 흑인들은 시민권 및 인종 차별 금지를 헌법으로 보장받게 되었어요. 하지만 실제로는 인종 차별이 계속 벌어지고 있었지요. 흑인들은 공공시설에 출입할 수 없었고, 정치를 할 수 있는 참정권도 없었어요.

1967년 4월 27일 세인트폴, 미네소타 대학교에서 열린 베트남 전쟁을 반대하는 집회에서 연설하는 킹의 모습.

간디의 영향을 받은 목사

침례교 목사의 장남으로 태어난 마틴 루터 킹은 신학교를 졸업하고 목사가 되었어요. 앨라배마 주 몽고메리 침례교회 목사로 취임한 그는 마하트마 간디 →66쪽 의 사상에 영향을 받았어요. 그리고 죽을 때까지 흑인 인권 운동에 앞장서며 폭력을 사용하지 않는 평화적인 방법으로 시위를 전개했어요. 그런 공로로 1964년에 노벨 평화상을 받았는데, 그때 그의 나이는 서른다섯 살이었어요.

몽고메리 버스 보이콧 투쟁

미국 몽고메리 시에서 흑인 여성이 백인에게 자리를 양보하지 않았다는 이유로 체포되어 벌금형을 받았어요. 킹은 다른 흑인 지도자들과 함께 버스 안 타기 운동(보이콧)을 벌였어요. 보이콧을 중지하지 않으면 죽이겠다는 협박을 받았고, 집이 폭파당하기도 했지만 킹은 멈추지 않았어요. 결국 연방 법원은 버스 안에서의 인종 차별이 불법이라는 선고를 내렸어요.

나에게는 꿈이 있습니다!

워싱턴 대행진

1963년, 킹은 '일자리와 자유를 위한 평화 대행진'을 이끌었어요. 워싱턴 대행진이라고 불리는 이 평화 대행진에는 무려 25만 명의 시민이 참여했어요. 이때 준비된 원고를 던져 버리고 즉흥적으로 한 연설이 바로 〈나에게는 꿈이 있습니다!〉랍니다.

> 나에게는 꿈이 있습니다.
> 언젠가 이 나라가 모든 인간은 평등하게
> 태어났다는 것을 자명한 진실로 받아들이고
> 그 진정한 의미를 신조로 살아가게 되는 날이
> 오리라는 꿈입니다. (중략)
>
> 나의 네 자녀들이 피부색이 아니라
> 인격에 따라 평가받는 그런 나라에 살게 되는
> 날이 오리라는 꿈입니다.
>
> -〈나에게는 꿈이 있습니다!〉 중에서

죽음으로 없앤 차별

흑인 인권 운동을 벌이던 킹은 과격한 백인들로부터 계속 암살 위협을 받다가 서른아홉 살에 저격을 당해 세상을 떠났어요. 킹의 암살 사건을 계기로 흑인에 대한 주택 차별을 금지하는 공민권법이 만들어졌어요.

마틴 루터 킹의 날

매년 1월 셋째주 월요일은 연방 공휴일로 정해진 '마틴 루터 킹의 날'이에요. 1986년 미국 연방 정부는 킹의 업적을 기리기 위해 그가 태어난 날을 공휴일로 지정했지요. 개인의 생일을 공휴일로 삼은 것은 미국 초대 대통령 조지 워싱턴 →138쪽에 이어 두 번째 일이었어요.

조지아에 있는 킹과 그의 아내의 무덤.

6학년 2학기, 〈사회〉

인권 보호를 위해 노력한 인물들

마틴 루터 킹 목사는 제2차 세계 대전 후의 미국 흑인 인권 운동의 지도자로 활약하였다. 그는 당시 시행되고 있던, 인종에 따라 버스 좌석을 달리하는 제도에 저항하기 위해 버스 타지 않기 운동과 같은 비폭력 운동을 전개하였다. 그래서 흑인과 백인이 동등한 권리를 가진 시민임을 세상에 알리고자 하였다.

쿠바 혁명을 이끈 정열적인 혁명가
체 게바라
아르헨티나 • 1928년~1967년

여행을 좋아하는 청년 의사

아르헨티나의 중류층 가정에서 태어난 체 게바라는 스물다섯 살에 의학박사 학위를 땄어요. 여행을 좋아한 청년 의사는 개업을 하지 않고 대륙의 구석구석을 누비고 다녔어요. 그러던 중에 민중의 비참한 현실을 목격하고 혁명가의 길을 걷게 되었지요.

스물두 살의 게바라.

카스트로와의 운명적인 만남

과테말라 정부의 탄압으로 멕시코로 망명한 게바라는 그곳에서 피델 카스트로를 만났어요. 카스트로는 쿠바의 바티스타 독재 정권에 대항해 싸우다 체포되어 2년 동안 감옥살이를 하고 멕시코로 망명한 상태였어요. 뜻이 맞은 두 혁명가는 서로 힘을 합쳐 쿠바 혁명을 이끌었어요.

독재자를 몰아낸 쿠바 혁명

미국의 지원을 받고 있던 바티스타 정권은 국민의 자유를 억누르고 반대 세력을 무참하게 탄압하는 독재 정권이었어요. 부정부패도 심해 여러 차례 반정부 시위가 일어났는데, 그때마다 미국의 도움을 받아 시위대를 진압했어요. 게바라는 쿠바의 민중들을 구하기 위해 카스트로와 함께 시에라마에스트라 산맥에 들어가 반정부 게릴라 투쟁을 시작했어요. 쿠바 민중들의 지지를 얻은 반군 세력은 1959년에 바티스타 정권을 무너뜨리는 데 성공했어요. 이 혁명으로 쿠바는 미국과 국교를 단절하고 사회주의 국가가 되었어요.

1958년 산타클라라 전투에서 승리한 게바라. 이후 쿠바의 수도 아바나에 입성해 혁명에 성공한다.

일찍 끝나 버린 혁명가의 꿈

6년 동안 쿠바 정부의 두뇌로 활약하던 게바라는 카스트로에게 쿠바에서 할 일은 다 끝났다는 편지를 남기고 사라졌어요. 그가 다시 나타난 곳은 아프리카 콩고였어요. 그곳에서 콩고 혁명을 지원하다 실패하고 다시 남미로 돌아와 볼리비아 혁명에 가담했어요. 하지만 1967년에 볼리비아 정권에 체포되어 그해 가을 총살되었지요. 전 세계 독재 정권에 대항하며 민중 혁명을 꿈꾸던 서른아홉 살 혁명가의 꿈은 그렇게 끝이 났답니다.

쿠바에 있는 게바라의 얼굴이 들어간 기념물.

프랑스 젊은이들의 우상

게바라의 얼굴이 인쇄된 깃발.

1968년 5월, 파리의 대학생과 청년 근로자들은 드골 정부에 항의하며 사회 변혁 운동을 벌였어요. 게바라의 사상이 담긴 책을 읽은 프랑스 젊은이들은 게바라의 얼굴을 인쇄한 피켓을 들고 시위를 벌였어요. 안락한 현실에 머물지 않고 신념에 따라 행동한 이 전설의 혁명가는 프랑스 젊은이들의 우상이었지요.

세계 최고의 의료 보장 제도

쿠바 혁명 후 게바라는 국립 은행 총재, 산업부 장관 등을 역임하며 쿠바의 경제 개혁에 힘썼어요. 그리고 완벽한 의료 보장 제도를 만들어 나갔는데, 인구 200명당 의사 1명, 치료비 전액 무료의 쿠바가 자랑하는 세계 최고의 의료 시설은 게바라의 작품이에요.

노벨 평화상을 받은 한국의 대통령
김대중
한국 • 1924년~2009년

도쿄 납치 사건
김대중은 박정희 →38쪽 군사 정부에 맞서서 민주화 운동을 벌였어요. 1971년에 대통령 후보로 나섰다가 패배한 후에도 미국과 일본 등지에서 민주화 운동을 계속해 나갔지요. 그러던 중 1973년 8월 8일에 도쿄의 한 호텔에서 괴한에게 납치를 당했다가 실종된 지 5일 만에 집으로 돌아왔어요. 당시 김대중을 납치한 괴한은 중앙정보부 요원으로 밝혀졌어요.

IMF 위기 극복
김대중이 대통령에 취임하자마자 큰 경제 위기에 부딪혔어요. 나라 살림이 바닥나서 국가가 부도에 처할 위기였지요. 한국 정부는 하는 수 없이 국제 통화 기금(International Monetary Fund, IMF)에 도움을 요청하고 관리를 받게 되었어요. 1997년 11월부터 시작된 이 경제 암흑기를 'IMF 시대'라고 불러요. 경제를 되살리기 위한 김대중 정부의 각종 정책과 허리띠를 졸라맨 국민들의 노력으로 무사히 위기를 극복할 수 있었어요.

IMF의 로고. 환율과 국제 수지를 감시해 국제 금융 체계를 감독한다.

내란죄로 사형 선고를 받다
1980년에는 광주 민주화 운동을 배후에서 조종했다는 죄목으로 사형 선고를 받았어요. 광주 민주화 운동은 5월 18일에 광주에서 일어난 민주화 운동을 정부가 공수특전단을 동원해 무자비하게 진압한 사건이에요. 민주화 운동을 이끌던 김대중이 사형 선고를 받자 세계 각국에서 관심을 보이며 우려의 목소리를 냈어요. 국제 여론을 의식한 군사 정부는 김대중을 석방시켰어요.

국립 5·18 민주 묘지에 있는 추모탑.

평화적인 정권 교체
1971년 대선을 시작으로 대통령에 도전한 지 네 번째인 1997년에 마침내 김대중은 대통령에 당선되었어요. 김대중은 대한민국 제15대 대통령으로 취임했지요. 제15대 대통령 선거가 특별했던 이유는 한국 정치 역사상 최초로 여당과 야당이 평화적으로 정권을 교체했기 때문이에요.

1971년 대통령 선거에 나선 김대중.

6·15 남북 공동 선언

2000년 6월 13일, 김대중은 김정일 국방위원장의 초대를 받아 평양을 방문했어요. 3일 동안 김대중과 김정일의 정상회담이 이어졌지요. 남북으로 분단된 지 55년 만에 처음으로 이루어진 남북 정상 회담이었어요. 이 회담에서 두 정상은 다섯 항목의 합의 내용을 발표했어요. 이것이 바로 6·15 남북 공동 선언이랍니다.

햇볕 정책

김대중의 대 북한 정책을 '햇볕 정책'이라고 불러요. 겨울 나그네의 외투를 벗게 만드는 것은 강한 바람(강경 정책)이 아니라, 따뜻한 햇볕(유화 정책)이라는 이솝 우화에서 인용한 것으로, 김대중이 런던 대학교 연설에서 처음 사용한 말이에요. 햇볕 정책에 따라 김대중 정부는 쌀과 비료 지원, 금강산 관광 사업 추진 등 북한과의 경제 협력에 힘을 쏟았어요.

사랑을 남긴 바보 천사
김수환 한국・1922년~2009년

서울시 중구 명동에 위치한 명동성당.

어머니의 권유로 신부가 된 형제

초등학교 들어가던 해 아버지가 병으로 세상을 떠나며 김수환의 어머니는 홀로 8남매를 키웠어요. 독실한 가톨릭 신자였던 어머니는 장터에서 장사를 하며 두 아들을 신학교에 보냈어요. 그렇게 해서 김수환은 형 김동한과 함께 신부가 되었어요.

동성 상업학교 재학 시절의 소년 김수환.

고해성사실의 비밀

1951년, 한국 전쟁이 한창일 때 김수환은 안동 성당에 부임했어요. 부임하자마자 거액의 지원금을 확보하게 된 김수환은 그 돈으로 성당 보수 공사를 시작했어요. 다른 곳보다 더 많은 일당을 주며 신도들을 보수 공사에 참여시켰고, 고해성사실에서 집안 사정을 확인한 뒤 가난한 사람들에게 은밀히 돈을 건네주기도 했어요.

공부보다 더 중요한 봉사

서른네 살의 김수환은 부족한 공부를 더 하기 위해 독일로 유학을 갔어요. 당시 독일에는 한국에서 온 간호사와 광부들이 많았어요. 이역만리 외로운 곳에서 의지할 곳 없는 그들의 문제를 해결해 주느라 김수환은 눈 코 뜰 새 없이 바빴지만 큰 깨달음을 얻었어요. 박사가 되는 것보다 더 중요한 것은 어려운 사람들을 위해 일하는 것이라는 깨달음이었지요.

세상 속의 교회

김수환은 교회가 모든 것을 바쳐 사회에 봉사해야 한다고 생각했어요. 사회의 문제에 대해서도 적극적으로 나서서 해결하기 위해 노력해야 한다고 생각했어요. 세상 속에서 사람들과 함께하며 빛과 소금의 역할을 하는 것이 김수환이 생각하는 교회였어요.

세계에서 가장 젊은 추기경

가톨릭교회에서 추기경은 교황을 뽑을 수 있는 권한과 세계 천주교회의 중요한 안건들을 논의할 수 있는 자격을 가진 사람이에요. 교황을 제외하고 가장 높은 지위라고 할 수 있지요. 김수환은 마흔여덟 살에 추기경이 되었어요. 아시아에서는 다섯 번째 추기경이자 당시 세계에서 가장 젊은 추기경이었어요.

김수환 추기경 문장.

박종철 군을 위하여

1987년, 서울대 학생 박종철이 시위를 주도했다는 혐의로 체포되어 경찰에게 고문을 받다 세상을 떠났어요. 하지만 경찰은 이 사실을 은폐하고 사고사라고 발표했지요. 김수환은 박종철을 기리는 미사를 집전(의식을 집행)하며 정부를 강하게 비판했어요. 이 사건을 계기로 국민들의 반정부 시위가 거세게 일어났는데, 이것이 바로 6·10 민주화 운동이에요.

6.10 민주화 운동 중 명동성당 농성 전경.

연관 검색 　명동성당

명동성당은 김수환이 타계한 이후 빈소가 마련되고, 장례 미사가 이루어진 곳이에요. 1898년에 한국에서 처음으로 지어진 고딕 양식 교회 건물이자, 한국 최초의 대성당이에요. 1970년대와 1980년대에는 민주화의 상징적인 장소이기도 했지요.

남아프리카 공화국 최초의 흑인 대통령
넬슨 만델라

남아프리카 공화국 · 1918년~2013년

남아프리카 공화국은 어디?

아프리카 대륙 남쪽 끝에 있는 나라예요. 17세기부터는 네덜란드의 지배, 19세기부터는 영국의 지배를 받으며 1910년에 남아프리카 연방이 만들어졌어요. 이때부터 소수의 백인이 다수의 유색 인종을 지배하는 인종 차별법이 만들어졌어요. 이 법을 '아파르트헤이트(Apartheid)'라고 하는데, 이 때문에 세계적인 비난을 받았어요.

흑인을 차별한 아파르트헤이트

1950년대 들어서 남아프리카 공화국의 인종 차별 제도, 아파르트헤이트가 점점 더 심해졌어요. 아파르트헤이트로 공공장소와 대중교통, 교육시설, 거주지 등 일상생활의 대부분의 공간에서 흑인과 백인이 강제로 분리되었어요.

인종 차별 제도, 아파르트헤이트가 적힌 표지판.

비폭력에서 무장 투쟁으로

1960년 요하네스버그 남쪽에 위치한 샤프빌에서 인종 차별에 반대하는 대규모 집회가 열렸어요. 그런데 경찰이 시위대에 총기를 난사하면서 69명이 죽고 수백 명이 부상을 당했지요. 경찰의 만행에 분노를 느낀 만델라는 이제까지의 평화적인 시위운동을 중단하고 무장 투쟁을 전개하기로 했어요.

만델라의 반신상.

인종 차별에 반대하는 자유헌장

변호사였던 만델라는 '아프리카 민족 회의(ANC)'에 가입해 아파르트헤이트 반대 운동에 참여했어요. 1955년에는 흑인 거주지 요하네스버그 소웨토 구역에서 남아프리카 인종주의 정책에 반대하는 〈자유헌장〉을 선포했지요. 이와 연관되었다는 이유로 만델라는 경찰에 체포되었다가 곧 무죄로 풀려났어요.

자유와 인권의 상징 46664

무장 투쟁을 준비하던 만델라는 1962년에 남아공 정부에 붙잡혀 5년형을 선고받았어요. 그런데 남아공 정부는 만델라가 다시 인권 운동을 벌이는 것을 막기 위해 재판을 열어 종신형을 선고했어요. 만델라는 감옥에서 27년을 복역했어요. 27년 동안 만델라의 가슴에 붙어 있던 죄수 번호 46664는 자유와 인권의 상징이 되었답니다.

최초의 흑인 대통령

백인을 위한 정책에 반대하는 흑인들의 시위가 계속되자, 남아공 대통령 프레데릭 데 클레르크는 흑인의 정치 참여를 합법화하고 만델라를 비롯한 인권 운동가들을 석방시켰어요. 감옥에서 풀려난 만델라는 아프리카 민족 회의의 의장이 되었고, 1994년에 흑인이 최초로 참여한 자유총선거에서 대통령으로 선출되었어요. 극단적인 인종 차별 정책이었던 아파르트헤이트도 이때 철폐되었지요.

진실과 화해 위원회

1995년 설립된 진실과 화해 위원회는 아파르트헤이트 기간 중에 일어난 인권 침해 범죄의 실태를 조사한 기구예요. 3년에 걸쳐 증언을 듣고 자료를 모아 보고서를 냈는데, 보고서 내용 중에 백인 정권이 생화학무기를 개발해서 반체제 인사를 제거하는 데 사용했다는 충격적인 사실도 포함되어 있었어요. 진실과 화해 위원회의 활동으로 5392명이 처벌을 받았고 849명이 사면을 받았어요.

1993년에 노벨 평화상을 수상했다.

연관 검색 남아프리카 공화국의 노벨 평화상 수상자들

앨버트 루툴리
1952년에 아프리카 민족 회의 의장을 맡았어요. 1960년에 아파르트헤이트에 대한 비폭력 저항의 공로를 인정받아 아프리카에서 최초이자, 흑인 최초로 노벨 평화상을 수상했어요.

데스몬드 투투
1985년에 흑인으로서는 처음으로 성공회 주교로 임명되었고, 1986년에 흑인 최초의 대주교가 되어 남아프리카 공화국 성공회의 수장이 되었어요. 1984년에 아파르트헤이트에 대한 저항 운동의 공로로 노벨 평화상을 수상했어요.

군사 정변을 일으키고 경제 성장을 이룬
박정희

한국 • 1917년~1979년

일본군 장교가 된 우등생

경북 선산에서 5남 2녀의 막내로 태어났어요. 문경 소학교에서 아이들을 가르치다 군인이 되기로 결심한 뒤 만주 군관 학교에 입학했지요. 최고 우등생으로 군관 학교를 졸업한 박정희는 일본 육군 사관 학교를 졸업하고, 일본군 장교가 되었어요.

→ 일본 육사를 졸업한 직후, 헌병 소조 시절의 박정희.

무기 징역수에서 지휘관으로

1949년 여수에 주둔 중인 제14연대에서 반란 사건이 일어났어요. 이 사건을 계기로 군대 내의 좌익 세력에 대한 대대적인 숙청 작업이 이루어졌는데, 박정희도 공산주의자라는 혐의를 받고 무기징역을 선고받았어요. 그런데 그 이듬해 한국 전쟁이 일어나면서 형을 면제받고 다시 군대로 돌아갈 수 있었지요. 그 후 육군 정보국에서 근무하며 승승장구한 박정희는 서른여섯 살에 장군이 되었어요.

→ 1950년 6월 25일에 일어난 한국 전쟁.

경제 개발만이 살 길!

군복을 벗고 대통령이 된 박정희는 경제 개발에 힘썼어요. 경제 개발 5개년 계획을 세워 고속도로를 닦고 수출을 늘렸어요. 또한 식량을 외국에서 수입하지 않을 수 있도록 농업도 발전시켰어요. 그 결과 1970년대에 놀라운 경제 성장을 이룰 수 있었지요.

18년의 독재

박정희는 1972년에 계엄령을 선포하고 유신 헌법을 통과시켰어요. 유신 헌법에 따라 통일 주체 국민 회의라는 헌법 기관을 만들어 다시 대통령으로 선출되었지요. 이후 18년 동안 대통령으로 머물며 반정부 세력을 철저히 탄압하는 독재 정치를 펼쳤어요.

5·16 군사 정변

4·19 혁명으로 이승만이 대통령에서 물러난 후 나라가 혼란에 빠지자 박정희를 비롯한 육군 사관 학교 출신 장교들이 군사 정변을 일으켰어요. 1961년 5월 16일에 일어난 군사 정변으로 윤보선 대통령이 물러나고 군사 정부가 들어섰지요.

5·16 군사 정변 직후, 중앙청 앞에서 박정희.

궁정동 만찬장에 울려 퍼진 총성

1980년에 부산과 마산에서 민주화 운동이 일어났어요. 민주화 운동의 물결이 거세게 퍼져 가고 있던 10월 26일, 박정희는 궁정동에서 만찬을 즐기다 부하 장교이자 당시 중앙정보부장(오늘날의 국정원장)이었던 김재규가 쏜 총을 맞고 세상을 떠났어요.

연관 검색 새마을 운동

1960년대에 경제 개발이 도시 중심으로 추진되면서 도시와 농촌의 소득 격차가 현격하게 벌어졌어요. 그래서 박정희는 1970년대 초부터 낙후되어 있는 농촌을 중심으로 새마을 운동을 벌였어요. 농촌의 생활 환경을 개선하고 농민의 소득을 높이는 운동이었지요. 정부의 절대적 지원 속에서 전국으로 확산되어 사회 전체의 근대화 운동으로 발전했어요.

한국의 대표 서양화가
이중섭
한국 • 1916년~1956년

습작하며 키운 화가의 꿈

이중섭은 평양의 지주 집안에서 3남매의 막내로 태어났어요. 어릴 때부터 그림에 재능을 보였지만 미술 공부를 시작한 건 오산학교에서 미술 교사 임용련을 만나면서부터였어요. 파리에서 활동한 화가였던 임용련은 이중섭에게 습작의 중요성을 강조했어요. 이중섭은 열심히 습작을 하며 화가의 꿈을 키웠어요.

자유롭고 독창적인 그림

이중섭은 어떤 틀에 얽매이지 않는 기발하고 다양한 기법으로 그림을 그렸어요. 엽서나 은지(담배 포장지)에 그림을 그리거나, 잉크, 크레파스, 수채, 유채를 폭넓게 활용했어요. 표현 기법도 암각화나 분청사기, 수묵화의 번지기, 먹지에 베껴 그리기 등을 사용하여 독창적이고 개성적인 작품을 완성시켰어요. 이중섭은 서양 근대화의 화풍을 한국에 도입하는 데에도 큰 역할을 한 화가였어요.

주목받는 추상 미술가

일본 문화학원에서 미술 공부를 마친 이중섭은 자유 미술가협회의 공모전에 작품을 출품했어요. 자유 미술가협회는 당시 일본의 추상 미술을 이끄는 예술 단체였어요. 이중섭은 1938년 제2회 공모전에 출품해 수상을 하면서 주목을 받기 시작했고, 1943년 제7회 공모전에서 태양상을 수상하기도 했지요.

가난 때문에 탄생한 은지화

가난했던 이중섭은 종이를 살 돈조차 없었어요. 하지만 그림을 그리고 싶었던 열망이 컸기에 그림을 그릴 수 있을 만한 것에는 가리지 않고 그림을 그렸어요. 은지, 합판, 심지어 책의 속지에도 그림을 그렸지요. 그중에서도 은지화 세 점은 그 독창성을 인정받아 현재 뉴욕 현대미술관(MoMA)에 소장되어 있어요.

이별 그리고 좌절

이중섭은 일본 문화학원에서 만난 마사코(이남덕)와 결혼해 두 아들을 낳았어요. 한국에서 같이 살다 생활이 어려워지자 마사코가 두 아들을 데리고 일본으로 돌아갔어요. 가족과의 이별, 극심한 가난, 계속되는 좌절로 이중섭은 정신 분열증을 앓다가 마흔 살의 나이에 세상을 떠났어요.

이중섭의 작품들

〈흰 소〉, 1953년경

〈부부〉, 1953년

6학년 2학기, 〈국어(듣기 말하기 쓰기)〉

쇠소깍에서 외돌개까지

점심 무렵, 우리는 이중섭미술관에 들렀다. 이중섭이 어떤 사람인지 무척 궁금하였다. 미술관에 전시된 작품을 보면서, 그리고 그가 쓴 편지를 읽으면서 화가 이중섭의 삶을 조금이나마 이해할 수 있었고 그림에 대한 그의 열정을 느낄 수 있었다. 미술관 옆에는 그가 머물렀던 초가집이 남아 있다. 그 방 한쪽에는 이중섭의 초상화가 놓여 있었다. 그는 늘 주위 사람들에게 제주도에 머물렀을 때가 자신의 인생에서 가장 행복했었다고 말하였다고 한다.

북한의 공산 혁명을 이끈 최고 권력자
김일성
조선민주주의 인민공화국(북한) • 1912년~1994년

보천보 전투로 알려진 이름
1937년 6월, 김일성이 이끄는 항일 무장 세력이 함경남도 보천보를 습격했어요. 보천보에서 일본 경찰과 전투를 벌여 승리를 거뒀다는 소식이 〈동아일보〉에 실리면서 김일성의 이름이 세상에 알려지게 되었어요.

소련군 장교가 되어 평양으로
김일성의 본명은 김성주예요. 어려서 부모를 따라 만주로 간 김성주는 그곳에서 학교를 다니다 중퇴하고 공산주의 계열의 항일 무장 부대인 동북항일연군에 들어갔어요. 일본의 독립군 탄압이 점점 심해지자 소련으로 건너갔다가, 1945년 광복이 되면서 김일성으로 이름을 바꾸고 소련군 장교가 되어 평양으로 돌아왔어요.

조선민주주의 인민공화국
남한에서 이승만이 미군의 지원을 받아 단독 정부 수립을 계획하는 사이 북한에서는 김일성이 사회주의 혁명을 계획했어요. 1945년에 조선노동당을 조직한 김일성은 3년 뒤, 인민공화국 헌법을 발표하고 조선민주주의 인민공화국을 수립했어요.

1948년 9월, 조선민주주의 인민공화국 초대 내각이다. 맨 앞줄 가운데가 김일성이다.

남북 분단과 한국 전쟁
김일성은 한반도의 공산화를 위해서는 무력 통일을 해야 한다고 생각했어요. 그래서 비밀리에 스탈린에게 남침 계획을 알리고 1950년 6월 25일, 남한을 공격했어요. 이렇게 시작된 한국 전쟁은 3년 1개월 동안 지속되면서 150만 명의 사상자를 냈지요. 1953년 휴전 회담으로 전쟁은 멈추었지만, 전쟁의 상처로 남북의 갈등은 더욱 커졌어요.

연관 검색 | 김일성을 기념하는 건축물

①

②

③

주체사상이 뭘까?

김일성은 '주체사상'이라는 새로운 혁명 이념을 내세웠어요. 주체사상은 '사람이 모든 것의 주인이며 모든 것을 결정한다.'는 철학적 원리이고, '혁명과 건설을 추진하는 힘이 인민 대중에게 있다.'는 사회 역사 원리예요. 그리고 혁명과 건설에서 '주인으로서 태도'를 가질 것을 요구하지요. 문제는 주체사상이 수령과 인민 대중의 관계를 주종 관계(주인과 신하의 관계)로 규정한다는 점이에요.

↳ 김일성 포스터.

권력의 세습

주체사상을 기본 이념으로 독자적인 공산주의를 확립한 김일성은 북한의 최고 통치자로 군림하면서 그의 아들 김정일을 후계자로 내세웠어요. 1994년 김일성이 죽자 김정일이 아버지의 뒤를 이어 최고 통치자가 되었고, 2011년에 김정일이 죽은 뒤에는 그의 아들 김정은이 최고 통치자가 되었어요.

① 김일성 종합 경기장은 평양에 위치한 종합 체육 경기장이다.
② 만수산 기념 궁전에 김일성의 시신이 안치되어 있다.
③ 평양에 위치한 김일성광장에서 축제, 집회, 군사 퍼레이드 등이 이루어진다.

가난한 사람들의 어머니
마더 테레사
인도 · 1910년~1997년

> 가난은 놀라운 선물일 수 있습니다. 가난은 우리에게 자유를 줍니다.

아네즈에서 테레사 수녀로

마더 테레사의 본명은 아네즈 곤제 보야지우예요. 홀어머니 밑에서 자란 아네즈는 가톨릭교회를 다니며 선교 활동에 대한 꿈을 키웠어요. 열여덟 살에 수녀가 되기로 결심하고 아일랜드 로레토 수도원에서 교육을 받은 뒤 인도 캘커타로 떠났어요. 그곳에서 수련을 마친 아네즈는 수도 명을 테레사로 정했어요.

마더 테레사가 태어난 스코페에 있는 기념관.

나의 소명은 가난한 사람들을 돕는 것

테레사는 주말마다 학생들과 함께 거리의 극빈자들이나 병원을 찾아가서 봉사를 했어요. 병든 자들을 치료하기 위해 주사 놓는 법 같은 간호 지식을 따로 배우기도 했지요. 모틸즈힐이라는 빈민가에서 가장 먼저 한 일은 학교를 연 것이었어요. 책상도 지붕도 없는 학교였지만 아이들을 모아 땅바닥에 글자를 쓰면서 공부를 가르쳤어요.

난민들이 넘쳐 나는 인도

제2차 세계 대전이 끝난 뒤 인도는 종교 분쟁으로 몸살을 앓았어요. 전쟁으로 피폐해진데다 이슬람교도와 힌두교도 사이의 분쟁으로 콜카타 거리는 집을 잃은 난민으로 넘쳐 났어요.

사랑의 선교회

1949년, 서른아홉 살의 테레사는 인도로 귀화했어요. 사람들은 테레사가 자신들을 가톨릭교도로 개종시키려는 줄 알고 곱지 않은 시선으로 쳐다봤지요. 하지만 테레사는 종교와 신분을 가리지 않고 모든 사람을 존중하는 마음으로 대했어요. 점차 그녀와 함께하려는 사람들이 늘어나자 그녀는 수도회를 발족시켰어요. 이 수도회 이름이 '사랑의 선교회'랍니다. 테레사와 열두 명의 지원자가 콜카타 빈민가를 돌며 음식을 나누어 주고 아픈 사람들을 보살펴 주었어요.

존경과 감사를 표시한 인도

심장 질환이 악화되면서 마더 테레사는 여든일곱 살에 눈을 감았어요. 전 세계는 그녀의 죽음을 애도했어요. 인도 정부는 마더 테레사의 장례식을 성대한 국장으로 치렀어요. 평생을 가난하고 버림받은 자들을 위해 헌신한 그녀에게 존경과 감사를 표현한 것이지요.

마더 테레사에게 바치는 명판. 체코의 바츨라프 광장에 있다.

인도의 여자 옷, 사리를 입은 사랑의 선교사들.

세계로 퍼진 마더 테레사의 손길

사랑의 선교회는 총장을 마더(어머니)라고 부르기로 했어요. 그때부터 테레사는 마더 테레사로 불렸지요. 마더 테레사는 병원에서 받아 주지 않는 사람들을 위해 '죽어 가는 사람들의 집'을 열었고, 버림받은 아이들을 위해 '어린이들의 집'을 열었어요. 그리고 손과 발이 문드러지는 나병 환자들을 위해 순회 진료소도 열었어요. 마더 테레사의 손길은 인도를 넘어 전 세계로 퍼졌어요. 5년 후 베네수엘라에도 사랑의 선교회가 만들어져 구호 활동이 시작되었어요.

6학년, 〈도덕〉

테레사 효과

테레사 효과는 한평생 빈민을 위해 사랑과 친절을 베푼 테레사 수녀가 가난한 삶 속에서도 장수한 것을 두고 일컫는 말이에요. 즉 남을 돕는 활동을 통해 일어나는 정신적, 신체적, 사회적 변화를 뜻하지요.

한국 영화의 선구자
나운규
한국 • 1902년~1937년

감옥에서 얻은 '춘사'
나운규는 청년 시절에 북간도와 만주 지방에서 독립운동을 했어요. 회령-청진강 철도 폭파 임무를 맡았다가 경찰에 체포되어 1년 6개월의 형을 받았지요. 이때 감옥에서 만난 독립투사 이춘성으로부터 호(본명 이외에 쓰는 이름)를 받았는데, 그 이름은 '춘사(春史)'였어요.

조선 키네마의 명배우
조선 키네마는 한국 최초의 영화사였어요. 조선 키네마의 배우가 된 나운규는 윤백남 감독의 영화 〈운영전〉에 가마꾼으로 출연하면서 본격적으로 배우 인생을 시작했지요. 1925년엔 〈심청전〉에서 심봉사 역을 맡으며 연기파 배우로 인정받았어요.

도전! 1인 3역
당시의 영화는 외국의 영화나 일본의 시나리오를 번역해서 제작하는 것이 일반적이었어요. 그러나 나운규는 직접 영화를 만들기로 결심했어요. 일제 강점기에 고통받고 괴로워하는 우리 민족의 이야기를 직접 시나리오로 써서 영화로 제작했지요. 이 영화에서 나운규는 각본, 감독, 배우로 1인 3역을 맡으며 활약했어요. 흥행에 크게 성공하며 일약 한국 영화계의 떠오르는 별이 되었어요.

아리랑

나운규가 1인 3역에 도전했던 영화가 바로 1926년 10월 1일 단성사에서 처음으로 상영된 〈아리랑〉이었어요. 최초의 순수한 우리나라 영화였던 〈아리랑〉은 변사가 해설을 해 주는 무성 영화였어요. 많은 사람의 가슴을 울리면서 서울뿐만 아니라 전국에서 큰 인기를 얻으며 흥행에 성공했지요. 이때 영화에 나온 노래인 '아리랑'이 사람들의 입에서 입으로 전해지면서 우리 민족의 대표적인 노래가 되었어요.

변사여, 안녕

〈아리랑 3편〉이 나오기 전까지 한국 영화는 배우들의 목소리를 들을 수 없는 무성 영화였어요. 소리를 녹음할 수 있는 기술이 부족했기 때문이었지요. 1936년에 나운규가 〈아리랑 3편〉에서 녹음 장치를 사용하면서 변사 없이 배우들의 목소리가 관객들에게 전달되었어요. 무성 영화의 시대가 가고 유성 영화의 시대가 시작된 것이지요.

임자 없는 나룻배

〈임자 없는 나룻배〉는 1932년에 단성사에서 상영된 무성 영화예요. 뱃사공 부녀가 철로 건설 때문에 겪게 되는 비극적인 이야기로, 나운규는 주인공 뱃사공 역을 맡아 열연을 펼쳤어요. 민족의식과 저항정신을 담고 있어 〈아리랑〉과 함께 일제 강점기의 대표적인 화제작으로 꼽히지요.

무성 영화와 변사

1920년대 후반까지는 녹음된 소리가 없는 영화, 즉 무성 영화가 제작되었어요. 한국에서는 나운규의 〈아리랑〉이 제작되면서 무성 영화가 절정을 이루었지요. 외국의 무성 영화는 자막을 넣어 줄거리 진행을 보여 주었는데, 한국에서는 변사가 있었어요. 변사는 관객들에게 배우들의 대사를 대신 말해 주기도 하고 영화의 내용을 알려 주는 일종의 영화 해설자였어요.

찰리 채플린의 무성 영화 〈안전불감증〉의 한 장면.

〈임자 없는 나룻배〉의 한 장면.

3학년, 〈음악〉

아리랑

한국의 대표적인 전통 민요 중의 하나로, 지방마다 독특한 가락이 있는 노래예요. 강원도 일대에 널리 분포되어 있는 〈정선아리랑〉, 호남 지역의 〈진도아리랑〉, 그리고 경상남도 일원의 〈밀양아리랑〉을 묶어서 삼대 아리랑이라 불러요. 나운규의 영화 〈아리랑〉을 통해 널리 알려진 것은 〈경기아리랑〉 또는 〈서울아리랑〉으로 부르는 것이에요.

한국의 잔 다르크라 불리는 애국지사
유관순
한국 • 1902년~1920년

외교권을 빼앗긴 을사조약

러일 전쟁에서 승리한 일본은 1905년에 대한 제국을 강압해 조약을 맺었어요. 이 조약이 바로 을사조약이지요. 일본의 정치가 이토 히로부미는 군인을 동원해 공포 분위기를 조성한 다음 각료들을 협박해 강제로 조약을 체결했어요. 정당한 조약이 아닌 억지로 맺은 조약이었기 때문에 을사조약 아닌 을사늑약이라는 표현이 적합하지요. 이 조약의 결과 대한 제국은 모든 외교권을 잃고 독립국의 지위를 상실했어요.

3·1운동의 함성 속으로

을사조약 이후 1910년에 일본은 나라를 강제로 빼앗았어요. 이런 혼란한 시대 분위기 속에서 유관순은 1916년에 이화 학당에 입학했어요. 그러던 중 1919년 3월 1일에 민족 대표 33인이 독립 선언서를 낭독하는 사건이 일어났지요. 독립 선언서는 일본의 침략에 대항해 한국 독립의 중요성을 강조한 글이에요. 이 글은 전국 각지에서 만세 운동이 일어나는 데 원동력이 되었지요. 유관순도 친구들과 함께 거리로 나가 만세를 불렀어요.

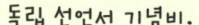
독립 선언서 기념비.

대한 독립 만세!

한국 최초의 여자 학교, 이화 학당

유관순이 입학한 이화 학당은 1886년에 미국 선교사 스크랜턴 부인이 서울시 중구 정동에 세운 사립 여자 교육 기관이에요. 이화 학당이라는 이름은 명성 황후가 내린 것이에요. 해방 뒤에는 이화 여자 전문 대학교라는 이름을 거쳐 현재의 이화 여자 대학교가 되었어요.

1910년, 이화 학당 저학년생들의 모습.

아우내 장터에서 만세를 외치다

이화 학당에 휴교령이 내리자 유관순은 가슴에 독립 선언서를 숨겨 고향인 천안으로 내려갔어요. 그러고는 마을 어른들에게 서울에서 일어난 만세 운동을 설명하고 만세 운동을 일으키자고 호소했어요. 음력 3월 1일인 4월 1일, 아우내 장터에서 만세 소리가 울려 퍼졌지요. 유관순은 앞장서서 '대한 독립 만세'를 외쳤어요.

3·1운동의 상징이 된 죽음

만세를 외치던 유관순은 일본 헌병대에 붙잡혀 공주 지방 법원에서 징역 3년형을 선고받았어요. 서울 법정에서 다시 재판을 받는 중에 조선 사람이 일본법에 의해 재판을 받는 것은 잘못되었다며 의자를 던졌어요. 이 일로 법정 모독죄가 추가되어 징역 5년형을 선고받고 서대문 형무소에 갇혔지요. 그곳에서 가혹한 고문을 받아 1920년에 열여덟의 나이로 세상을 떠났답니다. 그녀의 죽음은 이후 독립운동에 불씨를 지폈고 3·1 운동의 상징이 되었어요.

서대문 형무소

1908년에 지어진 한국 최초의 근대식 감옥이에요. 일제 강점기에는 김구 →80쪽, 한용운 →72쪽, 유관순 등 수많은 애국 투사들이 투옥되었던 장소이지요. 서울시는 1988년에 서대문 형무소를 민족의 수난과 독립운동의 산 교육장으로 활용하기 위해 서대문독립공원으로 만들었어요. 1998년에는 역사관을 개원해 옥사와 사형장, 망루와 시구문 등을 원형대로 복원했어요.

서대문 형무소.

| 연관 검색 | 민족 자결주의 |

어떤 민족이라도 자신만의 독자적인 국가를 수립하고 자신의 정부를 선택할 수 있다는 사상이에요. 제1차 세계 대전이 끝난 후 미국의 윌슨 대통령이 발표한 이후 많은 약소국이 강대국의 지배에서 벗어날 수 있다는 희망을 갖게 되었어요. 3·1 운동에도 영향을 끼쳤답니다.

하지만 민족 자결주의가 모든 나라에 적용된 것은 아니었어요. 제1차 세계 대전의 패전국이었던 독일과 오스트리아의 식민지였던 나라에 대해서는 민족 자결주의를 적용했지만 강대국들의 식민지는 민족 자결주의를 적용하지 않았답니다.

어린이날을 만든 어린이들의 친구
방정환
한국 • 1899년~1931년

인생의 전환점을 만들어 준 천도교

방정환은 1917년에 독립운동가이자 천도교 3대 교주인 손병희의 딸과 결혼했어요. 그리고 천도교의 뒷받침을 받으며 중단했던 공부를 계속하고, 민족 계몽 운동에 앞장섰지요. 1920년에는 천도교에서 발행한 잡지 〈개벽〉의 도쿄 특파원으로 임명받아 일본에서 아동 예술, 아동 심리학, 아동 문학을 공부했어요.

천도교와 손병희

천도교는 동학을 바탕으로 발전시킨 종교예요. 동학 농민 운동 이후 3대 교주가 된 손병희가 쑥밭이 된 교단을 일으켜 세우고 동학의 합법화를 이루었어요. 그 뒤 동학의 이름을 천도교로 바꾸고 민족 교육과 문화 사업에 힘썼어요. 손병희는 3·1 운동을 이끈 민족 대표 33인 중 한 사람이었어요.

→ 손병희.

어린이날의 유래

어린이날은 어린이의 인격을 존중하기 위해 만든 날이에요. 1922년 5월 1일에 방정환이 조직한 천도교 서울지부 소년회를 중심으로 만들어졌지요. 어린 시절부터 어린이들이 인권에 눈뜨게 하고, 자라나는 어린이들에게 국권 회복의 기대를 걸어 보려 했던 일제 저항 운동의 일환이었어요. 일제 강점기 말기에는 총독부의 민족 말살 정책에 의해 중단되기도 했어요. 1927년부터는 5월 5일로 날짜를 바꾸어 행사를 열었고, 1945년 광복 이후로 5월 5일을 어린이날로 했으며, 1975년부터 공휴일로 지정되었답니다.

어린 사람들도 존중해 부르자

옛날에는 '어린이'라는 말이 없었어요. 옛날 사람들은 나이 어린 아이들을 '애놈, 어린 것, 애새끼'라는 말로 낮추어 불렀지요. 방정환은 늙은 사람들을 '늙은이'라고 부르듯이 어린 사람들도 '어린이'라고 존중해 부르자고 주장했어요. 그리고 1923년에 우리나라 최초의 순수 아동 잡지 〈어린이〉를 창간해 어린이라는 말이 널리 쓰이게 되었답니다.
〈어린이〉라는 잡지를 통해 방정환을 비롯한 수많은 작가가 동화나 동요를 발표했어요. 〈어린이〉에 실렸던 이원수의 〈고향의 봄〉, 윤극영의 〈반달〉은 지금까지도 사랑받고 있지요.

색동회

아동문학과 아동 운동을 펼치는 데 주도적인 역할을 한 문화 단체예요. 1922년에 일본 도쿄에서 유학 중이던 방정환을 중심으로 손진태, 조준기, 윤극영, 마해송, 윤석중 등이 가입해 활동했어요. 어린이날 기념행사를 비롯해 동화 구연 대회, 동요회를 여는 등 활발한 활동을 벌였어요. 방정환이 죽은 이후에는 방정환을 기념하기 위해 그의 호를 딴 '소파상'을 만들었어요.

어린이를 위한 한평생

일제의 탄압과 재정적인 어려움에도 여러 어린이 단체에서 활동하며 어린이를 위한 행사를 벌이던 방정환은 과로와 신장염으로 쓰러져 서른세 살의 젊은 나이에 세상을 떠났어요.

4학년 2학기, 〈국어(읽기)〉

만년 샤쓰 | 방정환

"한창남, 왜 외투 안에 옷을 입지 않았니?"
"없어서 못 입었습니다."
그때, 선생님의 무섭던 눈에 눈물이 고였다. 그리고 아이들의 웃음소리도 갑자기 없어졌다.
'창남이네 집이 이렇게 어려웠구나.' 라고 모두 생각하였다.
"창남아, 정말 샤쓰가 없니?"
선생님께서는 다정한 목소리로 물으셨다.
"오늘과 내일만 없습니다. 모레는 인천에 사시는 형님이 올라와서 사 주십니다."
"그럼 웃옷을 다시 입어라. 오늘은 웃옷을 입고 운동하도록 해라."
만년 샤쓰! '비행사' 라는 말도 없어지고 그날부터 '만년 샤쓰'라는 말이 온 학교 안에 퍼져서 친구들은 창남이를 만년 샤쓰라고 부르게 되었다.

육종학을 개척한 세계적인 육종학자
우장춘
한국 • 1898년~1959년

어려웠던 어린 시절

우장춘은 일본 도쿄에서 한국인 아버지와 일본인 어머니 사이에서 태어났어요. 여섯 살이 되던 해에 아버지를 잃고 어렵게 성장했지요. 1919년에 대학을 졸업한 우장춘은 농업을 연구하는 농사 시험장이라는 연구소에서 육종학을 연구했어요. 그러던 중 관동 대지진이 일어났는데, 이때 훌륭한 학자가 되어 조선을 위해 큰일을 해야겠다고 다짐했어요.

관동대지진

1923년 9월 1일 일본의 관동 지방에서 강도 7.9의 지진이 일어났어요. 이 지진으로 9만 명 이상이 죽고, 4만 명 이상이 행방불명되었지요. 그런데 이 지진이 일어난 뒤에 조선 사람들이 우물에 독을 탔다, 불을 지르고 강도질을 한다는 등의 소문이 돌았어요. 일본 사람들은 이 소문을 사실로 알고 조선 사람들을 죽였답니다.

요코하마에서 본 관동대지진의 피해 상황.

육종학이란?

육종은 '종을 기른다.'는 뜻이고, 육종학은 여러 종류의 식물을 더 좋은 품종으로 바꾸기 위한 학문이라는 뜻이에요. 농업에서 육종학은 굉장히 중요한 분야이지요. 자연 상태에 있던 식물을 더 좋은 식물로 개량하거나 서로 다른 품종을 교배해 새로운 식물을 만들기도 해요. 우장춘 박사가 만든 겹꽃 피튜니아나 낟알이 주렁주렁 달린 벼, 제주도에서 생산되는 감귤 역시 이런 개량의 과정을 거쳐 만들어진 것이에요.

겹꽃 피튜니아.

연관 검색 　우장춘 기념관

부산 동래구에는 우장춘의 업적을 기리는 우장춘 기념관이 있어요. 1999년에 우장춘 탄생 100주년을 맞아 지어진 것이지요. 전시관 1층에는 우장춘 박사의 일대기를 알 수 있는 사진들이 전시되어 있고, 2층 전시실에는 원예 사업의 발전 과정과 우장춘의 주요 업적이 전시되어 있어요.

피튜니아 개량에 성공하다

우장춘은 1930년에 겹꽃 피튜니아의 육종 합성에 성공하면서 다윈의 진화론을 수정했어요. 그리고 이때 발표한 논문으로 농학박사 학위를 받았지요. 원래 피튜니아는 홑꽃이었고 볼품이 없어 사람들에게 인기가 없었답니다. 우장춘은 피튜니아를 겹꽃으로 개량해 크고 화려하면서 색도 다양하게 바꾸어 널리 보급시켰어요.

한국에서 남긴 업적들

1945년 광복 이후, 경제가 어렵자 정부는 농업 발전을 위해 우장춘의 귀국을 추진했어요. 한국으로 온 우장춘은 육종학의 황무지나 다름없던 한국에서 많은 업적을 남겼어요. 1953년에 국립 중앙 원예 기술원 원장을 맡아 제주도에 귤 재배를 보급하고, 한국 땅에 맞는 무와 배추 품종을 생산하는 데 성공했으며, 1958년에는 강원도 감자로 알려진 무병 씨감자를 생산했어요. 이 감자는 한국 전쟁 이후 식량난을 해결하는 데 큰 기여를 했지요. 한국의 근대 농업을 개척한 공로를 인정받아 1959년에 대한민국 문화포장을 받았어요.

씨 없는 수박

씨 없는 수박은 일본의 기하라 박사가 1947년에 개발한 것이에요. 우장춘 박사가 씨 없는 수박을 국내에서 재배한 이유는 농업에도 과학이 필요하다는 걸 보여 주기 위해서였어요. 씨 없는 수박이 이슈가 되자 사람들은 그가 주장하는 농업의 과학적인 방법에 조금씩 관심을 갖기 시작했어요.

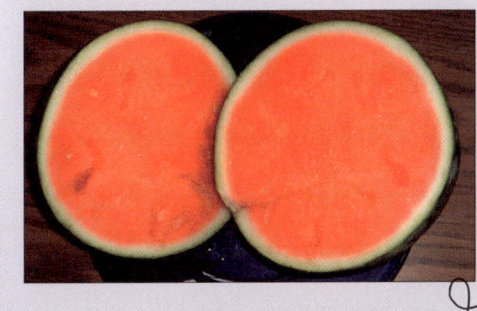
씨 없는 수박.

기업의 이익을 사회에 환원한 기업가
유일한
한국 · 1895년~1971년

독립운동가 서재필이
한국인임을 잊지 말라며 선물한
버드나무 목각화가
유한양행의 상징이 되었다.

미국의 문물을 배워 동포를 구하라

유일한의 아버지 유기연은 평양의 부유한 상인이었어요. 일제에 빼앗긴 나라를 되찾기 위해서는 실력을 키워야 한다고 생각해 자신의 아들을 유학 보내기로 결정했어요. 미국의 문물을 배워 동포를 구하라는 아버지의 당부를 가슴에 새기고 열 살의 유일한은 유학길에 올랐어요.

기업의 사회적 책임을 강조한
유일한의 업적을 기리며 만들어진 유일한로.
경기도 부천시에 있다.

독립군의 꿈을 키운 한인 소년병 학교

재미 독립운동가 박용만은 독립군을 양성하기 위해 무관 학교를 설립했어요. 미국 네브라스카 헤이팅스의 소년병 학교가 그것이에요. 소년병 학교에 입학한 유일한은 독립군 지휘관이 되겠다는 신념으로 군사 훈련에 전념했어요.

학생 대표로 참여한 한인 자유대회

3·1운동 소식이 전해지자 미주 지역 동포들은 한인 자유대회를 열었어요. 한인 자유대회는 국내의 독립 운동을 지지 및 후원하고 한국의 독립 의지를 세계 만방에 알리기 위한 대회였지요. 3일 동안 열린 이 대회에 미시간 주립대 학생이었던 유일한은 학생 대표로 참여했어요.

조국의 광복을 위하여

제2차 세계 대전 당시 미국 전략처(OSS)가 국내 침투 작전을 세웠어요. 작전명은 냅코. 냅코 작전은 민족의식이 투철한 한국인을 선발해 특수 훈련을 시킨 다음 한국과 일본에 침투시켜 적의 후방을 교란시키는 작전이었어요. 특수 요원으로 선발된 유일한은 훈련을 마치고 작전 실행을 기다리고 있었어요. 하지만 일본의 항복으로 전쟁이 끝나면서 작전은 실행되지 못했어요. 하지만 이를 통해 유일한이 한국의 광복을 얼마나 염원했는지 짐작할 수 있어요.

유한양행

미국에서 식료품 사업으로 자본을 모은 유일한은 귀국해 유한양행을 설립했어요. 의약품 제조 회사인 유한양행은 위생용품과 염료 등을 수입하고, 우리나라 특산품인 화문석과 도자기 등을 수출하는 일도 했어요. 한국의 문화를 세계에 알리는 역할은 물론 민족의 경제를 발전시키는 일에도 앞장선 것이지요.

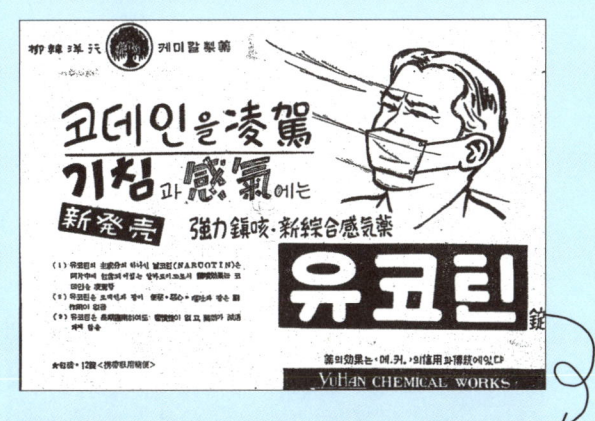

1950년대 유한양행 광고.

기업 이익을 종업원들과 나누는 종업원 지주제

1937년 유일한은 유한양행의 주식을 사원들에게 나눠 주었어요. 기업의 이익을 종업원과 함께 나눠야 한다는 평소의 철학을 실천에 옮긴 것이었지요. 이때부터 시작된 종업원 지주제는 1973년에 완전히 제도로 정착되었어요.

나눔의 기업 철학

유일한의 기업 철학은 나눔이었어요. 기업에서 얻은 이익은 기업을 더 크게 키워 더 많은 일자리를 만들고, 성실하게 납세하며, 그리고 남은 것은 기업을 키워 준 사회에 환원한다는 것이었어요. 실제로 유일한은 자신 소유의 주식을 장학 기금으로 내놓아 사회에 환원했고, 혈연관계가 아닌 전문 경영인에게 회사를 넘김으로써 전문 경영인 시대를 열었지요.

중국 공산주의 혁명을 이끈 정치가
마오쩌둥
중국 · 1893년~1976년

도서관에서 세상을 배우다

베이징 도서관의 사서 보조로 일하던 마오쩌둥은 그곳에서 여러 사람을 만나고 책을 읽으면서 세계 각국의 정세를 알게 되었어요. 중국 공산당 창설자인 천두슈에게 공산주의 이론을 배우고 공산당에 가입했어요.

마오쩌둥이 유년기를 보낸 집.

지옥의 행군

공산당은 제국주의 열강 세력과 군벌에 맞서기 위해 국민당과 협력하기로 했어요. 하지만 국민당은 공산당의 세력이 커지는 것을 막기 위해 국공합작을 깨고 공산당을 공격했어요. 공산당은 국민당을 피해 지옥의 행군을 했어요. 1935년 6월, 공산당이 옌안에 도착하면서 8개월에 걸친 지옥의 행군은 끝이 났어요.

설욕을 씻고 권력을 잡은 공산당

제2차 세계 대전이 끝나자 공산당과 국민당은 본격적인 전쟁을 벌였어요. 공산당은 국민당 군대의 10분의 1도 안 되는 숫자였어요. 하지만 중국인들의 지지를 얻어 4년여의 전투 끝에 국민당을 몰아내고 당당하게 수도 베이징으로 들어왔어요.

국민당과 장제스의 몰락

신해혁명의 아버지 쑨원 →88쪽 이 죽자 장제스가 국민당의 1인자가 되었어요. 국민당 외의 정당 활동을 금지하며 독재 정치를 펼친 장제스의 집권은 27년 동안 계속되었지요. 1948년에 중화민국 초대 총통이 되었으나 1년 뒤에 공산당을 이끄는 마오쩌둥에게 쫓겨나 대만으로 피신하게 되었어요.

중화인민공화국 수립

1949년 10월 1일, 북경의 천안문 광장에서 마오쩌둥은 중화인민공화국의 수립을 선포했어요. 마오쩌둥의 공산 혁명으로 중국이 사회주의 국가가 되자 미국은 중국에 있던 외교관들을 모두 철수시켜 버렸어요.

문화대혁명으로 문화재가 파괴되고 인권이 유린당했다.

1949년 10월 1일, 중화인민공화국의 수립을 선포하는 마오쩌둥.

청소년을 앞세운 문화대혁명

마오쩌둥은 자본주의를 물리치기 위해서는 청소년들이 나서야 한다고 주장했어요. 전국 각지마다 청소년들로 구성된 홍위병이 조직되었고, 홍위병들은 마오쩌둥의 지시에 따라 반대파들을 벌주고 심지어 죽이기까지 했어요. 홍위병들을 앞세운 마오쩌둥의 극단적인 사회주의 운동을 문화대혁명이라고 해요.

천안문 광장 중앙에는 마오쩌둥의 대형 초상화가 걸려 있다.

인종 우월주의를 내세운 독재자
아돌프 히틀러
독일 • 1889년~1945년

식민지 쟁탈전

20세기 초, 영국, 프랑스, 독일, 오스트리아 등 유럽의 강대국들은 식민지를 개척하고 세력을 넓히려고 격렬하게 다투었어요. 팽팽히 맞서던 강대국들은 결국 연합국(영국, 프랑스, 러시아)과 동맹국(독일, 이탈리아)으로 나뉘어 전쟁을 벌였는데 이 전쟁이 제1차 세계 대전이에요. 이 전쟁으로 유럽은 쑥대밭이 되었고, 연합국의 승리로 끝이 났지요.

독일 국민에게 희망을 준 젊은 정치인

전쟁에 패한 독일은 전쟁에 대한 책임을 지고 막대한 배상금을 물어야 했어요. 여기에 경제 공황까지 겹치면서 독일 경제는 최악의 상황이 되었지요. 연설을 아주 잘하는 정치인이었던 히틀러는 연설을 통해 독일 국민은 우수하므로 다시 일어설 수 있다고 희망을 주었어요.

연설을 하고 있는 히틀러의 모습.

나치와 비밀 친위대

히틀러가 이끄는 국가사회주의 노동당을 사람들은 나치(국가사회주의:National sozialistisch)라고 불렀어요. 나치는 반대 세력을 모두 몰아내고 독일의 제1당으로 자리매김하며 공포의 독재 정치를 펼쳤어요. 이때 SS요원들이 활약을 했는데, 그들은 히틀러의 비밀 친위대였어요.

1939년 폴란드로 향하는 군대의 행진을 보는 히틀러.

나의 투쟁

1923년, 쿠데타를 일으켰다가 실패한 히틀러는 5년 형을 선고받고 감옥에 갇혔어요. 이때 감옥 안에서 쓴 자서전이 바로 〈나의 투쟁〉이에요.

히틀러가 그린 수채화.

홀로코스트

6개월의 수감 생활을 마치고 나온 히틀러는 당을 재건하려고 나섰어요. 1934년에 총통이 되며 히틀러의 집권이 시작되었지요. 히틀러 시대의 가장 큰 희생양은 유대 인이었어요. 히틀러는 독일의 불행이 유대 인 때문이라며 정권을 잡자마자 유대 인을 학대하기 시작했어요. 제2차 세계 대전 중에는 아우슈비츠 수용소를 만들어 유대 인과 폴란드 공산주의자들을 가두고 이 수용소에서 하루에 3천 명씩 독가스로 죽였다고 해요. 히틀러의 나치가 유대 인을 대학살한 이 일을 '홀로코스트'라고 한답니다.

독재자의 최후

히틀러는 전 세계를 지배하려는 욕심으로 제2차 세계 대전을 일으켰어요. 하지만 독일은 다시 한 번 패배의 쓴맛을 보았지요. 베를린이 함락되기 직전인 1945년 4월 19일 새벽, 히틀러는 애인 에바 브라운과 결혼식을 올리고 그 다음 날 애인과 함께 자살했어요.

히틀러와 에바 브라운.

무솔리니. ▶ 히틀러. ▶

연관 검색 | 이탈리아의 독재자 무솔리니

이탈리아도 독일과 마찬가지로 제1차 세계 대전 이후 사회적인 혼란과 경제적인 어려움에 처해 있었어요. 강철 군모와 제복을 입은 베니토 무솔리니(1883년~1945년)는 로마 제국의 영광을 부르짖으며 파시스트당을 만들었어요. 이탈리아 어로 파쇼(Fascio)는 결속을 뜻하는 말이에요. 수상이 된 무솔리니가 독재 정치를 펼치면서 파시즘이나 파쇼는 독재를 의미하는 말이 되었어요.

장애를 극복한 사회 운동가
헬렌 켈러
미국 • 1880년~1968년

헬렌 켈러가 그려져 있는 앨라배마 주 쿼터 동전.

세 가지 장애를 가진 아이

미국 앨라배마 주의 작은 시골 마을에서 태어난 헬렌 켈러는 19개월 되었을 때 열병을 앓았어요. 열병의 후유증이 심각해 켈러는 그 후로 보지도 못하고 듣지도 못하고 제대로 말하지도 못했답니다.

설리번 선생님

켈러는 일곱 살 때 가정 교사인 앤 설리번을 만났어요. 특수아동교육을 전공한 설리번은 어렸을 때 결막염을 앓아 시력을 거의 잃었던 경험이 있어 켈러의 심정을 그 누구보다 잘 알고 있었어요. 일흔 살에 세상을 떠나기까지 47년 동안 켈러의 곁을 지켰어요.

1888년의 켈러와 설리번.

기적의 순간

응석받이로 자란 켈러는 그 누구의 말도 듣지 않는 고집쟁이였어요. 설리번은 물이 나오는 펌프에 켈러의 손을 갖다 대고 손바닥에 '물'이라고 썼어요. 그 순간 켈러는 물이라는 단어가 어떤 뜻인지 처음으로 알게 되었지요. 눈이 보이지 않는 장애를 가진 아이가 글자를 쓰고 읽을 수 있게 되는 기적의 순간이었어요.

최초의 중복 장애인 대학생

1900년 헬렌 켈러는 하버드 대학교 레드클리프 칼리지에 입학했어요. 보지 못하고 듣지 못하는 사람이 대학에 다니는 것은 당시로서는 쉽게 상상할 수 없는 일이었어요. 헬렌 켈러는 시각과 청각 이중의 장애를 가진 사람으로는 처음으로 대학을 졸업했어요.

장애를 극복한 사회 운동가

대학 공부를 마친 켈러는 사회 운동가로서 활발한 활동을 펼쳤어요. 주로 장애인, 여성, 노동자와 같이 힘없는 사람들을 도와주는 일에 앞장섰지요. 맹인과 농아자의 교육 시설 확충을 위해 모금 운동을 하고, 여성의 선거권과 참정권을 얻는 일에 앞장섰어요. 또한 비참한 노동자의 노동 환경 개선을 위해 목소리를 높였지요.

1952년, 일흔두 살에 이스라엘을 방문한 헬렌 켈러.

연관 검색 내가 사흘만 볼 수 있다면

헬렌 켈러가 타자기로 쓴 이 글은 만약 사흘만 눈이 보인다면 어떤 일을 할 것인지 쓴 수필이에요. 이 글은 세계적인 잡지 〈리더스 다이제스트〉에서 20세기 최고의 수필로 선정하기도 했어요.

내가 사흘만 볼 수 있다면 첫째 날 사랑하는 사람들을 모두 불러 놓고
그동안 목소리로만 듣던 아름다운 모습을 바라보겠습니다.
둘째 날 새벽에 일찍 일어나 밤이 낮으로 바뀌는 감동적인 순간을 보고 싶습니다.
셋째 날 다시 한 번 해가 뜨는 광경을 바라보겠습니다.
그 다음에는 거리로 나가 사람들이 오가는 광경을 바라보겠습니다.

— 〈내가 사흘만 볼 수 있다면〉 중에서

인술을 펼친 의사이자 신학자
알베르트 슈바이처
프랑스·1875년~1965년

스물세 살의 결심

스물세 살이 되던 해, 슈바이처는 한 가지 결심을 했어요. 서른 살까지는 학문과 예술을 위해서 살고 그 이후부터는 인류에 봉사하기로 말이지요.

의대 학생이 된 교수

대학에서 신학과 철학을 공부한 슈바이처는 우연히 파리 선교단의 보고서를 읽었어요. 아프리카 원주민들이 의사가 없어 고통을 당한다는 사실을 알게 되었지요. 선교사가 되어야겠다고 결심한 슈바이처는 원주민을 치료하기 위해 다시 의대에 들어가 의사 자격증을 땄어요.

1975년에 독일 연방 우체국이 슈바이처 탄생 100주년을 맞아 발행한 기념 우표.

닭장 진료실

1913년, 슈바이처 부부는 선교 구역인 적도 아프리카(오늘날의 가봉공화국) 랑바레네에 도착했어요. 병원 건물도 지어지지 않은 상태인데 의사가 왔다는 소식을 들은 환자들이 몰려들었어요. 슈바이처는 닭장을 임시 진료소로 사용하며 환자들을 치료했어요.

노벨 평화상 상금

슈바이처는 제2차 세계 대전 중에도 아프리카에 남아 기독교의 전파와 환자 치료에 전념했어요. 그러면서 아인슈타인과 함께 핵무기 반대 성명을 발표하는 등 세계 평화를 위해 힘썼지요. 그 공로로 1952년에 노벨 평화상을 수상했어요. 받은 상금으로는 나환자촌을 세웠답니다.

오고웨 강변에 묻힌 원시림의 성자

아프리카 사람들의 치료에 일생을 바친 슈바이처는 '원시림의 성자'라고 불렸어요. 90세에 세상을 떠난 원시림의 성자는 그의 병원이 있던 오고웨 강변에 묻혔어요.

슈바이처의 기념비.

유별난 피아노 사랑

다섯 살 때부터 피아노를 연주한 슈바이처는 파이프 오르간 연주가로도 활약했어요. 피아노를 너무 사랑해서 아프리카에 갈 때도 피아노를 가지고 갈 정도였고, 포로수용소에서도 판자를 건반 삼아 피아노 연습을 했어요. 사라져 가는 파이프 오르간을 지키기 위해 파이프 오르간 보존에도 앞장섰어요.

사랑의 인술

제1차 세계 대전이 일어나면서 슈바이처 부부는 파리로 송환되어 포로수용소에 수감되었어요. 수용소에서 풀려난 슈바이처는 아프리카 병원 운영을 위해 모금 활동을 벌였어요. 6년 후 다시 아프리카로 돌아간 슈바이처는 병원을 세우고 환자들을 치료했어요. 가족과 모금을 위해 잠깐씩 귀국을 한 때를 제외하고는 37년 동안 아프리카에 머물며 사랑의 인술을 펼쳤어요.

알베르트 슈바이처 박물관. 프랑스 북동부 알자스에 있다.

6학년, 〈도덕〉 — 관련교과

위인의 삶의 모습을 통해 용기 있는 행동과 도덕적인 생활 태도의 관계에 대해 더 깊이 생각해 보기

· 슈바이처가 한 용기 있는 행동은 무엇인가요? 그리고 그러한 행동이 용기 있는 행동이라고 생각되는 까닭은 무엇인가요?

· 슈바이처의 용기 있는 행동은 인류에 어떤 영향을 주었나요?

· 슈바이처가 한 용기 있는 행동은 도덕적인 생활 태도와 어떤 관계가 있나요?

제2차 세계 대전을 영국의 승리로 이끈
윈스턴 처칠

영국 • 1874년~1965년

말썽꾸러기 낙제생

윈스턴 처칠은 말썽꾸러기 낙제생이었어요. 늘 지각을 하고, 친구들과도 자주 다퉈서 학생기록부에 안 좋은 말들이 적혀 있었지요. 공부도 잘 못해서 성적도 하위권이었어요. 그런 그가 훗날 영국의 총리가 되리라고는 아무도 상상하지 못했어요.

일곱 살의 처칠.

전 세계를 휩쓴 전쟁

1939년, 독일이 폴란드를 침공하면서 제2차 세계 대전이 시작되었어요. 독일, 이탈리아, 일본이 한편이 되었고, 이에 맞서 영국, 프랑스, 미국, 러시아가 한편이 되어 싸웠어요. 유럽은 물론이고 북아프리카, 아시아, 태평양까지 전쟁의 소용돌이에 휩싸였지요. 6년에 걸친 전쟁으로 수많은 사람이 죽고 재산 피해를 입었어요.

전쟁을 승리로 이끈 지도자

제2차 세계 대전이 시작된 지 얼마 후에 처칠은 총리가 되었어요. 독일이 전쟁에서 승승장구하며 영국을 위협하고 있을 때였지요. 처칠은 미국의 루스벨트, 소련의 스탈린과 더불어 연합군을 이끌었어요. 결국 연합군이 전쟁에서 이기고 영국은 승전국이 되었어요.

노벨 문학상을 수상한 총리

처칠은 뛰어난 연설가이자 작가였어요. 대표작으로는 〈제2차 세계 대전〉과 〈영어 사용민의 역사〉가 있어요. 뛰어난 연설과 저술의 문학적 가치를 인정받아 노벨 문학상을 받았어요.

테헤란 회담

1943년 11월에 이란의 수도 테헤란에서 영국의 처칠, 소련의 스탈린, 미국의 루스벨트가 모였어요. 세 사람은 이곳에서 서로 협력하여 독일에 맞서 싸우기로 했어요. 이날 3국의 정상 회담을 테헤란 회담이라고 불러요.

제2차 세계 대전 중 개최된 카이로 회담. 중국의 총통 장제스, 미국의 대통령 루스벨트, 영국의 총리 처칠이 참석했다.

영국 세인트 마틴 교회에 있는 처칠의 무덤.

철의 장막

제2차 세계 대전 후 세계는 공산주의 진영과 자유주의 진영으로 나뉘어 대립했어요. 이것을 '냉전'이라고 하지요. 공산주의 진영의 지도자는 소련의 스탈린이었는데, 처칠은 소련과 공산주의 진영을 '철의 장막'으로 비유하며 그들을 비판했어요.

연관 검색 | 처칠과 관련 있는 인물들

소련의 새 지도자가 된 강철 사나이 스탈린

러시아 혁명을 이끈 레닌이 죽자 이오시프 스탈린(1879년~1953년)이 레닌의 후계자를 자처하며 권력을 잡았어요. 그 후 비밀경찰(KGB)을 동원하여 반대 세력을 없애고 국민을 철저하게 통제했어요. 한편으로는 군사력을 키워서 소련을 강대국으로 만들었지요. 스탈린이라는 이름에는 '강철 사나이'라는 뜻이 있어요.

미국을 공황에서 구한 소아마비 대통령 루스벨트

변호사로 활동하다 정치가가 된 프랭클린 루스벨트(1882년~1945년)는 서른아홉 살에 소아마비에 걸리고 말았어요. 사람들은 그가 더 이상 정치를 할 수 없을 것이라 생각했지만 그는 좌절하지 않았어요. 1933년 미국의 제32대 대통령이 된 루스벨트는 국민의 지지 속에 네 번이나 대통령에 당선됐어요. 정부가 공공사업을 벌여 경기를 살리는 '뉴딜 정책'을 펼쳐 공황에 빠진 미국의 경제를 살리기도 했어요.

> 내가 바칠 것은 피와 땀과 눈물밖에 없다.

▲1945년에 열린 얄타회담에는 처칠과 루스벨트, 스탈린이 참석해 독일의 패전과 관리에 대해 의견을 나누었다.

인도의 비폭력 독립운동 지도자
마하트마 간디
인도 · 1869년~1948년

위대한 영혼

간디의 본명은 모한다스 카람찬드 간디예요. 인도 출신의 세계적인 사상가이자 시인인 타고르가 간디를 '위대한 영혼', 즉 마하트마라고 일컬은 뒤로 마하트마 간디라 불렸어요.

1940년, 간디와 시인 타고르.

유색 인종 차별 반대 운동

변호사였던 간디는 소송 때문에 남아프리카에 갔다가 그곳에서 인도인이 유색 인종이라는 이유로 차별받는 현실을 알게 되었어요. 그때부터 그는 남아프리카 인도인의 인권을 위해 싸우기 시작했지요. 8년 동안 끈질기게 차별 반대 운동을 벌인 끝에 남아프리카에서 인도인에 대한 차별법이 모두 폐지되었어요.

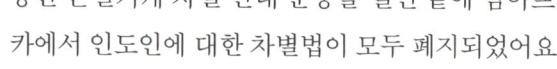
남아프리카에서의 간디.

죄를 미워하되 죄인은 사랑하라.

소금 행진

대공황으로 경제적 어려움에 처한 영국은 소금법을 만들어 비싼 값에 소금을 수입하라고 인도인들에게 강요했어요. 이에 대한 항의로 간디는 소금 행진을 벌였어요. 소금 행진은 하루 60킬로미터씩 25일을 쉬지 않고 걸어가서 바닷물로 직접 소금을 만드는 것이었어요. 각계각층의 참여로 소금 행진의 규모가 커지자 영국은 간디를 감옥에 가뒀어요. 간디가 단식으로 항의하자 어쩔 수 없이 그를 풀어 주었지요.

소금 행진 중인 간디.

비폭력주의

인도의 독립운동을 이끈 간디는 그 어떤 경우에도 폭력을 사용하지 말자고 호소했어요. 단식, 파업, 행진 등의 비폭력 투쟁으로 일관한 간디의 비폭력, 무저항주의는 인류 역사에 길이 남을 위대한 정신이자 저항 운동으로 꼽혀요.

무소유 공동체 아슈람

아슈람은 간디가 만든 무소유 공동체예요. 아슈람에 들어온 사람은 누구나 일을 해야 했고 계급에 상관없이 똑같이 월급을 받았어요. 간디는 천대받는 천민들이 아슈람에 들어와서 살도록 했어요.

인도를 갈라놓은 종교 갈등

1947년 8월 15일 마침내 인도가 영국으로부터 독립했어요. 하지만 오래전부터 계속된 종교의 갈등으로, 힌두교의 인도와 이슬람교의 파키스탄으로 갈라지고 말았지요. 간디는 인도의 통일을 위해 여러 곳을 돌아다니며 힌두교와 이슬람교의 화해를 위해 노력했어요.

힌두교 신자들의 적

힌두교 광신자들은 간디를 적으로 여겼어요. 인도의 전통적인 계급 제도인 카스트를 부정하고 이슬람교를 인정한다는 이유 때문이었지요. 결국 간디는 1948년 1월 30일에 힌두교 광신자 나투람 고두세가 쏜 총을 맞고 세상을 떠났어요.

간디가 암살된 비를라 하우스에 기념비가 세워져 있다.

한국 최초의 여자 성악가
윤심덕
한국 • 1897년~1926년

신여성의 등장
20세기에 들어서 서양 문화와 근대 문명이 속속 들어오면서 여성들이 달라지기 시작했어요. 바깥출입도 자유롭지 못했던 여성들이 1920년대엔 신식 교육을 받고 사회 활동을 하기도 했지요. 이런 여성들을 '신여성'이라고 불렀어요. 윤심덕도 그런 신여성 중 한 명이었지요.

뛰어난 음악적 재능
윤심덕의 집안은 가난했지만 음악에 재능이 있어 총독부 장학생으로 일본 유학을 다녀왔어요. 도쿄 음악 학교를 졸업하고 최초의 음대 유학생으로서 서울에 돌아와 성악가이자 대중 가수로서 활발한 활동을 펼쳤어요.

극작가 김우진과의 인연
윤심덕은 동경 유학 중에 유학생들이 결성한 극단 동우회에서 김우진을 만났어요. 김우진은 〈산돼지〉, 〈이영녀〉 등의 희곡 작품을 남긴 극작가예요. 극단 동우회가 한국에서 두 달 동안 순례 공연을 하면서 두 사람은 가까운 사이로 발전했어요. 그런데 문제는 김우진에게 이미 아내와 자식이 있었다는 것이었지요.

김우진.

연관 검색 | 신여성들의 활약

한국 최초의 서양 여류 화가, 나혜석
나혜석(1896년~1949년)은 열일곱 살에 일본으로 유학 가서 도쿄여자미술학교를 졸업했어요. 이후 서양화를 전공한 최초의 여성 화가이자, 개인전을 연 최초의 여성 화가로 이름을 날리며 성공한 여성의 대명사가 되었지요. 그러던 중 1934년에 외교관인 남편 김우영과 이혼에 이르게 된 경위와 남성 중심적인 당시 사회를 비판한 글을 발표해 세상을 떠들썩하게 만들었어요.

▲ 나혜석, 〈자화상〉, 1928년

한국의 춤을 세계에 알린 무용가, 최승희
최승희(1911년~ 미상)는 일본에서 현대 무용을 배웠지만 한국인의 춤은 고전 무용에 뿌리를 두어야 한다고 생각했어요. 그래서 승무, 칼춤, 부채춤, 가면춤 등 우리나라 고전 무용을 현대적으로 해석한 창작 무용을 만들어 공연에 나섰지요. 이후 국내는 물론 미국과 유럽, 남아메리카에서도 높은 평가를 받으며 세계적인 무용가가 되었어요.

신여성의 사랑

일본에서 유학을 하던 중에 만난 두 사람은 이루어질 수 없는 사랑을 했어요. 결국 두 사람은 1926년 8월 5일, 시모노세키와 부산을 오가는 관부연락선에서 함께 바다로 뛰어드는 비극적인 선택을 했어요. 김우진과 윤심덕은 당시에 많은 사람의 관심을 받던 사람들이었기 때문에 그들의 자살 소식은 세상을 떠들썩하게 만들었지요.

김우진과 윤심덕이 뛰어들었다는 바다 현해탄. 일본 규슈 북서부 해역이다.

사의 찬미

바다에 뛰어들기 전 윤심덕은 오사카의 닛토 레코드사에서 '사의 찬미'라는 곡을 녹음했어요. 요시프 이바노비치의 곡 '다뉴브 강의 물결'에 윤심덕이 가사를 붙인 곡이었지요. 삶의 허무를 노래한 곡이자, 윤심덕이 마지막으로 남긴 이 곡이 실린 레코드는 그녀의 죽음 이후 불티나게 팔렸다고 해요.

윤심덕은 성격이 활발해 남자들과도 잘 어울렸다고 한다.

광막한 황야에 달리는 인생아
너의 가는 곳 그 어데냐
쓸쓸한 세상 험악한 고해(苦海)에
너는 무엇을 찾으러 가느냐

눈물로 된 이 세상에 나 죽으면 그만일까
행복 찾는 인생들아 너 찾는 것 설움

— '사의 찬미' 중에서

입체주의 미술의 선구자
파블로 피카소
스페인 • 1881년~1973년

미술관이 곧 학교

피카소는 마드리드에 위치한 왕립미술학교에 입학했지만 학교에서 이루어지는 틀에 박힌 미술 교육이 싫었어요. 그가 미술에 대해 더 많이 배운 곳은 학교가 아니라 미술관이었어요. 피카소는 프라도 미술관을 수시로 드나들면서 스페인 회화를 공부했어요. 현재 프라도 미술관엔 피카소의 〈게르니카〉가 전시되어 있지요.

우울한 청색 시대

피카소의 친구 카를로스 카사게마스는 실연의 상처를 이기지 못하고 자살을 했어요. 스무 살의 피카소는 친구의 죽음에 큰 충격을 받았지요. 그 후 4년 동안 피카소는 청색만을 사용해 그림을 그렸어요. 우울한 감정을 그대로 화폭에 담은 이 시기를 피카소의 청색 시대라고 해요. 〈기타 치는 눈먼 노인〉, 〈팔짱을 낀 여인〉, 〈수프〉는 모두 청색 시대의 그림들이에요.

〈기타 치는 눈먼 노인〉, 1903년

〈팔짱을 낀 여인〉, 1901년~1902년

〈수프〉, 1902년

몽마르트의 세탁선

피카소의 아틀리에(화가의 작업실)는 파리 몽마르트 언덕의 허름한 건물에 있었어요. 피카소를 비롯한 가난한 화가들의 아틀리에가 30여 개나 모여 있던 이 건물을 사람들은 세탁선이라고 불렀어요. 세탁부들이 빨래터로 이용하던, 강변에 늘어선 배를 닮아서 그런 이름이 붙었다고 해요. 전기도, 가스도 들어오지 않는 낡은 세탁선에서 피카소는 쉬지 않고 작품을 그렸어요.

중학교, 〈미술〉

관련 교과

입체주의
짧은 기간에 활발하게 일어났던 미술 운동으로 현대 미술에 큰 영향을 미쳤어요. 대상을 여러 시점에서 본 형태로 분해하고 한 화면에 재구성하여 표현했어요. 입체주의를 대표하는 화가로 피카소, 브라크, 레제 등을 들 수 있어요.

브라크. ▶

<아비뇽의 처녀들>, 1907년

<게르니카>, 1937년

아비뇽의 처녀들

1907년에 피카소가 그림을 공개하자 사람들은 놀라며 당황스러워했어요. 여인들의 코가 비뚤어져 있고, 인체는 단순하다 못해 이상하게 뒤틀어져 있었어요. 지금까지 사람의 신체를 그리는 기법에서 완전히 벗어난 새로운 기법이 사용되었지요. 이 충격적인 그림이 바로 <아비뇽의 처녀들>이에요. <아비뇽의 처녀들>은 미술사 최초의 입체주의 작품으로 평가받는답니다.

게르니카

제1차 세계 대전 후 스페인에 사회주의 정부가 들어섰어요. 이에 프랑코 장군이 반란을 일으켜 독일, 이탈리아와 손을 잡았어요. 1937년 4월 26일, 독일과 이탈리아의 연합군이 스페인 바스크 지방의 작은 마을 게르니카에 무차별적으로 폭격을 가했어요. 아무 죄 없는 2천여 명의 주민이 죽고 마을은 잿더미가 되고 말았지요. 고국에서 들려온 비극적인 소식에 피카소는 분노했어요. 그리고 한 달 만에 민간인 학살을 고발하는 대작을 그렸는데, 이 그림이 바로 <게르니카>랍니다.

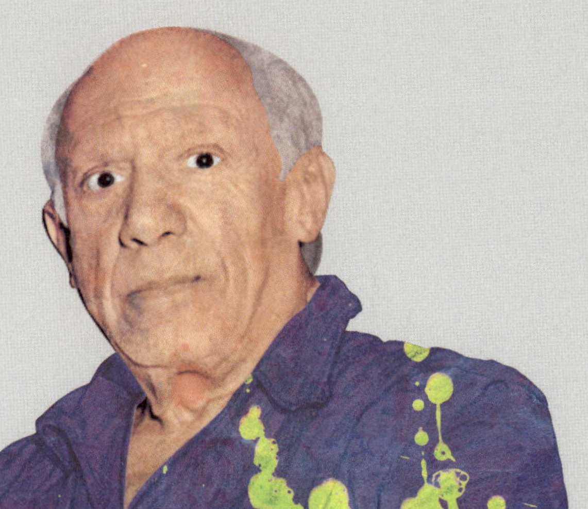

레제. ▶

승려의 신분으로 조국 독립에 앞장선
한용운 한국 • 1879년~1944년

방랑 끝에 불교에 입문

한용운의 호적상 이름은 정옥이에요. 용운은 불교 승려가 된 뒤에 받은 법명이지요. 한용운의 집안은 몰락한 양반 사대부 가문으로 몹시 가난했다고 해요. 열네 살이 되던 해에 2년 연상의 지주의 딸과 결혼을 했지만 가정에 소홀했어요. 1894년에 동학 농민 운동이 일어났을 때 가담했다가 인제군 백담사, 설악산 오세암 등을 전전했어요. 이 시기에 불교 서적을 접하고 승려가 되었지요.

불교의 대중화를 위해

다시 귀향해 은거하는 등 방황하던 한용운은 1905년에 강원도 인제군 백담사로 가 정식으로 출가했어요. 그리고 '만해'라는 법호를 받게 되었지요. 시찰단의 일원으로 일본에 갔다가 근대 사상을 접한 뒤로는 불교계의 개혁과 불교의 대중화를 위해 힘써야겠다고 생각했어요. 불교의 대중화를 위해 한용운은 한문이나 인도 산스크리트 어로 기록된 불교 경전을 한글로 번역해 소개했어요. 또한 조선의 불교가 일본의 불교에 편입되어서는 안 된다며 청년들이 나서야 한다고 주장했어요.

현실에 참여하는 불교

한용운이 주장한 불교의 개혁과 대중화는 결국 불교의 현실 참여라는 문제까지 확대되었어요. 그리고 3·1 운동에서 민족 대표 33인의 한 사람으로 참여하게 되었지요. 독립 선언문의 내용을 놓고 최남선과 의견 충돌을 하기도 했어요. 한용운은 좀더 과감하고 현실적이어야 한다고 주장했지만 최남선은 한용운의 주장이 너무 과격하다고 반대했지요. 독립 선언문 낭독 후 만세 운동을 하다가 탑골 공원에서 체포되어 서대문 형무소에서 수감 생활을 했어요.

님의 침묵

문학에 관심이 많았던 한용운은 작품 활동을 꾸준히 했어요. 1918년에는 제자들과 함께 월간 불교 잡지 〈유심(惟心)〉을 창간해 글을 발표하기도 했어요. 1926년에는 시집 《님의 침묵》을 발표했는데, 기존의 형식을 깬 산문시 형태의 시였어요. 〈님의 침묵〉이라는 시는 님에 대한 그리움과 변하지 않는 지조를 표현한 작품으로, 여기서 '님'은 조선의 독립, 부처, 이별한 연인으로도 해석할 수 있어요. 풍부한 의미를 띠는 시로 오늘날까지도 사랑받고 있지요. 이렇게 다양한 상징과 형상화로 총독부의 검열과 탄압을 피하기도 했어요.

승려의 결혼을 허용하자!

석방 후 한용운은 승려의 결혼을 허용하자고 주장했어요. 이 주장은 1920년대에 사회적으로 이슈가 되었지요. 한용운은 승려가 결혼하면 안 된다는 건 편견이라면서 승려의 결혼이 불교 교리에 어긋나지 않는다고 주장했어요. 그의 주장을 불교계는 부정적으로 보았지만 한용운은 자신의 주장을 실천해 실제로 결혼을 하기도 했지요.

저항 정신의 상징, 심우장

심우장은 한용운이 1933년부터 세상을 떠난 해인 1944년까지 만년을 보낸 곳이에요. 서울 성북동에 위치한 심우장은 조선총독부와 마주보기 싫다며 북향으로 지은 집이에요. 이곳에서 한용운은 식량 배급도 거부하며 냉방에서 생활했어요. 중풍과 영양실조로 고생하다가 66세의 나이로 눈을 감았지요. 이곳은 서울기념물 제7호로 지정되었어요.

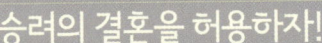 연관 검색   최남선

최남선(1890년~1957년)은 한용운 등과 함께 3·1 운동 당시 민족 대표 33인 중 한 사람으로 참여했고, 기미 독립 선언서를 작성해서 낭독하기도 한 사람이에요. 한국 최초의 잡지 〈소년〉을 창간하고 최초의 신체시 〈해에게서 소년에게〉를 쓴 사람이기도 하지요. 하지만 1927년에 총독부의 회유에 넘어가 친일로 변절하며 한용운과 결별했어요. 최남선이 한용운과 가까운 사이라고 하자, 한용운은 "최남선이라는 사람은 이미 장례를 치러서 당신은 모르는 사람입니다."라고 했다고 해요.

강원도 백담사에 있는 만해 기념관.

상대성 이론을 만든 천재 과학자
알베르트 아인슈타인
미국·1879년~1955년

공부 못하고 제멋대로인 아이

독일의 유대 인 가정에서 태어난 아인슈타인은 세 살이 되어서도 말을 할 줄 몰라 부모님의 속을 태웠어요. 남들보다 뒤늦게 말을 배운 뒤에는 행동이 느렸고, 수학과 과학을 제외한 과목은 낙제 점수를 받았어요. 선생님의 질문에 대답을 제대로 못하거나 엉뚱한 대답을 해서 혼나기 일쑤였고요. 자유로운 사고방식 때문에 규범도 잘 지키기 않아 결국 학교에서 퇴학을 당하고 말았지요.

열네 살의 아인슈타인.

자유분방한 천재

어린 시절 피타고라스 정리를 3주 만에 독창적인 방법으로 증명해 보일 정도로 아인슈타인은 수학 천재였어요. 스위스 취리히 대학에 들어가서는 물리학 공부를 했지만 실험실 규칙을 지키지 않아 교수들과 관계가 좋지 않았어요. 결국 대학을 졸업하고도 쉽게 일자리를 얻지 못하다가 특허국에 취직했어요. 수많은 발명품과 새로운 기술을 접할 수 있는 특허국은 아인슈타인에겐 더없이 좋은 직장이었지요. 이곳에서 아인슈타인은 광전자설과 특수 상대성 이론을 만들었답니다.

20세기의 가장 유명한 이론

아인슈타인이 발표한 특수 상대성 이론은 시간과 공간의 절대성을 깬 획기적인 이론이에요. 즉 시간과 공간이 상대적임을 밝힌 이론이라고 할 수 있지요. 난로 위에 일 분을 앉아 있으면 일 분이 한 시간처럼 느껴지는 것처럼 말이에요. 이 이론은 $E=mc^2$이라는 공식으로 유명해요.

노벨 물리학상 수상 이유

아인슈타인이 노벨 물리학상을 수상한 것은 상대성 이론을 세웠기 때문이 아니라 광전 효과를 발견한 공로 때문이었어요. 광전 효과는 물질이 빛을 흡수해 자유로이 움직일 수 있는 전자를 방출하는 현상이에요.

맨해튼 프로젝트

아인슈타인은 나치의 과학자들이 원자폭탄을 만들어 세계를 위험에 빠뜨릴 것을 걱정해 미국 대통령 루스벨트에게 편지를 보냈어요. 독일보다 먼저 원자폭탄을 개발해야 한다고 말이에요. 미국은 원자폭탄을 개발하는 맨해튼 프로젝트를 시작했어요. 아인슈타인은 원자폭탄 개발에 참여하지 않았지만, 제2차 세계 대전에서 연합군이 원자폭탄을 사용하는 것을 보고 루스벨트에게 편지 보낸 것을 평생 후회했다고 해요.

연관 검색: 세계가 기념하는 아인슈타인

▲ 아인슈타인을 기념해 소련에서 1979년에 발행한 우표.

▲ 2005년에 독일에서 발행한 아인슈타인 기념 우표.

▲ 이스라엘의 5파운드 지폐.

핵무기 개발 반대

미국과 소련 사이에 무기 경쟁이 심해지는 것을 보며 세계의 앞날이 걱정되었어요. 영국의 철학자 버트런트 러셀과 함께 핵무기 개발을 반대하는 〈러셀-아인슈타인 선언〉을 발표했지요. 아인슈타인은 생애 말년에는 평화 운동가로 활동했어요. 그러면서 후배 과학자에게 발명이 어떤 용도로 쓰일까를 심각하게 고민해 달라고 당부했어요.

1940년에 미국 시민 증서를 받는 아인슈타인.

민족의식을 일깨운 독립운동가
안창호
한국 • 1878년~1938년

흥사단을 상징하는 기러기. 기러기 문양은 안창호가 직접 만든 것으로, 민족의 단결을 뜻한다.

> 매끈한 돌이나 거친 돌이나 다 제각기 쓸모가 있는 법이다.

흥사단 연례 대회.

최초의 근대식 학교 점진학교

스무 살의 안창호는 독립협회의 대중 집회에서 정부를 비판하고 민중들이 각성해야 한다는 연설을 해서 유명해졌어요. 독립협회가 정부의 탄압으로 해체된 뒤에는 교육을 통해 구국 운동을 해야겠다고 결심하고 고향인 강서에 학교를 세웠어요. 이것이 우리나라 최초의 근대식 학교인 점진학교랍니다.

민족의 역량을 기르자!

1905년, 을사조약을 강제로 맺은 일제는 통감부를 설치하고 조선을 식민통치하기 시작했어요. 일제의 침략이 본격화되면서 독립운동의 방법은 크게 두 가지로 나뉘었어요. 하나는 교육을 통해 민족의 역량을 기르는 애국 계몽 운동이었고, 다른 하나는 무력을 써서 일제와 적극적으로 싸우는 무장 독립운동이었어요. 안창호의 독립운동 방법은 애국 계몽 운동이라 할 수 있지요.

계몽 운동을 위한 비밀 조직 신민회

안창호, 신채호, 양기탁 등은 국권 회복을 위해서 실력을 양성해야 한다고 보았어요. 그리고 1907년에 비밀 조직을 만들었는데, 이것이 한말 최대 민족 운동 단체인 '신민회'예요. 신민회는 1911년에 해체되기까지 국채 보상 운동, 교육 계몽 운동 등을 전개했어요.

공립협회의 초기 멤버.
앞줄 오른쪽 맨 끝이 안창호이다.

개인의 능력을 키우는 일도 애국이다

안창호는 전쟁터에 나가서 총을 들고 싸우는 것만이 애국이 아니라 각자의 일터에서 열심히 일하고 능력을 키우는 것도 애국이라고 주장했어요. 그런 취지에서 8도를 대표하는 청년들을 선발해 샌프란시스코에서 흥사단을 설립했어요. 신민회를 잇는 흥사단은, 민족을 지도해 나갈 역량 있는 인재를 키우기 위한 수련 단체로서 지금까지도 그 역사가 이어지고 있지요.

한인 공동체의 지도자

샌프란시스코로 유학을 떠난 안창호는 그곳에서 한인들의 비참한 생활을 목격했어요. 그때부터 동포들의 권익을 보호하기 위해 노력하면서 미국 최초의 독립운동 단체인 공립협회를 결성했어요. 이는 훗날 해외 동포들의 독립운동에 중심적인 역할을 한 대한인국민회로 발전했어요.

1916년의 흥사단 연례 대회 기념 촬영.
앞줄 가운데가 안창호이다.

연관 검색 실력 양성을 강조한 독립운동가들

실력 양성 운동을 전개한 독립운동가, 박은식

박은식(1859년~1925년)은 독립을 쟁취하기 위해서는 무엇보다 우리 민족의 실력을 양성하는 것이 필요하다고 생각하고 학교 설립을 주장했어요. 1908년부터 1909년 말까지 전국에 63개의 분교를 세워 학생들을 가르쳤어요. 한일 강제합병 이후 일제가 우리나라 민족의식이 담긴 역사책을 모두 불태워 버리자 만주로 망명해서 역사책 저술에 전력을 다했어요. 〈동명성왕 실기〉, 〈발해 태조 건국지〉, 〈천개소문전〉 등 민족 영웅호걸들에 대한 책을 많이 썼어요. 또한 1863년 고종이 즉위한 시기부터 1910년까지 47년간의 우리 역사를 쓴 〈한국통사〉는 우리나라 근대사를 종합적으로 다룬 최초의 책이랍니다.

한국 근대 사학의 기초를 확립한 역사학자이자 독립운동가, 신채호

일본은 조선 침략을 정당화하기 위해 식민사관을 퍼뜨렸어요. 식민사관이란 조선이 고대부터 중국과 일본의 속국이었으며, 일본은 가야에 임나일본부를 설치해서 남한을 지배했다는 내용을 말해요. 신채호(1880년~1936년)는 일본 학자들의 주장을 비판하며 우리 역사를 우리 민족의 시각에서 연구하고 알리는 데 열정을 쏟았어요. 또한 근대 역사 방법론에 관한 책인 〈조선상고사〉를 썼어요.

한글 보급에 앞장선 국어학자
주시경
한국 • 1876년~1914년

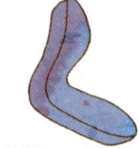

왜 쉬운 한글을 두고
서당에서 한학을 배우던 주시경은 의문이 들었어요. 왜 쉬운 우리글이 있는데 한문을 배우고 쓸까 하는 것이었지요. 이것을 계기로 그는 한글을 연구하게 되었고, 한글 연구와 보급을 위해 애쓰다 서른여덟 살이라는 이른 나이에 세상을 떠났어요.

순 한글 신문, 독립신문

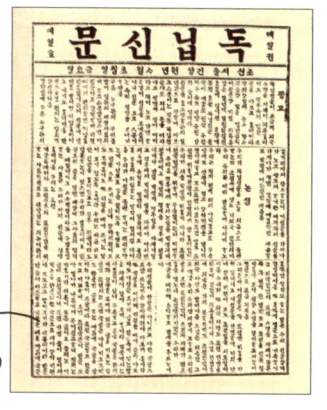

<독립신문> 초판.

배재학당에서 서재필을 만난 주시경은 서재필이 창간한 <독립신문>의 회계 사무원 겸 교정원으로 일하게 되었어요. <독립신문>은 이전까지 한자를 섞어 쓰던 다른 신문과 달리 순 한글로 쓰인 신문이었어요. 교정을 보던 주시경은 한글 표기가 중구난방인 것을 발견하고 한글의 맞춤법과 표기법을 정리할 필요성을 느꼈어요.

말과 글을 없앤 민족 말살 정책
일제는 우리를 완전한 식민지로 만들기 위해 민족 말살 정책을 펼쳤어요. 그 핵심은 우리말과 글, 그리고 우리 역사를 배우지 못하도록 한 것이지요. 학생들은 우리말 대신 일본어를 써야 했고, 우리 역사 대신 일본 역사를 배워야 했어요.

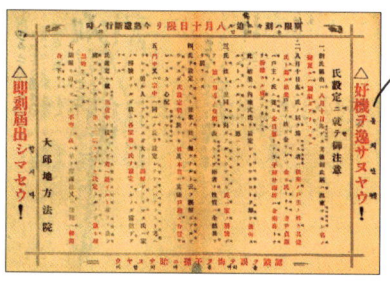

창씨개명(일본식 성씨를 정해 쓰도록 강요함)을 명령한 법원의 공고. 일본어와 한글이 혼용되어 있다

주보따리
주시경은 청소년들에게 민족의식을 깨우치려고 한글 보급에 앞장섰어요. 숙명여자고등학교, 이화, 진명, 배재, 중앙 등 20여 개의 학교에서 국어를 가르쳤고, 조선어 강습소를 만들어 일요일에는 일반인들에게 한글을 가르쳤어요. 큰 보자기에 책을 넣고 휴일도 없이 바쁘게 다니는 것을 보고 사람들은 그를 '주보따리'라고 불렀어요.

| 연관 검색 | 독립신문을 발간한 서재필 |

독립은 '깨우친 민중'이 있어야 가능하다고 생각하고, 민중을 계몽하는 데에 앞장섰어요. 독립협회를 창설하고, <독립신문>을 순 한글로 만든 것도 민중의 의식을 깨우치고 실력을 키우기 위함이었지요. 독립협회가 해산되면서 미국으로 망명하였는데, 그곳에서도 계속해서 독립운동을 펼쳤어요.

한글 보급을 위한 교재와 문법서

한글의 보급을 위해 부지런히 책도 썼어요. 학생용 교재인 《대한국어문법》, 초등학생 교재인 《국문초학》을 비롯해서 문법서인 《국어문법》을 썼고, 1914년에는 우리말의 음운학과 어법을 과학적으로 연구한 《말의 소리》를 펴냈어요.

한글 맞춤법의 기초를 만든 조선어 연구회

조선어 연구회는 주시경의 뜻을 이어받아 제자들이 한글 연구를 위해 만든 단체예요. 이 연구회에서 1933년에 한글 맞춤법 통일안을 처음으로 만들었는데, 이것이 오늘날 한글 맞춤법의 기초가 되었어요.

▶1890년대의 서재필.

독립 의지를 세계에 알린 독립운동가
김구
한국 • 1876년~1949년

호 '백범'의 의미
김구는 미천한 백정(白丁)의 '백'과 평범한 사람을 의미하는 범부(凡夫)의 '범'을 따서 호를 삼았어요. 그래서 자신이 직접 쓴 자서전의 제목도 〈백범일지〉랍니다. 〈백범일지〉는 임시 정부의 역사와 독립운동사를 연구하는 데 귀중한 자료로 쓰이고 있어요.

안중근과의 인연
김구는 동학 농민 운동에 참가했을 당시 부친과 함께 열여섯의 나이로 동학 농민군 토벌에 나선 안중근과 만났어요. 이후 임시 정부 시절에 다시 만났어요. 안중근이 이토 히로부미를 암살하고 순국한 뒤엔 김구가 그의 유해를 찾기 위해 힘썼지만 찾지 못했어요.

안중근은 이토 히로부미를 저격한 뒤 곧바로 체포되어 중국 뤼순 감옥에서 처형되었다.

대한민국 임시 정부 주석
대한민국 임시 정부는 3·1 운동 직후 조국의 광복을 위해 중국 상하이에서 조직해 선포한 임시정부예요. 김구는 대한민국 임시 정부 조직에 참여하고, 1944년에 대한민국 임시정부 주석을 지내며 항일 무장 투쟁을 이끌었어요.

> 네 소원이 무엇이냐 하느님이 내게 물으시면 나는 서슴지 않고 내 소원은 대한독립이오 하고 대답할 것이다.

삼천만 동포에게 눈물로 호소하다!

남한만의 단독 정부 수립이 기정 사실로 굳어져 가고 있던 1948년 2월, 김구는 '삼천만 동포에게 눈물로 호소함'이라는 제목의 성명서를 발표했어요. 남한만의 단독 정부를 수립하는 데 자신은 결코 협력하지 않겠다는 소신을 밝혔답니다.

"나는 통일된 조국을 건설하려다가 38선을 베고 쓰러질지언정 내 한 몸의 구차한 안일을 취하여 단독 정부를 세우는 데는 협력하지 않겠다."

김구는 남한만의 단독 정부 수립을 반대하며 통일 국가 수립을 위해 남북 협상에 참석했다. 이 사진은 남북 협상 때 38선에서 찍은 것이다.

암살

1949년 6월, 서울 종로 경교장 2층에서 김구가 일흔네 살의 나이로 암살당했어요. 그의 암살 배후는 아직도 밝혀지지 않았어요.

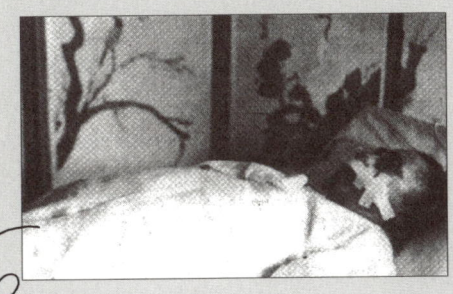

집무실이자 숙소였던 경교장에 안치된 김구의 모습.

이승만과 김구

이승만과 김구는 임시 정부 시절에 함께 일한 동지였어요. 그러나 해방 이후에 이승만은 단독 선거를 주장하고, 김구는 분단에 반대하면서 적대적인 관계가 되었어요. 1948년 5월 10일 총선거를 통해 이승만은 대한민국 최초의 대통령이 되었답니다.

덕수궁에서 만난 김구와 이승만.

중학교, 〈국사〉

1945년 10월, 미국에서 독립운동을 하던 이승만이 귀국하였고, 다음 달에는 김구 등 대한민국 임시 정부의 지도자들이 중국에서 귀국하였다. 이들은 서로 의견이 엇갈린데다 국민들의 정치적 경험이 성숙되지 못했기 때문에 의견의 통일을 이루지 못했다.

● 탐구

통일 정부 수립을 위해 김구가 추진한 남북 협상이 성과를 거두지 못한 이유는 무엇일까?

러시아 혁명을 주도한 혁명가
블라디미르 레닌

러시아 • 1870년~1924년

형의 죽음으로 현실에 눈뜨다

1887년, 러시아 페테르부르크에서 대학생 알렉산드르가 황제를 암살하려 했다는 죄목으로 처형당했어요. 알렉산드르는 레닌의 큰형이었어요. 열일곱 살이었던 레닌은 이 사건으로 러시아의 현실에 눈을 뜨고 사회주의 혁명에 관심을 갖게 되었지요.

사회주의와 사회주의 혁명

사회주의는 산업 혁명 이후 나타난 자본주의 사회의 문제(빈부격차 심화)를 비판하면서, 자본주의의 특징인 경쟁과 자유보다 협동과 평등을 추구하는 사상이에요. 사회주의 혁명은 노동자가 주체가 되는 계급 혁명을 통해 계급 없는 공산주의 사회를 건설하려는 과정을 말해요.

소련은 1922년부터 1991년까지 유라시아 대륙의 북부에 위치한 15개 공화국이 연방을 이룬 최초의 사회주의 국가였다.

러시아 국민들의 분노

러시아 국민의 대다수는 농민 또는 노동자였어요. 농민은 지주에게, 노동자는 자본가에게 착취당하며 가난과 굶주림에 시달렸지요. 그 와중에 러일 전쟁과 제1차 세계 대전이 일어나면서 러시아 국민들은 더더욱 살기 힘들어졌어요. 분노에 찬 국민들이 카를 마르크스 ✽110쪽 의 사회주의를 알게 되면서 러시아는 혁명의 소용돌이에 빠져들었어요.

세계 최초의 사회주의 혁명

상트페테르부르크에서 연설하는 레닌.

제1차 세계 대전이 한창이던 1917년 2월 22일, 러시아의 수도 페테르부르크에서 빵 배급을 받으려는 사람들이 줄을 섰어요. 하지만 배급품이 없다는 사실을 알게 된 사람들이 식료품점을 습격했어요. 이날부터 러시아 전역에서 시위가 일어나 결국 로마노프 왕조가 멸망하고 임시정부가 수립되었어요. 이것을 2월 혁명이라고 부르지요. 8개월 후엔 레닌의 주도로 노동자와 농민의 정부가 세워지는데, 이것이 최초의 사회주의 국가 소비에트 연방(소련)이에요.

피의 일요일

1905년 1월 22일, 15만 명에 이르는 노동자들이 황제에게 바칠 청원서를 들고 겨울 궁전으로 향했어요. 하지만 러시아군은 노동자들을 해산시킨다며 총을 쏘았고, 이로 인해 3천여 명이 목숨을 잃었어요. 평화 시위대가 러시아군에게 학살당한 이날의 사건을 '피의 일요일'이라고 부르는데, 피의 일요일은 러시아 혁명의 시작이었어요.

피의 일요일. 동궁 앞에서 일어난 비폭력 시위이다.

연관 검색 러시아의 마지막 황제

러시아 로마노프 왕조의 마지막 황제는 니콜라이 2세였어요. 러시아는 극도의 혼란에 빠졌지만 니콜라이 2세는 사태를 수습할 능력도, 의욕도 없었어요. 2월 혁명으로 로마노프 왕조가 몰락하면서 니콜라이 2세도 시베리아 이송 도중 가족과 총살당하는 비극적인 최후를 맞았지요.

혁명의 지도자

변호사가 된 레닌은 변호사로 활동하는 한편 노동자 운동을 했어요. 그러다 러시아 당국에 체포되어 시베리아에서 유배 생활을 하기도 했어요. 레닌이 프랑스, 독일 등지에서 망명 생활을 하는 동안 러시아 혁명의 지도자로 떠올랐어요.

볼셰비키와 멘셰비키

점진적인 개혁을 주장한 입헌민주당, 농민이 중심이 된 사회혁명당, 마르크스주의자들이 만든 사회민주당 등 러시아에는 여러 혁명 단체가 있었어요. 레닌은 사회민주당 소속이었는데 사회민주당은 다시 레닌파와 온건파로 나뉘었어요. 레닌파가 다수를 차지했기 때문에 볼셰비키(다수파)라 불렸고, 온건파는 멘셰비키(소수파)라고 불렸어요.

최초로 실용적인 비행기를 만든 형제 발명가
라이트 형제

미국 · 윌버 라이트 1867년~1912년,
오빌 라이트 1871년~1948년

릴리엔탈의 죽음과 비행기 연구

당시 미국에서는 자전거가 교통수단으로 큰 인기를 얻고 있었어요. 인쇄 사업을 하던 라이트 형제는 자전거 수리 가게를 열어 큰돈을 벌었지요. 그러던 중 1896년에 릴리엔탈이 글라이더 비행 중 추락했다는 소식을 듣고 형제는 중대한 결정을 내렸어요. 남은 인생을 비행기 연구에 헌신하기로 한 것이지요.

자전거 부품을 이용한 비행 실험

라이트 형제는 오랫동안 추락하지 않고 날려면 방향을 자유롭게 바꿀 수 있는 날개와 조종 장치를 만드는 것이 중요하다고 생각했어요. 형 윌버는 날개에 닿는 바람의 힘을 측정하겠다는 계획을 세우고 이를 위해 자전거 가게의 부품을 모아 풍동을 만들었어요. 풍동이란 어떤 물체가 공기 중에서 움직일 때 나타나는 영향이나 공기 저항을 연구하기 위해 빠르고 강한 공기 흐름을 인공적으로 일으키는 장치예요. 풍동을 이용한 실험을 계속해 라이트 형제는 마침내 비행기를 설계할 수 있었어요.

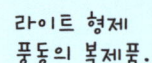
라이트 형제 풍동의 복제품.

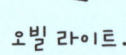
오빌 라이트.

윌버 라이트.

연관 검색 최초의 비행

오토 릴리엔탈

하늘을 나는 꿈을 최초로 실현한 사람은 독일의 오토 릴리엔탈이에요. 1891년에 유선형 날개를 가진 글라이더를 제작해 최초의 비행에 성공했어요. 릴리엔탈은 그 후에도 2천 번이 넘는 비행을 하며 최고 2미터까지 떠올라 400미터를 날아가는 기록을 세웠답니다.

최초로 동력 비행에 성공한 플라이어 1호

1903년 12월 17일, 동생 오빌은 사람들이 보는 앞에서 플라이어 1호를 몰고 시험 비행에 나섰어요. 그때까지의 비행기구는 사람의 손으로 움직였는데 플라이어 1호는 엔진을 단 동력 비행기였어요. 이날 플라이어 1호는 59초 동안 260미터를 날아갔어요. 인류가 최초로 동력 비행에 성공한 역사적인 순간이었지요.

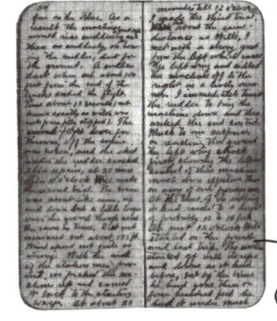

1903년 12월 17일, 첫 비행 날 오빌의 일기장. 비행에 대한 자세한 내용이 적혀 있다.

라이트 비행기 회사

라이트 형제는 1909년에 '라이트 비행기 회사'를 설립했어요. 계속해서 비행기의 성능을 개선한 결과 라이트 형제의 비행기는 8시간 동안 비행이 가능하게 되었어요. 라이트 형제는 비행기 연구와 제작 외에도 앨라배마 주 몽고메리 인근에 비행 학교를 세워 조종사를 훈련시키기도 했어요.

1910년 항공 모임에서 찍힌 라이트 형제의 모습.

플라이어 2호.

형 윌버 라이트의 죽음

비행기 발명으로 라이트 형제는 돈과 명예를 모두 얻었지만 행복은 오래가지 않았어요. 형 윌버가 장티푸스에 걸려 갑자기 사망하며 동생 오빌은 큰 충격을 받았지요. 형의 죽음 이후 오빌은 사업에서 손을 떼고 평생 혼자서 조용히 지내다 세상을 떠났어요.

우리나라 최초의 비행기, 비차
우리나라 최초의 비행기에 관한 기록은 조선시대 이규경이 쓴 《오주연문장전산고》에서 찾아볼 수 있어요. 이 기록에 따르면 임진왜란 당시 진주성에서 비차(飛車)가 날아올라 성주와 사람들을 태우고 30리(12킬로미터)를 날았다고 해요. 안타깝게도 실물은 남아 있지 않지만 이 기록이 사실이라면 우리나라 최초의 비행기 비차는 플라이어 1호보다 400년이나 앞서 만들어진 것이지요.

폴로늄과 라듐을 발견한 여성 과학자
마리 퀴리
폴란드 • 1867년~1934년

가난한 파리 유학생

19세기 초에는 여성에 대한 차별이 심해 여학생을 뽑지 않는 대학도 있었어요. 마리아 스클로도푸스카의 고국인 폴란드의 바르샤바 대학도 그중의 하나였지요. 가난했던 마리아는 어렵사리 파리 소르본 대학으로 유학을 떠나게 됐어요. 공부를 계속하기 위해 아무리 추운 날에도 불을 피우지 않고, 물과 빵만 먹으며 몇 주일을 버티기도 했어요. 이 가난한 파리 유학생 마리아가 바로 세계적인 여성 과학자가 된 마리 퀴리랍니다.

노벨상을 두 번 받은 최초의 여성

방사능 원소 라듐의 발견으로 퀴리 부부는 1902년에 노벨 물리학상을 받았어요. 노벨상이 생긴 이래 여자가 상을 받은 것은 퀴리 부인이 최초였어요. 그로부터 9년 후에는 금속 라듐을 분리해 낸 공로로 노벨 화학상을 타기도 했어요. 이로써 마리 퀴리는 노벨상을 2회 수상한 최초의 여성이 되었어요.

피에르 퀴리와의 만남

퀴리 부부의 모습.

마리아는 소르본 대학에서 여덟 살 연상의 물리학자, 피에르 퀴리를 만났어요. 1895년에 피에르 퀴리와 결혼하면서 퀴리 부인이라 불리게 되었지요. 퀴리 부부는 피에르 퀴리가 교통사고로 세상을 떠날 때까지 방사능 원소에 대한 연구를 함께했답니다.

강한 빛을 내는 미지의 원소

마리 퀴리는 우라늄의 성질을 연구하던 중 우라늄보다 훨씬 강한 빛을 방출하는 원소를 발견했어요. 많은 실험을 한 끝에 방사능 원소 폴로늄을 발견하고, 곧이어 우라늄의 900배가 넘는 방사능을 가진 원소를 발견했어요. 이 원소가 라듐이에요.

0.1그램의 라듐을 얻으려면

파리 학계는 라듐이라는 물질의 존재를 보여 줄 것을 요구했어요. 그런데 라듐은 분리해 내기가 무척 까다로운 원소였어요. 무려 4년이라는 시간 동안 8톤의 광물을 끓이고 체에 거르는 힘든 과정을 거쳐 순수한 라듐을 추출할 수 있었어요. 이때 퀴리 부부가 얻은 라듐은 0.1그램이었답니다.

방사선과 방사능

1895년에 빌헬름 뢴트겐 →100쪽 이 불투명한 물체를 통과하는 엑스(X)선이라는 방사선을 발견했어요. 방사선은 불완전한 핵을 가진 원소가 붕괴할 때 내는 에너지를 의미해요. 이 방사선의 세기를 방사능이라고 해요. 방사선은 X-레이처럼 의학적으로 사용되어 많은 도움을 주었지만, 많은 양이 인체에 흡수되면 큰 해를 입히기도 해요. 마리 퀴리가 사망한 원인도 방사능에 오랫동안 노출되었기 때문이라고 해요.

억만금보다 중요한 과학자 윤리

라듐은 쓰임새가 많은 반면에 추출하기가 까다로워서 값이 무척 비쌌어요. 추출 방법을 알고 있는 퀴리 부부가 특허를 신청했다면 억만장자가 될 수도 있었어요. 하지만 퀴리 부부는 특허를 신청하지 않고 의료와 연구에 사용될 수 있도록 추출 방법을 무료로 공개했어요. 두 사람이 더 중시했던 것은 라듐으로 돈을 버는 일보다 라듐이 올바로 사용되는 일이었답니다.

의료 봉사에 앞장선 '리틀 퀴리'

엑스선 사진을 찍을 수 있는 촬영기가 달린 리틀 퀴리.

제1차 세계 대전이 일어나자 마리 퀴리는 엑스선 사진을 찍을 수 있는 촬영기가 달린 차를 타고 전쟁터로 나갔어요. 사람들은 이 차를 리틀 퀴리라고 불렀어요. 리틀 퀴리의 촬영기는 파편이 뼈 속 어디에 박혀 있는지 찾아낼 수 있었기 때문에 부상병 치료에 큰 도움이 되었어요.

연관 검색 | 솔베이 회의

솔베이 회의는 물리학과 화학의 중요한 미해결 문제의 해결을 위해 1911년에 처음으로 개최되었어요. 이것이 성공하자 '물리학과 화학을 위한 국제 솔베이 기구(International Solvay Institutes for Physics and Chemistry)'를 벨기에의 기업가인 어네스트 솔베이가 1912년 브뤼셀에서 세웠지요. 이후 이 학회는 3년마다 열렸어요.

▲ 1911년에 브뤼셀의 호텔 메트로폴에서 열린 첫 번째 솔베이 회의. 아래쪽 오른쪽에서 두 번째가 마리 퀴리이다.

중국 혁명의 아버지
쑨원
중국 • 1866년~1925년

청나라의 몰락
19세기 말 중국은 영국, 미국, 포르투갈 등 강대국들의 식민지나 다름없었어요. 조선의 지배권을 두고 일본과 벌인 청일 전쟁에서도 청나라는 힘없이 지고 말았지요. 무능한 왕실, 관리들의 부패, 전쟁의 혼란으로 청나라 왕조는 급격하게 무너져 가고 있었어요.

새로운 중국 건설을 위해
서양 의학을 배우고 의사로 활동하던 쑨원은 기울어 가는 중국의 운명이 안타까워 정치에 뛰어들었어요. 쑨원은 새로운 중국을 건설하기 위해 홍콩에서 비밀 결사를 조직하고 청나라 왕조를 무너뜨릴 계획을 세웠어요. 하지만 이 계획이 탄로 나면서 쫓기는 신세가 되었지요.

상하이 쑨원의 집.
쑨원은 이곳에서 김구를 비롯한 대한민국 독립운동가와 친분을 쌓았다.

신해혁명의 이념이 된 삼민주의

1911년 신해혁명 당시의 상하이 시내.

쑨원은 삼민주의를 내세웠어요. 삼민주의는 민족, 민권, 민생주의를 가리키는 말로, 외세를 몰아내고 국민이 주인이 되는 나라를 세우는 것과 모든 국민이 경제적으로 평등하게 잘사는 것을 목표로 했어요. 쑨원의 삼민주의는 신해혁명을 이끈 지도 이념이었어요.

연관 검색 | 청나라 마지막 황제

청나라는 중국 최후의 왕조예요. 이 청 왕조의 마지막 황제는 푸이였어요. 세 살에 황제가 된 푸이는 여섯 살에 신해혁명으로 청 왕조가 막을 내리면서 황제의 자리에서 물러나게 되었어요. 1917년에 청 왕조를 부활시키려는 군벌에 의해 다시 한 번 황제로 즉위하지만 이것 역시 10일 만에 끝나고 말았지요. 제2차 세계대전 중에는 일본이 중국에 세운 만주국에 꼭두각시 황제가 되었다가 이로 인해 전쟁이 끝난 후 감옥 생활을 했어요. 마지막까지 자신의 의지대로 살지 못한 비운의 황제였어요.

중화민국 임시 대통령

1911년 10월 10일. 쓰촨 성 우한에서 시작된 혁명 운동은 순식간에 주변으로 번져갔어요. 혁명에 가담한 14개 성의 대표들은 난징에 모여 중화민국 임시정부를 설립하고, 쑨원을 임시 대통령에 추대했어요. 이것을 신해혁명이라고 해요. 이후 10월 10일은 중화민국 건국 기념일이 되었어요.

위안스카이와 맺은 밀약

청나라 왕조는 화북 지방의 군대를 장악하고 있던 위안스카이에게 혁명군을 물리쳐 줄 것을 부탁했어요. 위안스카이는 청 왕조의 부탁을 들어주는 척하면서 비밀리에 혁명군과 협상을 벌였어요. 위안스카이의 군대를 이길 수 없었던 쑨원은 공화정을 세우되 초대 대통령을 위안스카이로 추대한다는 비밀 협약을 맺었어요. 이 밀약에 따라 위안스카이가 중화민국의 대통령이 되었어요. 그런데 권력을 손에 쥐자 황제가 되고 싶다는 욕심이 생긴 위안스카이는 쑨원과의 약속을 버리고 국회를 해산시켜 버렸어요. 하지만 위안스카이는 혁명 세력과 측근들의 반발로 황제의 꿈을 이루지 못하고 눈을 감았어요.

▷ 위안스카이.

중국 통일을 못 보고 눈을 감다

위안스카이가 죽은 후 중국은 10년 동안 무정부 상태에 빠졌어요. 중앙 정부가 아무 힘을 쓰지 못하자 각 지역의 군벌들이 서로 힘을 겨루며 싸우기 시작했지요. 군벌이란 독자적인 군사력을 가진 지방 세력이에요. 쑨원은 국민당 정부를 세운 후, 광저우 인근에 군사 학교를 세워 군인들을 양성했어요. 하지만 중국 통일을 보지 못한 채 간암으로 세상을 떠나고 말았답니다.

내가 무릇 40년을 국민 혁명에 힘써 온 목적은 중국의 자유 평등을 구하는 데 있었다.

쑨원은 대만을 민주주의 국가로 만드는 데 이바지했다.

1912년에 중화민국 건국 기념으로 출간된 달력.

대량 생산 시스템을 처음 도입한 자동차 왕
헨리 포드

미국 • 1863년~1947년

에디슨의 칭찬에서 시작된 도전

미국 디어번에서 농부의 아들로 태어난 포드는 농사일보다 기계나 발명에 관심이 더 많았어요. 디트로이트에 있는 에디슨 전기 회사에서 일을 하며 틈틈이 자동차 엔진을 개발했어요. 그가 고안한 엔진을 보고 토머스 에디슨 ▶98쪽 이 칭찬을 한 이후로 자신감을 갖게 되었어요. 그리고 자동차 생산에 도전하게 되었지요.

1929년 에디슨과 포드.

열두 명으로 시작한 자동차 회사

포드는 1903년, 자본금 10만 달러와 열두 명의 노동자를 데리고 자동차 회사를 세웠어요. 오늘날의 세계적인 자동차 기업 포드사는 이렇게 시작되었어요. 회사를 세운 후 포드는 엔지니어들과 함께 다양한 자동차 모델을 연구하고, 이 모델들의 이름을 알파벳 순서대로 A부터 S라고 했어요. 포드사의 첫 차인 A형은 1903년에 생산되었어요.

→ 포드의 첫 번째 자동차.

자동차는 더 이상 사치품이 아니야!

1908년, 헨리 포드는 충격적인 선언을 했어요. 앞으로 포드사에서는 오직 T형 하나만을 생산하겠다고 한 거예요. 그 말은 같은 모양, 같은 성능의 차를 싼 값에 공급하겠다는 뜻이었어요. 그때까지도 자동차는 소수의 부유층이나 귀족들의 전유물처럼 여겨졌기 때문에 사람들은 포드가 제정신이 아니라고 생각했어요. 하지만 포드는 선언대로 T형의 차를 세상에 내놓았고, 이 차는 생산된 그해에 1만 대가 팔렸어요. 값싼 자동차가 나오자 서민들은 너도나도 편리한 자동차를 사서 타고 다녔고, 자동차는 더 이상 사치품이 아니라 생활의 필수품이 되었지요.

포드사의 T형 차.

대량 생산 시스템 도입

컨베이어 벨트는 원래 백화점 진열장에서 사용되던 것이었어요. 포드는 이것을 자동차 공장에 설치했어요. 컨베이어 벨트가 설치되자 작업 속도가 놀라울 정도로 빨라졌어요. 한 시간에 한 대꼴로 만들어지던 자동차가 1914년엔 24초면 한 대가 만들어졌지요. 시간이 절약되자 자동차 가격도 점점 내려갔어요. 이처럼 짧은 시간 안에 많은 양의 자동차를 한꺼번에 생산할 수 있는 '대량 생산 시스템'을 자동차 회사에 처음으로 도입한 사람이 바로 포드였어요.

1913년, 포드사의 조립 라인.

포드에 대한 또 다른 평가

포드가 가장 중요시 한 것은 효율이었어요. 다른 회사에 비해 월급을 두 배로 주는 대신 작업 시간에는 절대 한눈팔지 않고 일만 하기를 원했어요. 화장실에 자주 가는 것조차 일일이 감시했지요. 또한 노동자들이 노동조합을 설립하지 못하도록 막았을 뿐 아니라 독일의 나치당을 지지해서 비난을 받기도 했어요.

연관 검색 자동차의 발전

▲ 니콜라스 조셉 쿠뇨의 최초의 증기기관 자동차(1771년).

▲ 칼 벤츠의 최초의 엔진 자동차 '모터 바겐'(1888년).

▲ 페르디난트 포르쉐의 최초의 스포츠카 '프린스 헨리'(1910년).

정신분석학을 창시한 정신과 의사
지그문트 프로이트
오스트리아 · 1856년~1939년

사람은 왜 정신병에 걸릴까?

빈 대학을 졸업한 프로이트는 파리로 유학을 갔어요. 그곳에서 장 샤르코의 연구를 돕게 되는데, 신경병 학자인 장 샤르코는 히스테리(신경병의 일종)에 대한 연구를 하고 있었어요. 그는 히스테리의 원인이 마음에서 오는 것이라고 보고 최면술을 이용해 환자를 치료하고 있었지요. 이때의 경험을 바탕으로 프로이트는 드러나지 않는 무의식이 인간의 내면에 있다는 걸 발견했어요. 이 무의식이 상처를 받으면 정신병이 시작된다고 보았지요.

장 샤르코의 임상 수업.

연관 검색 오이디푸스 콤플렉스

신경증 환자를 치료하던 중 프로이트는 오이디푸스 콤플렉스라는 현상을 발견했어요. 오이디푸스 신화에서 유래한 말로, 어머니를 사랑하는 마음 때문에 아버지에게 적대감을 가지는 태도를 뜻해요. 프로이트는 모든 남자아이들은 이 시기를 거쳐야 성인이 된다고 주장했어요.

▲ 귀스타브 모로, 〈스핑크스와 오이디푸스〉, 1864년

사람의 의식을 구성하는 세 가지

프로이트는 인간의 의식을 자아(ego), 원초아(id), 초자아(super-ego)로 나누었어요. 자아는 우리가 보통 가지고 있는 의식으로 에고라고도 해요. 원초아는 자아를 떠받치고 있는 거대한 무의식의 영역, 초자아는 사람이 사람답게 행동할 수 있도록 지시하는 영역이라고 생각했어요.

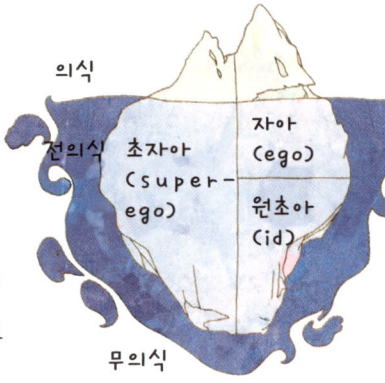

꿈에는 무의식이 반영되어 있다!

프로이트는 인간이 꿈을 꾸는 데에 이유가 있다고 생각했어요. 여러 사람의 꿈을 분석한 프로이트는 꿈이란 깨어 있는 동안 이루지 못한 여러 가지 욕구와 소원이 반영된 것이라고 보았지요. 이런 내용을 바탕으로 《꿈의 해석》이라는 책을 썼어요.

비난에 굴하지 않아!

프로이트가 남자들의 히스테리를 관찰한 내용을 발표했을 때 사람들은 남자가 어떻게 히스테리를 부릴 수 있냐며 그를 비난했어요. 무의식이란 개념을 처음 제안했을 때도 사람들은 쉽게 그의 학설을 받아들이지 않았지요. 하지만 프로이트는 사람들의 비난에 좌절하거나 연구를 중단하지 않았어요.

고국을 잃고 망명지로

1938년, 프로이트의 고국인 오스트리아가 독일에 합병되었어요. 나치는 프로이트가 유대 인이라는 이유로 연구실을 조사하고 괴롭혔어요. 고국을 떠나지 않으려고 끝까지 버텼지만 나치의 탄압은 갈수록 심해져 프로이트도 어쩔 수 없이 런던으로 망명했답니다. 그리고 그 이듬해에 암으로 세상을 떠났어요.

1911년 국제 정신 분석 의회 때 찍은 사진. 중앙에 프로이트와 융이 있다.

정신 분석학이란 무엇일까?

신경학 전문 병원을 연 프로이트는 독특한 치료법을 사용했어요. 환자에게 말을 걸어 환자 스스로 자신의 문제점을 털어놓게 만들어 치료하는 방법으로, 이런 치료를 담화 치료법이라고 해요. 그리고 프로이트는 자신의 이론과 치료법을 '정신 분석'이라고 이름 붙였어요. 정신병의 원인을 인간의 마음에서 찾으려는 이론과 이것을 바탕으로 사회와 문화를 이해하는 학문이 정신 분석학이에요.

칼 융과의 만남

스위스의 저명한 의사였던 칼 융(1875년~1961년)은 프로이트의 《꿈의 해석》을 읽고 흥분을 감출 수 없었어요. 무의식에 대한 프로이트의 생각이 자신의 생각과 비슷했기 때문이에요. 그 후 융은 프로이트와 절친한 사이로 지냈어요. 하지만 지나치게 '성 충동'을 강조한 프로이트의 이론에는 동의할 수 없었어요. 사이가 벌어진 뒤 프로이트는 개인 무의식 연구에 집중했고 융은 모든 사람에게 공통적으로 존재하는 집단 무의식 연구에 집중했어요. 집단 무의식에 대한 조명으로 융은 프로이트와 함께 위대한 정신 분석학자로 기억되고 있어요.

칼 융.

《꿈의 해석》에서 프로이트는 꿈을 통해 억압된 욕망과 불안을 이해할 수 있다고 주장했다.

동학 농민 운동의 지도자
전봉준
한국 • 1855년~1895년

아버지의 억울한 죽음

전봉준은 전라도 태안 산외면 동곡에서 태어났어요. 어린 시절 키가 작고 똘똘하여 '녹두'라는 별명으로 불렸어요. 아버지가 고부 군수 조병갑의 횡포에 항의하다가 매를 맞고 죽자 전봉준은 썩은 세상을 뒤엎고 새로운 세상을 열어야겠다고 다짐했어요.

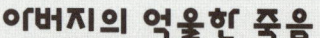

녹두.

백성들의 종교, 동학

동학은 최제우가 만든 종교로, 천주교를 의미하는 서학에 대립하는 의미로 동학이라 했어요. 동학의 중심 교리는 모든 사람은 평등하다는 사상이었어요. 이것이 나중에 사람이 곧 하늘이라는 인내천(人乃天) 사상으로 발전했지요. 조선 후기에 폭정에 시달리던 농민들이 동학에 빠져들면서 백성들의 종교가 되었어요. 전봉준도 서른 살 즈음에 동학 교도가 되었지요.

외세를 몰아내고 조선을 구하자!

동학 농민 운동이 일어나자 조선 왕실은 청나라에 군대를 요청했어요. 청이 조선에 군대를 파병하자, 조선을 빼앗길 것을 염려한 일본도 군대를 파병했어요. 두 나라는 조선을 놓고 전쟁을 벌였고, 청일 전쟁에서 승리한 일본이 내정에 간섭을 시작했어요. 나라를 구하려고 11만이 넘는 동학 농민군이 전봉준과 최시형의 지휘 아래 모였지요. 그러나 낫과 도끼를 든 농민군은 신무기로 무장한 일본군에 상대가 되지 않았어요.

부패한 관리들을 몰아내자!

고부 군수 조병갑의 횡포가 점점 더 심해지자 전봉준은 농민 천여 명을 이끌고 관아로 쳐들어갔어요. 관아를 점령한 전봉준은 창고의 곡식을 백성들에게 나눠 주었어요. 관리가 관련자들을 엄하게 처벌하려 하자 전봉준은 동학 대표들과 함께 농민군을 소집했어요. 부패한 관리들을 몰아내자고 외치며 관군과 맞섰지요. 1894년에 마침내 농민군이 관군을 물리치고 전라도 일대를 장악했는데, 이것이 조선 시대 농민 혁명인 동학 농민 운동(갑오 농민 전쟁)이에요.

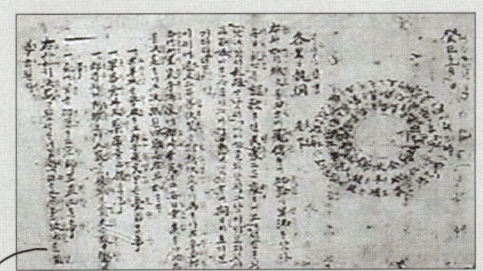

동학 농민 운동 당시 사발통문. 궐기를 촉구한 격문으로, 주모자를 가려내지 못하도록 원 둘레에 서명을 했다.

배신으로 무산된 꿈

우금치 전투에서 크게 패한 후 전봉준은 순창에 숨어 지내며 다시 일어설 날을 기다렸어요. 하지만 부하 김경천의 밀고로 꿈이 무산되고 말았지요. 관군에게 체포된 전봉준은 서울로 압송되어 교수형을 당했답니다.

압송되는 전봉준.

연관 검색 　동학을 이끈 인물들

최제우
동학의 창시자. 제1대 교주. 유교·불교·선교 등의 교리를 종합해 서학(천주교)에 대항하는 민족 고유의 신앙으로 동학을 창시했어요.

최시형
제2대 교주. 동학 농민 운동을 이끌다 1898년에 원주에서 체포되어 처형당했어요.

손병희
제3대 교주. 인내천 사상을 만들고 1905년 동학의 이름을 천도교라고 바꾸었어요.

후기 인상주의를 대표하는 화가
빈센트 반 고흐

네덜란드 · 1853년~1890년

비극적인 짧은 생애를 살다

네덜란드 남부에서 6남매 중 장남으로 태어났어요. 화랑에서 일하며 선교 활동을 하다 스물일곱 살이 되어서야 본격적으로 그림을 그리기 시작했어요. 고흐는 화가로서도, 한 인간으로서도 평범한 삶을 살지 못했어요. 실연과 아버지와의 갈등, 우울증과 정신 분열증으로 고통스러워하다 서른일곱 살에 권총 자살로 생을 마감했지요.

살아서는 인정받지 못한 화가

1885년에 그린 〈감자 먹는 사람들〉은 고흐의 초기 작품 중에서 가장 대표적인 작품이에요. 노동자들의 고달픈 삶의 모습을 실감나게 묘사한 작품이지요. 그런데 고흐의 작품은 사람들에게 인기가 없었어요. 그의 작품 중에서 생전에 팔린 건 1890년에 그린 〈붉은 포도밭〉이 유일했다고 해요.

〈감자 먹는 사람들〉, 1885년

〈노란 집〉, 1888년

〈별이 빛나는 밤에〉, 1889년

지원을 아끼지 않았던 동생 테오

고흐보다 네 살 어린 테오(테오도르 반 고흐)는 미술품을 거래하는 미술상이었어요. 테오는 고흐에게 미술을 배우도록 권유하며 정신적으로, 물질적으로 지원을 아끼지 않았어요. 동생 테오에게 고흐는 많은 편지를 보냈어요. 일상에 관한 이야기부터 작품에 관한 설명까지 고흐의 솔직한 속내가 담겨 있어 오늘날 우리가 고흐의 삶과 작품을 이해하는 데 이 편지들이 중요한 자료가 되고 있어요.

고흐와 동생 테오의 무덤.

연관 검색 인상주의와 후기 인상주의는 뭐가 다르지?

19세기 후반에서 20세기 초에 걸쳐 프랑스를 중심으로 일어난 예술 운동을 인상주의라고 해요. 자연이 주는 순간적인 인상을 작품에 표현하려고 했지요. 빛과 대기의 변화에 따라 달

〈해바라기〉, 1888년

〈자화상〉, 1887년

아를에서 얻은 걸작들

고흐는 프랑스 남부의 도시 아를에 화가들의 공동체를 세우려고 했어요. 아를에 얻은 노란 집으로 화가들을 초청했는데, 초청에 응한 사람은 고갱뿐이었어요. 아를에서의 생활은 고흐의 작품에 큰 영향을 끼쳤어요. 아를의 활기찬 색과 풍경은 고흐의 손에서 걸작으로 태어났지요. 이곳에 머문 열다섯 달 동안 고흐는 200점이 넘는 작품을 그렸어요. 〈해바라기(1888년)〉, 〈밤의 카페 테라스(1888년)〉 등 오늘날 유명한 고흐의 작품들은 모두 이 시기에 그린 것이지요.

자기 손으로 귓불을 자른 사건

아를의 노란 집에서 고흐와 고갱은 함께 작업을 했어요. 하지만 두 사람은 그림에 대한 생각이 달랐지요. 결국 격렬한 논쟁 끝에 사이가 멀어지고 말았어요. 고갱과의 관계가 악화되자 고흐는 불안한 마음을 주체하지 못하고 자신의 귓불을 잘랐어요. 이것을 본 고갱은 고흐를 떠났고, 이후 두 사람은 두 번 다시 만나지 못했어요.

고흐, 그리고 고갱

증권 회사를 다니다 인상주의 그림에 감동을 받아 화가로 나선 폴 고갱(1848년~1903년)도 당대에는 인정을 받지 못했어요. 고갱은 인상주의 화가처럼 눈에 보이는 세계만을 캔버스에 담는 것이 아니라 눈에 보이지 않는 감정까지 담으려 했어요. 고갱의 그림은 강렬한 색, 굵은 선, 단순화된 형태가 특징이었지요. 파리 화단에서 외면받은 고갱은 남태평양에 정착해서 작품 활동을 계속했어요. 그의 대표작 〈타히티의 여인들〉은 그곳에서 탄생한 작품이랍니다.

고갱.

라지는 색채를 담고자 했어요. 인상주의를 그림으로 표현한 화가들을 인상파라고 하는데, 마네, 모네, 피사로가 대표적인 인상파 화가예요. 이런 인상주의에 영향을 받아 개성을 중시하면서 주관적인 감정을 표현하려고 한 화가들의 경향을 후기 인상주의라고 하지요. 고흐, 고갱, 세잔이 대표적인 화가이고, 이들을 후기 인상주의파라고 해요.

세계 최고의 발명왕
토머스 에디슨
미국 • 1847년~1931년

학교에서도 포기한 문제아

에디슨은 어려서부터 엉뚱한 짓을 잘했고 공부도 아주 못했어요. 선생님은 물론 아버지까지도 에디슨을 문제아라고 생각했어요. 하지만 그의 어머니는 생각이 달랐어요. 초등학교를 중퇴한 에디슨에게 역사책과 고전을 읽어 주며 직접 공부를 가르쳤고, 마음껏 호기심을 펼칠 수 있도록 용기를 북돋워 주었어요. 에디슨이 훗날 발명왕이 될 수 있었던 것은 그를 믿어 준 어머니가 있었기 때문이에요.

어린 시절의 에디슨.

실험에 미친 신문 판매원

에디슨은 열차에서 신문을 파는 일을 했어요. 일을 하면서도 호기심과 실험 정신은 여전했지요. 열차의 화물칸에 이동 실험실을 만들고 실험을 하다 화재를 일으키기도 했어요. 그 후 전신 기사로 취직했지만 그곳에서도 황산을 엎질러 쫓겨났어요. 실험에 대한 열정을 멈출 수 없었던 그는 결국 발명가가 되기로 결심했답니다.

성공! 백열전구 발명

에디슨이 백열전구를 만들기 이전에도 이미 백열전구는 있었어요. 하지만 고작해야 5~6초 동안 빛을 발할 뿐이었지요. 에디슨은 조수들과 함께 백열전구 연구에 매달렸어요. 무려 1200회가 넘는 실험을 거듭한 끝에 무명실을 태워서 만든 필라멘트로 40시간 이상 밝힐 수 있는 전구를 발명하는 데 성공했어요. 이 새로운 발명품이 '전등의 시대'를 열었지요.

에디슨이 첫 번째로 만든 전구 모델.

연관 검색 굿바이, 백열전구

에디슨이 백열전구를 발명한 이후 지금까지 백열전구는 가정 조명 기구로 오랫동안 사용되었어요. 그런데 백열전구는 소모 전력 중에 열에너지로 빠져나가는 전력이 많아 비효율적이라는 단점이 있었어요. 이후 등장한 형광등은 에너지 효율이 높지만 켜고 끌 때 전력 소비가 많은 단점이 있지요. 최근에는 LED 전구가 차세대 조명 기구로 각광받고 있어요. LED는 빛을 발산하는 발광다이오드를 말하는데, 형광등에 비해 밝고 소비 전력이 적을 뿐만 아니라 수명이 길어 기존의 조명 기구를 대체할 것으로 평가받고 있어요. 백열전구의 생산은 점점 중단되고 있는 추세이지요.

에디슨의 대표 발명품

축음기는 원반(圓盤)에 홈을 파서 소리를 녹음하고 바늘을 사용해서 소리로 재생시키는 장치예요. 에디슨은 1877년, 기존의 축음기를 발전시켜서 성능을 개선한 새로운 축음기를 개발했어요. 이 기계의 이름은 토킹 머신, 즉 말하는 기계였어요.

1899년에는 움직임과 음향을 동시에 재생하는 영사기를 발명했어요. 영사기의 발명이 이루어진 데는 필름의 발명도 한몫을 했어요.

1906년의 에디슨 축음기.

영원한 라이벌 테슬라

에디슨이 노력하는 발명왕이라면 니콜라 테슬라(1856년~1943년)는 타고난 천재 발명가였어요. 테슬라는 에디슨 연구소에서 몇 년 동안 함께 일을 하기도 했어요. 하지만 전류에 관한 생각의 차이로 헤어졌지요. 에디슨은 직류를 고집했지만 테슬라는 교류 시스템이 더 유용하다고 주장했어요. 나이아가라 폭포에 세워진 세계 최초의 수력 발전소에 테슬라의 교류 시스템이 적용됨으로써 두 사람의 싸움은 테슬라의 승리로 판명났어요. 테슬라는 전기의 마술사라고 불린답니다.

테슬라.

하늘 아래 새로운 것은 없어!

에디슨의 발명품은 3천여 개가 넘어요. 그중 특허권을 취득한 것은 1093건, 다른 나라에서 취득한 특허권까지 합치면 1500건에 이르지요. 그런데 이렇게 많은 발명품 중에 인류 역사상 최초로 발명한 것은 거의 없었어요. 대부분 이미 발명되어 있는 것을 더 성능이 좋게 개발한 것들이었지요.

백열전구를 사용하게 하려면?

에디슨은 상업성과 실용성을 무엇보다 중시했어요. 사용되지 않는 발명은 아무 의미가 없다고 생각했지요. 백열전구를 발명한 다음에는 더 많은 사람들이 백열전구를 사용할 수 있도록 전기 회사를 설립해 회사와 가정에 전력을 공급했어요. 전기가 가정마다 공급되면서 사람들은 전구는 물론 더 많은 가전제품을 구매했고, 이로 인해 미국의 전자 산업이 발전하기 시작했어요.

천재는 1퍼센트의 영감과 99퍼센트의 땀으로 만들어진다.

엑스(X)선을 발견해 물리학을 발전시킨
빌헬름 뢴트겐
독일 • 1845년~1923년

사소한 이유로 당한 퇴학

프로이센(오늘날의 독일)에서 태어났으나 1848년에 네덜란드로 이주했어요. 학교에서 선생님의 얼굴을 우스꽝스럽게 그린 친구가 누구인지 말하지 않았다는 사소한 이유 때문에 퇴학당했지요. 네덜란드와 독일 학교에 입학하지 못하고 스위스 취리히에 있는 기술전문학교에 입학해 취리히 대학에서 박사 학위까지 받았어요.

미지의 방사선 발견

뢴트겐은 1888년에 독일에 위치한 뷔르츠부르크 대학에 물리학 연구 소장으로 가게 되었어요. 이곳에서 뢴트겐은 음극선을 이용한 실험을 하고 있었어요. 그런데 실험 도중 검은 종이와 나뭇조각과 같은 불투명한 물체를 투과하는 미지의 방사선을 발견했어요. 이 미지의 방사선에 뢴트겐은 정체를 알 수 없다는 뜻으로 '엑스선'이라고 이름 붙였어요.

19세기 말의 2대 발견

'뢴트겐 선'이라고도 불리는 엑스선은 파장이 짧은 전자기파예요. 빠르게 가속시킨 전자를 금속에 충돌시키면 생기지요. 물질을 투과하는 능력이 아주 강하고 전기장이나 자기장에서도 휘지 않는 특징이 있어요. 이런 엑스선의 특징을 활용해서 병원에서는 뼈 사진을 찍거나 염증을 살펴보는 데 이용하고 있어요. 엑스선의 발견이 물리학의 발전에 큰 기여를 했기 때문에 마리 퀴리 →86쪽 가 발견한 라듐과 함께 19세기 말의 2대 발견으로 불릴 정도랍니다.

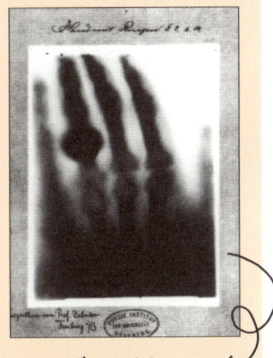

1895년에 찍은 뢴트겐 부인의 손 사진.

전기장과 자기장

전기장은 전하 또는 자기장의 변화로 생기는 전기력이 미치는 공간이고, 자기장은 자석이나 전류, 변화하는 전기장 주위에 자기력이 미치는 공간이에요.

특허 공개

엑스선을 발견한 업적으로 뢴트겐은 1901년에 노벨 물리학상을 수상했어요. 돈에 욕심이 없던 그는 상금을 대학에 기부하고, 광선의 이름을 자신의 이름을 따서 짓는 것도 원치 않았어요. 심지어 발견에 대한 특허권도 받지 않았어요. 큰 돈을 벌 수 있는 기회였지만 엑스선 발생 장치의 기술 특허를 공개함으로써 과학의 발전을 이끌었지요. 특히 의학계에 큰 기여를 한 셈이에요.

독일 렘샤이트에 있는 뢴트겐 박물관.

음극선

공기를 뺀 진공 상태의 유리관 양쪽에 전극을 만들고 높은 전압을 걸어 주면 (−)극에서 전자가 방전되어 (+)극으로 이동해요. 유리관의 내벽에 형광 물질을 발라 놓으면 (−)극에서 (+)극으로 빛이 이동하는 것처럼 보이는데, 이것을 음극선이라고 하지요. 음극선은 뢴트겐이 엑스선을 발견하고, 영국의 물리학자 톰슨이 물질을 구성하는 아주 작은 입자인 전자를 발견하는 데 중요한 역할을 한 실험 장치예요.

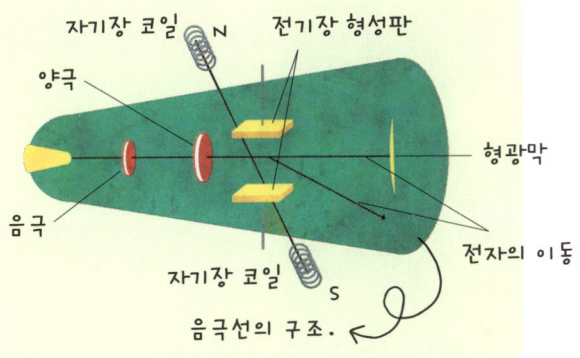

음극선의 구조.

3학년 2학기, 〈과학〉

엑스(X)선의 발견

1895년 뢴트겐은 우연히 엑스(X)선을 발견하였다. 엑스(X)선에 찍힌 손의 사진을 우연히 얻은 것이다. 엑스(X)선은 물체를 통과하는 능력이 좋아서 비파괴 검사에 사용된다. 그리고 엑스(X)선에 의해 병든 조직이 쉽게 파괴되기 때문에 질병 치료에도 이용된다. 뿐만 아니라, 엑스(X)선은 생식 세포의 유전자를 쉽게 손상시켜 돌연 변이를 일으키기 쉬워 돌연 변이 연구에도 이용된다.

러시아 문학을 대표하는 대문호
레프 톨스토이
러시아 • 1828년~1910년

톨스토이의 아내와 딸.

인간에 관심이 많은 청년

톨스토이는 어려서 부모를 잃고 친척집에서 자랐어요. 카잔대학교 법학과에 다니다가 3년 만에 중퇴를 했는데 그 이유는 인간의 자유롭고 창의적인 생각을 억압하는 대학교 교육 방식에 실망했기 때문이라고 해요. 결국 톨스토이는 작품을 통해 인간의 심리를 파헤치고 인간의 거짓과 허위, 가식을 벗겨내는 작가가 되었어요.

행동하는 지식인으로서의 모습

톨스토이는 자신이 백작 신분의 귀족이었음에도 〈바보 이반〉, 〈사람은 무엇으로 사는가〉와 같은 작품을 통해 탐욕적이고 무능한 러시아 귀족과 사회를 비판했어요. 성실하게 하루하루를 살지만 가난할 수밖에 없는 민중들의 삶에 무관심한 러시아 정교회를 비판해 교회로부터 미움을 받기도 했지요. 톨스토이는 자신이 옳다고 생각하는 것은 실천하고자 하는 지식인이었어요. 그래서 가난한 농민들의 자녀를 가르치는 농민 학교를 열어 교육하기도 했지요.

레닌의 평가

블라디미르 레닌 →82쪽은 "톨스토이 이전에는 진정한 농민의 모습이란 없었다."라고 톨스토이의 작품을 평가했어요. 작품에 나타난 농민에 대한 관심과 애정을 높이 평가했던 것이지요. 실제로 톨스토이의 작품 중에는 혁명이 준비되고 있던 시기의 러시아 제국을 사실적으로 묘사한 작품이 많아요.

현실과 이상 사이에서 고뇌

톨스토이는 장편 소설 《전쟁과 평화》, 《안나 카레니나》, 《부활》을 발표해 세계적인 명성을 얻었어요. 이 작품들은 오늘날까지도 문학성을 인정받으며 꾸준히 읽히고 있지요. 톨스토이는 40대 후반에 이르러서 삶과 죽음, 종교의 문제에 대해서 깊이 생각했어요. 그리고 종교적인 삶의 실천으로 청빈한 삶을 살아야겠다고 결심해 1891년, 자신이 쓴 작품들의 판권을 포기하려고 했어요. 하지만 가족의 반대가 심했지요. 특히 부인과 갈등이 심해졌어요.

야스나야 폴랴나에 있는 톨스토이의 무덤.

세계적인 작가의 가출

원래 부인과 관계가 좋지 않던 톨스토이는 작품의 판권 포기 문제로 아내와 갈등이 심해져 결국은 가출을 했어요. 1910년 10월 27일 밤, 몰래 집을 빠져나와 기차를 타고 여행을 하려고 결심했지요. 하지만 며칠 만에 감기가 폐렴으로 번지며 병세가 나빠졌어요. 톨스토이는 작은 간이역 아스타포보의 역장 집으로 가게 되었어요. 그리고 가출한 지 열흘 만에 여든두 살의 나이로 그곳에서 세상을 떠났답니다. 이후 아스타포보 역은 톨스토이 역으로 이름이 바뀌었어요.

1908년의 톨스토이.

4학년 2학기, 〈국어(읽기)〉

진주가 소개하는 책

톨스토이가 쓴 〈바보 이반〉을 소개하고 싶습니다. 〈바보 이반〉은 톨스토이가 1885년에 발표한 소설로, 러시아에 옛날부터 전해 오는 전설을 바탕으로 쓴 이야기입니다.

* 〈바보 이반〉 줄거리
농부의 세 아들 중 막내인 이반은 바보라고 불릴 정도로 착한 사람이었어요. 악마가 이반의 형제들 사이를 갈라놓으려고 하지만 꿋꿋이 자신의 일을 하며 농사짓는 이반에게 악마도 더 이상 어쩌지 못하고 망한다는 이야기예요.

미생물학의 아버지
루이 파스퇴르

프랑스 · 1822년~1895년

과학에 일생을 바친 남자

파스퇴르는 프랑스 동부에 있는 작은 도시에서 가죽 가공업자의 아들로 태어났어요. 그림에도 재능이 있었지만 과학에 더 관심이 많았어요. 파리 고등사범학교에 입학한 뒤 화학과 물리학을 본격적으로 공부했어요. 이후 그는 과학을 위해 일생을 살았다고 해도 과언이 아니에요.

미생물은 어디에서 온 것일까?

파스퇴르는 포도주가 쉽게 상하는 이유를 찾다가 발효를 연구하게 되었어요. 당시엔 발효가 어떻게 일어나는지 제대로 알지 못했지요. 그래서 백조의 목처럼 긴 플라스크를 이용해서 실험을 해 보았어요. 그 결과 공기 중에 살고 있는 미생물로부터 발효가 시작된다는 사실을 밝혔지요.

파스퇴르의 백조목 플라스크. 플라스크의 목을 가열해 구부린 다음, 플라스크 안의 액체를 가열하면 미생물이 자라지 않는 멸균 상태가 된다.

미생물을 발견한 레이우엔훅

레이우엔훅의 초상화.

안톤 판 레이우엔 훅(1632년~1724년)의 취미는 현미경을 만드는 것이었어요. 아주 많은 시도 끝에 당시로서는 최고 수준의 현미경을 만들었어요. 1676년, 지붕 위에서 떨어진 물을 자신이 만든 현미경으로 관찰하다가 순수한 빗방울에는 존재하지 않는 아주 작은 동물을 발견했어요. 이것이 인류가 미생물의 존재를 최초로 알게 된 순간이랍니다. 그 후에도 레이우엔훅은 곰팡이, 꿀벌의 촉수, 기생충, 혈액 등 각종 물질을 현미경으로 관찰하고 그 결과를 영국 왕립학회에 보냈어요. 영국 왕립학회는 아마추어 과학자인 그에게 다음과 같이 적힌 메달을 수여했어요. "그의 연구는 아주 작은 것이지만, 그 영광은 결코 작지 않다."

탄저균을 발견한 코흐

독일의 의사였던 로베르토 코흐(1843년~1910년)는 아내가 선물해 준 현미경으로 세균을 관찰하던 중 탄저균을 발견했어요. 탄저균은 소, 양, 염소와 같은 가축에게 발생하는 전염병이에요. 그 후엔 폐병과 콜레라의 병원균도 발견했지요. 1905년엔 결핵균의 발견으로 노벨 생리의학상을 타기도 했어요. 그의 발견은 세균학의 발전을 가져오고 수많은 가축과 환자를 구했어요. 페르디나트 콘, 파스퇴르와 함께 미생물학의 창시자로도 불립니다.

현미경으로 관찰한 탄저균.

5학년 1학기, 〈과학〉

과학자의 탐구 〈백신을 개발하다!〉

'백신(Vaccine)'이란 죽이거나 약하게 만든 병원체입니다. 따라서 백신을 맞으면 병에 걸리지는 않지만 백신을 통해 들어온 병원체를 기억할 수 있게 됩니다. 파스퇴르는 백신을 개발하고 이를 증명하였습니다. (중략) 파스퇴르는 사람들 앞에서 탄저병 백신을 입증하는 실험을 하였습니다. (중략) 파스퇴르는 백신을 맞은 양은 살아 있을 것이고 그러지 않은 양은 병에 걸려 죽었을 것이라고 예상했습니다. (중략) 이 실험으로 파스퇴르는 인정을 받게 되었고, 양, 젖소 등 많은 가축이 그의 백신으로 탄저병을 예방할 수 있게 되었습니다.

소년을 구한 광견병 백신

1885년 7월 6일, 광견병 걸린 개에게 물린 한 소년이 파스퇴르의 실험실을 찾아왔어요. 의사들은 광견병에 걸리지 않게 막을 수 있는 방법을 찾지 못한 상황이었지요. 파스퇴르는 최후의 방법으로 자신이 만든 광견병 백신을 써 보았어요. 백신을 맞은 소년은 광견병에 걸리지 않고 무사할 수 있었답니다.

균으로 약을 만들다

미생물은 유산균이나 효모처럼 음식을 발효시켜 인간을 이롭게 하기도 하지만 병원균처럼 질병의 원인이 되기도 해요. 파스퇴르는 탄저병, 콜레라와 같이 가축이 잘 걸리는 질병을 예방하려고 균을 이용해서 약을 만들었어요. 그것을 '백신'이라고 해요. 파스퇴르가 만든 탄저병 백신은 1881년에 동물 실험을 해서 효능이 증명되었어요. 이렇게 병을 예방하기 위해 백신을 맞는 것을 파스퇴르는 '예방 접종'이라고 불렀어요.

구한말 조선을 움직인 고종의 아버지
흥선 대원군
대한민국 • 1820년~1898년

윤현궁은 흥선 대원군의 집이었고, 궁궐과 연결되어 있었다.

상갓집 개에서 임금의 아버지로

조선 제25대 임금인 철종은 후계자가 없었어요. 이하응은 자신의 아들을 임금으로 만들어야겠다고 생각했어요. 하지만 세도가인 안동 김씨 가문에 그 생각을 들키는 날엔 언제 죽을지 모를 일이었지요. 그래서 이하응은 일부러 난봉꾼 행세를 하면서 은밀히 대왕대비에게 접근했어요. 대왕대비를 움직여 둘째 아들 명복이를 왕위에 올리는 데 성공했지요. 열두 살에 왕이 된 명복이가 바로 조선의 제26대 임금 고종이랍니다. 이렇게 해서 상갓집 개라고 놀림을 받던 이하응은 하루아침에 임금의 아버지 대원군이 되었답니다.

개혁 정치를 펼치다

60여 년 동안 계속된 안동 김씨의 세도 정치 때문에 조선은 극도로 어려운 상황에 놓여 있었어요. 어린 아들 대신 권력을 장악한 흥선 대원군은 전폭적인 개혁 정치를 펼쳤어요. 당파에 관계없이 골고루 인재를 등용하고, 당쟁의 원인이었던 서원을 철폐하고, 세법을 고쳐 양반도 평민과 똑같이 세금을 내도록 했어요.

경복궁 재건 사업의 득과 실

흥선 대원군은 세도 정치를 없애기 위해서는 왕권을 강화해야 한다고 생각했어요. 왕의 권위를 높이기 위해 임진왜란 때 불타 버린 경복궁 재건 사업을 벌였지요. 하지만 궁궐을 짓기 위해 백성들을 강제로 동원해 힘든 노동을 시켜 원성이 높았어요. 게다가 비용 마련을 위해 당백전, 원납전 등의 화폐를 마구 찍어 내면서 경제까지 어려워졌지요.

나라의 문을 꼭꼭 닫아라!

19세기 말, 유럽의 강대국과 미국은 조선과의 무역을 원했어요. 하지만 흥선 대원군은 이들이 조선에 들어오면 나라가 위험해질 것이라 생각하고 나라의 문을 꼭꼭 닫는 쇄국 정책을 펼쳤어요. 외세와 무역을 금지하고, 천주교를 탄압하며 선교사들을 처형시켰지요. 이에 프랑스와 미국이 군함을 이끌고 오자 그들을 강화도에서 무찔렀어요. 병인양요와 신미양요가 그것이에요. 그리고 쇄국 정책을 더욱 강화했어요. 조선은 국제 사회에서 점점 고립되고 근대화가 늦어졌어요.

서양과 화합할 수 없다는 내용을 새긴 척화비.

최대의 정적, 며느리 명성 황후

흥선 대원군은 두 번 다시 외척 세력이 정권을 뒤흔들지 못하게 며느리를 신중하게 골랐어요. 명문가 민씨 집안의 여식으로 아버지가 없고, 친척도 많지 않았던 명성 황후는 흥선 대원군이 바라던 며느리였지요. 하지만 기대와 달리 명성 황후는 흥선 대원군의 가장 큰 정적이 되었어요. 고종이 성인이 되었는데도 흥선 대원군이 물러나지 않자, 명성 황후는 외국 문물을 받아들여 근대화해야 한다고 주장하는 개화파를 등용해 흥선 대원군을 물러나게 했지요. 이를 틈타 일본이 조선의 정치에 관여하려 했어요. 러시아의 힘을 빌려 일본을 견제하려던 명성 황후는 일본군에게 살해당하고 말았어요. 이 사건을 '을미사변'이라고 해요.

옥호루. 명성 황후가 암살당한 곳이다.

> 연관 검색   근대화 정책을 추진한 대한 제국 황제 고종

고종은 일본과 강화도 조약을 맺어 문호를 개방하고, 일본과 청나라에 신사 유람단과 영선사를 보내 새로운 문물과 제도를 배워 오게 했어요. 또한 신식 군대인 별기군을 만들기도 했지요. 1897년에는 국호를 대한 제국으로 바꾸고 스스로 황제라 칭하며 근대화 정책을 추진했어요. 그러나 1905년 일본의 강압으로 을사조약을 맺고 외교권을 일본에 빼앗겼어요.

▲1884년의 고종.
퍼시벨 로웰이 촬영한 고종 최초의 사진이다.

19세기 영국의 전성기를 이끈
빅토리아 여왕

영국 · 1819년~1901년

여왕이 될 운명?

빅토리아의 아버지는 조지 3세의 넷째 아들이었어요. 조지 3세는 아들을 많이 두었기 때문에 손녀인 빅토리아가 왕이 될 확률은 아주 적었지요. 그런데 이상하게도 빅토리아의 삼촌들은 자식을 낳지 못하거나, 자식들이 일찍 죽었어요. 결국 조지 3세에 이어 셋째 아들인 윌리엄 4세가 왕위를 계승했고, 후계자가 없었던 윌리엄 4세의 뒤를 이어 빅토리아가 영국의 왕이 되었답니다.

총리를 사부로 삼다

열여덟 살에 여왕이 된 빅토리아는 후계자 교육을 제대로 받지 못했기 때문에 어떻게 나라를 다스려야 할지 몰랐어요. 어리고 가냘픈 소녀 빅토리아를 영국의 여왕으로 만든 사람은 총리 멜번이었어요. 멜번은 빅토리아의 개인 비서를 겸하면서 군주가 갖춰야 할 위엄과 덕목을 가르쳤지요.

빅토리아 여왕의 얼굴이 담긴 1884년의 동전.

외로웠던 어린 시절

두 살 때 아버지가 죽고, 어머니와 어머니의 애인 콘 로이가 빅토리아의 교육을 담당했지요. 영국 왕실과 사이가 좋지 않았던 빅토리아의 어머니는 장차 빅토리아가 여왕이 되면 영국 왕실을 주무를 작정으로 다른 사람들과의 접촉을 끊고 자신의 말만 듣도록 빅토리아를 교육시켰어요. 어머니의 욕심에 억눌린 빅토리아는 외로운 어린 시절을 보내야 했지요.

네 살 때의 빅토리아 여왕.

이상적인 남편이자 조력자

빅토리아는 스무 살에 앨버트와 결혼했어요. 앨버트는 영국 왕실의 재산을 관리하거나 외교 문제를 해결하는 등 정치에 깊숙이 관여하면서 빅토리아를 도왔어요. 훌륭한 조언자였을 뿐만 아니라 가정에서는 성실하고 사려 깊은 남편이었지요. 빅토리아의 나이 마흔한 살에 아홉 명의 자식을 남기고 앨버트가 죽자 빅토리아는 평생 검은 옷을 입으며 남편의 죽음을 애도했답니다.

동양과 서양의 첫 번째 전쟁

영국 사람들은 차 마시는 것을 좋아했어요. 차는 대부분 청나라에서 수입했는데, 차 수입량이 늘면서 청나라와의 무역에서 적자에 시달렸지요. 빅토리아 여왕은 이 문제를 해결하기 위해 식민지 인도에서 생산되는 아편을 청으로 몰래 수출했고, 청나라에서는 아편 중독자가 급증했지요. 이 때문에 영국과 청나라의 갈등이 심해져 결국은 전쟁이 일어났어요. 이 전쟁이 아편 전쟁이에요.

▷ 아편 전쟁 당시 광저우 전투를 그린 그림.

화력이 우수한 영국 함대에 청나라는 맥없이 무너지며 항복하고 말았어요. 전쟁에 지면서 청나라는 다섯 개의 항구를 개방하고, 홍콩을 영국에 넘겨야 했어요.

해가 지지 않는 나라

1837년부터 1901년까지 빅토리아 여왕이 통치한 64년의 기간을 '빅토리아 시대'라고 불러요. 이 시기에 영국은 인도, 미얀마, 싱가포르, 말라카, 말라이 반도, 오스트레일리아, 뉴질랜드 피지 섬, 뉴기니아 남부 등을 식민지로 만들었어요. 영국 역사상 가장 넓은 땅을 소유한 시기이기도 하지요. 이 시기의 영국을 사람들은 '해가 지지 않는 나라'라고 불렀어요.

여든 살의 빅토리아 여왕.

연관 검색 | 유럽을 들썩이게 한 만국 박람회

1851년 5월, 런던 수정궁에서 만국 박람회가 열렸어요. 만국 박람회는 빅토리아 여왕의 남편 앨버트의 제안으로 기획된 것이었어요. 관람객들은 건물 전체가 유리로 된 수정궁의 아름다움에 한 번 놀랐고, 박람회 장에 전시된 전 세계의 물건과 첨단 과학 기구에 다시 한 번 눈이 휘둥그레졌어요. 결국 600만 명의 관람객을 끌어 모은 만국 박람회는 엄청난 이익을 남겼고, 영국의 발전된 산업 수준을 세계에 알렸어요.

▲ 1851년 만국 박람회가 열린 수정궁. 벽돌 같은 기존의 소재를 쓰지 않고 벽과 지붕을 유리로 만들어 당시 영국의 기술력을 과시했다. 1936년에 화재로 소실되었다.

독일의 철학자이자 사회주의 혁명가
카를 마르크스
독일 • 1818년~1883년

트리에르에 있는 마르크스가 태어난 집.

모든 나라의 프롤레타리아여, 단결하라!

마르크스의 아내 예니.

못 말리는 철학 중독자

마르크스는 독일 라인 주 트리에르에서 변호사의 아들로 태어났어요. 그의 아버지는 장남인 마르크스에게 많은 기대를 걸고 그가 법률가가 되기를 바랐어요. 하지만 마르크스는 법학보다는 철학에 더 관심이 많았어요. 대학 시절엔 사람도 거의 만나지 않고 철학을 읽고, 쓰고, 공부하는 데만 전념했어요. 철학에 푹 빠진 청년이었지요.

아내는 내조의 여왕

베스트팔렌 남작의 딸 예니 폰 베스트팔렌은 아름답고 지적인 여성이었어요. 마르크스는 누나의 친구이자 네 살 연상인 예니와 사랑에 빠졌지요. 결국 예니와 마르크스는 동반자가 되어 평생을 함께하게 돼요. 철학자 마르크스의 원고를 정리하고 비판하는 일도 예니의 몫이었어요. 극심한 가난과 질병으로 세 명의 자녀를 잃는 아픔을 겪기도 했지만 예니는 끝까지 남편을 지지하고 사랑했어요. 예니가 숨을 거둔 지 2년 뒤에 마르크스도 세상을 떠났답니다.

평생의 동지, 엥겔스

철학박사 학위를 받은 마르크스는 〈라인〉 신문의 편집장이 되었어요. 하지만 정부를 비판하고 혁명 사상을 퍼뜨렸다는 이유로 곧 폐간되었고, 마르크스도 추방을 당했어요. 파리로 옮겨 갔지만 마르크스는 그곳에서도 추방당하고 런던으로 가게 되었어요. 그리고 마르크스는 평생의 동지 프리드리히 엥겔스를 만났어요. 생각이 맞았던 두 사람은 공산주의자 모임에 함께 참석하는가 하면 세 권의 책도 함께 썼어요. 《신성가족》, 《독일 이데올로기》, 《공산당 선언》이 그것이랍니다. 평생 우정을 나눈 마르크스가 죽자 엥겔스는 그의 사상을 세상에 널리 알리는 데 힘썼어요.

엥겔스는 1844년에 마르크스를 만나 인생을 함께하는 친구가 된다.

공산당 선언

공산주의자 동맹의 요청으로 마르크스가 엥겔스와 함께 쓴 글이에요. 1848년 2월, 독일어판이 발간된 이후 순식간에 유럽 전역으로 퍼져 나갔어요. 모든 사회의 역사를 계급 투쟁의 역사로 파악한 마르크스는 이 선언에서 피지배계급인 프롤레타리아의 단결을 외쳤어요.

1848년, 독일에서 발표된 공산당 선언문.

자본주의와 노동자들의 비참한 삶

노동자들의 비참한 생활을 직접 보고 겪은 마르크스는 자본주의를 연구하게 되었어요. 마르크스는 모든 것을 상품화한 자본주의 사회에서 노동자에게 주어지는 것은 굶주림과 사슬밖에 없다고 주장했어요. 이런 자본주의를 반대하며 생산 수단의 공동 소유와 평등한 분배를 주장한 사상이 사회주의예요. 자본주의가 극에 달하면 경제적인 불평등이 심해져 이를 참지 못한 노동자 계급이 혁명을 일으킬 것이라고 보았는데 이것을 '프롤레타리아 혁명'이라고 해요.

마르크스의 사상이 세계를 뒤흔들다!

마르크스의 사상은 그가 죽은 뒤에 더 널리 알려졌어요. 그의 사상이 전해지며 유럽 각지에서 사회주의 운동이 일어났고, 1917년엔 러시아에서 사회주의 혁명이 최초로 성공을 거두기도 했지요. 역사상 이름을 남긴 많은 학자들 중에서 마르크스만큼 실질적인 영향을 미친 사상가도 없을 거예요.

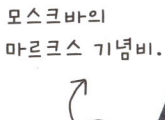
모스크바의 마르크스 기념비.

| 연관 검색 | 사회주의 개념 알기 |

부르주아
토지나 공장 등을 소유하고 임금 노동자를 부리는 자본가를 의미해요. 노동자에게는 최소한의 임금만 지불하고, 그 외의 이익을 모두 소유하는 사람들로, 자본주의 사회에서 지배 계급에 해당하지요.

프롤레타리아
산업 혁명 이후 대규모 공장들이 들어서면서 자본가에게 고용되어 노동력을 팔아서 생활하는 임금 노동자를 의미해요. 이들은 자본가들에 반해 비참한 생활을 하지요.

독일의 통일을 이룩한 철혈 재상
오토 폰 비스마르크

독일 • 1815년~1898년

35개의 왕국과 4개의 자유시로 이루어진 나라

1814년, 오스트리아 빈에서 강대국의 대표들이 모여 회의가 진행되었어요. 나폴레옹 전쟁 이후 혼란해진 유럽의 질서를 회복하기 위한 회의였지요. 빈 회의 결과, 대부분의 유럽 국가에서 왕정이 부활했고, 독일은 35개 국가와 4개의 자유시로 구성된 연방 국가가 되었어요.

술과 결투를 좋아하는 문제 학생

지주의 아들로 태어난 비스마르크는 여섯 살 때 베를린으로 유학을 떠났어요. 괴팅겐 대학 시절, 비스마르크는 술과 멘 수르에 빠져 있었다고 해요. 멘 수르는 펜싱 경기에서 유래한 스포츠 결투예요. 싸움을 좋아한 비스마르크는 30번 이상의 결투를 벌였고, 그 과정에서 크고 작은 상처를 입었어요. 괴팅겐 대학에서는 툭하면 말썽을 일으키는 비스마르크를 학생 감옥에 보내기도 하고, 기숙사에서 쫓아내기도 했어요.

1836년, 스물한 살의 비스마르크.

통일은 오직 '철과 피'로

정치가가 된 비스마르크는 빌헬름 1세의 신임을 얻어 1861년에 프로이센 수상이 되었어요. 그는 독일이 통일되면 프랑스와 영국 못지않은 세계적인 강대국이 될 수 있다고 확신했어요. 통일은 오직 힘으로만 가능하다고 주장하며 의회의 반대를 무시하고 군비 확장에 총력을 기울였어요.

프로이센 수상 시절의 비스마르크.

연관 검색 | 마지막 수업

프랑스 소설가 알퐁스 도데의 주옥같은 단편 소설 〈마지막 수업〉은 한 초등학생 소년이 프랑스 어로 진행되는 마지막 수업을 받는 이야기를 감동적으로 그린 것이에요. 이 소설의 배경이 된 알자스 로렌 지방은 프로이센과 프랑스의 전쟁 때 프로이센의 영토가 되었어요.

▲ 알퐁스 도데.

외교의 신

비스마르크는 프랑스와 오스트리아가 독일 통일에 가장 방해되는 나라라고 생각했어요. 그래서 먼저 프랑스와 비밀리에 협약을 맺은 다음 오스트리아를 고립시켰어요. 그리고 오스트리아를 7주 만에 무너뜨렸지요. 다음으로 교묘하게 프랑스를 따돌리자 프랑스가 먼저 선전 포고를 하고 전쟁이 벌어졌지요. 프랑스군은 오랫동안 전쟁을 준비해 온 프로이센군을 당할 수가 없었어요. 전쟁이 시작된 지 한 달 만에 나폴레옹 3세를 포로로 잡고 파리를 점령해 버렸어요. 프로이센은 이 전쟁으로 철과 석탄의 보고 알자스로렌 지방과 배상금 50억 프랑을 얻었어요.

함부르크에 있는 비스마르크 기념비.

마침내 이룬 독일의 통일

1871년, 빌헬름 1세는 베르사이유 궁전에서 황제 취임식을 가졌어요. 수십 개로 분열되어 있던 독일 연방이 하나의 제국으로 통일되는 순간이었지요. 통일 독일의 재상은 당연 비스마르크였어요. 비스마르크는 20여 년 동안 탁월한 외교 수완을 발휘하며 독일을 유럽 제일의 강국으로 만들었어요. 이 시대를 '비스마르크 시대'라고 부른답니다.

베르사유 궁전 거울의 방에서 열린 독일 제국 선포식. 하얀 제복을 입은 이가 비스마르크이다.

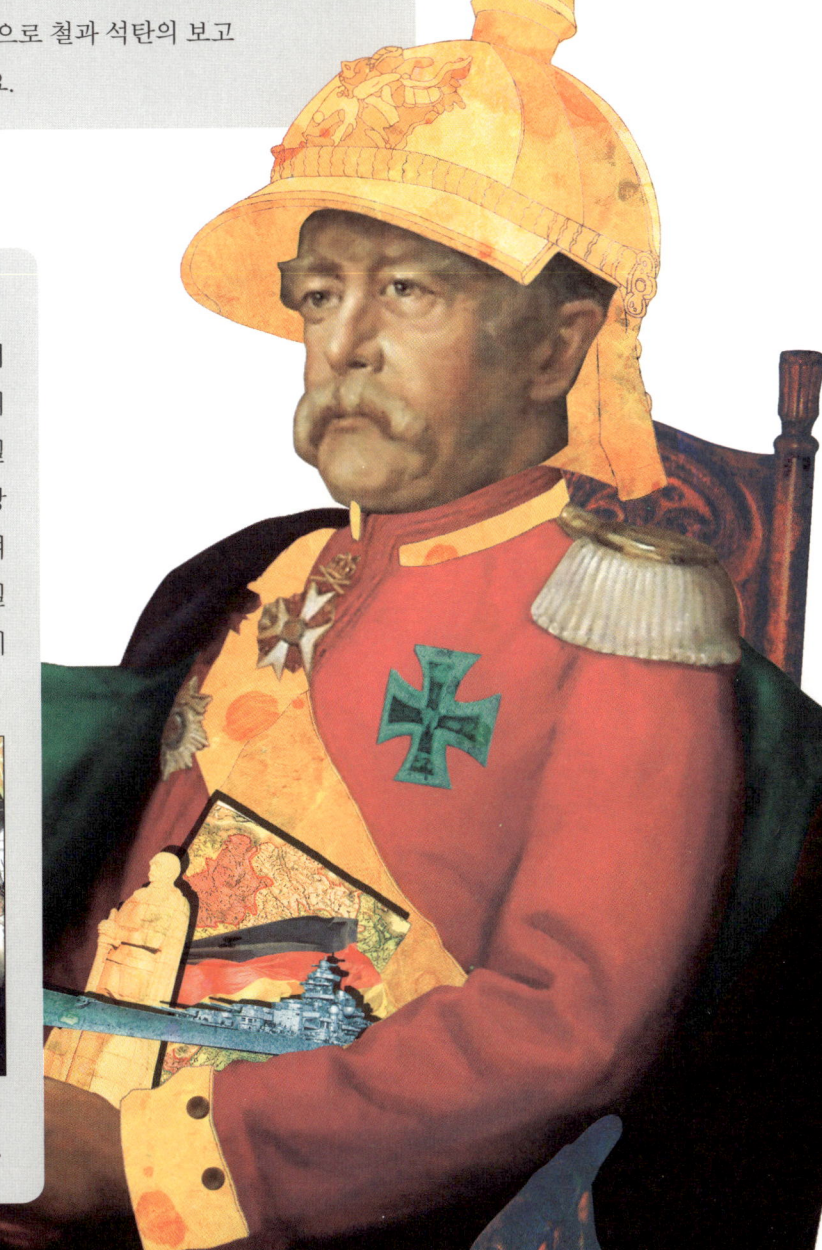

진화론을 확립한 생물학자
찰스 다윈
영국 · 1809년~1882년

의학이나 신학보다 딱정벌레가 더 좋아

다윈은 영국 슈르즈베리의 의사 로버트 다윈의 아들로 태어났어요. 어릴 때부터 동식물을 좋아했지만 아버지의 뜻에 따라 의과 대학에 들어갔지요. 하지만 적성에 맞지 않아 의과 대학을 중퇴하고 또다시 아버지의 뜻에 따라 신학 대학에 들어갔어요. 신학 역시 다윈의 관심을 끌지 못했어요. 오히려 그를 사로잡은 것은 딱정벌레였어요. 다윈은 스물두 살이 되어서야 자신이 정말 하고 싶은 일을 찾았지요.

무보수로 떠난 비글호 탐사 여행

해군 측량선인 비글호는 1831년 12월부터 1836년 10월까지 갈라파고스 제도에서 출발해 타히티, 뉴질랜드, 오스트레일리아 코코스 제도, 모리셔스 제도, 남아메리카, 세인트헬레나 섬 등을 항해했어요. 다윈은 무보수 박물학자로 참여해 비글호가 닻을 내린 곳에서 동식물과 지질을 조사했지요. 그때 수집하고 조사한 내용이 훗날 그의 연구에 아주 중요한 역할을 했어요. 특히 갈라파고스 제도에서 동물을 관찰하고 기록한 일은 다윈이 진화론을 세우는 데 결정적인 계기가 되었어요.

갈라파고스 제도.

비글호

남아메리카

아프리카

오스트레일리아

비글호의 이동 경로.

지동설만큼이나 충격적인 《종의 기원》

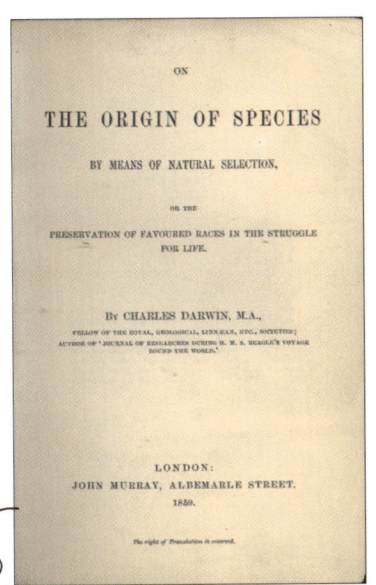

《종의 기원》 표지.

1859년, 사람들을 깜짝 놀라게 만든 한 권의 책이 발표되었어요. 《자연 도태에 의한 종의 기원에 관하여(종의 기원)》라는 책이었지요. 다윈은 이 책에서 환경에 잘 적응한 개체만 살아남고 적응하지 못한 개체는 멸종한다는 자연 도태설을 주장했어요. 기린의 목이 길어진 것도 생존 경쟁에서 살아남기 위해서라는 거예요. 자연의 모든 생명체는 신의 창조물이 아니라 살아남기 위해 진화한 것이라는 다윈의 주장은 종전의 생각을 뿌리째 뒤흔들며 사람들의 관심을 끌었어요. 《종의 기원》 초판 2500부가 순식간에 팔려나갔답니다.

원숭이가 사람의 조상이라고?

인간이 신의 창조물이 아니라는 다윈의 주장은 유럽 사회에 커다란 파문을 일으켰어요. 종교계는 이 주장을 신에 대한 모독, 혹은 기독교에 대한 도전으로 받아들였어요. 언론은 다윈을 원숭이로 묘사하며 조롱했고, 교회는 다윈의 책을 읽거나 가르치는 행위를 금지시켰지요. 하지만 코페르니쿠스의 지동설이 그랬듯이 다윈의 진화론은 서서히 사람들의 생각을 바꿔놓았어요. 지구가 우주의 일원이듯, 인간도 자연의 일원이라는 세계관을 갖게 되었지요.

진화론은 내가 먼저 주장했어!

다윈보다 먼저 진화론은 주장한 사람이 있었어요. 프랑스 생물학자 장바티스트 라마르크(1744년~1829년)는 "모든 살아 있는 유기체는 자연적인 원인에 의해 단순한 형태에서 더 복잡한 형태로 발달하며 동시에 어떤 종도 고정되고 불변하는 것은 없다."라고 주장했어요. 하지만 이론을 뒷받침할 만한 구체적인 증거를 제시하지 못해 진화론의 영광을 다윈에게 양보해야 했지요.

라마르크.

진화론의 잘못된 적용, 인종 우월주의

수백만 명의 희생을 불러온 아돌프 히틀러 →58쪽 의 유대 인 학살은 게르만 민족이 유대 인보다 우월하다는 생각에서 비롯된 것이에요. 우수한 생명체만 살아남을 수 있다는 진화론을 잘못 적용한 예라고 할 수 있어요.

연관 검색 | 최초의 인류, 오스트랄로피테쿠스

다윈은 1871년 《인간의 유래》라는 책을 펴냈는데, 실제로 최초의 인류가 밝혀진 것은 50년이 지난 후였어요. 1924년 남아프리카 공화국의 해부학 교수인 레이먼드 다트는 아프리카 남부의 타웅 지방에서 어린아이의 두개골 화석을 발견했어요. 두발로 서서 걸었던 최초의 인류 '오스트랄로피테쿠스'의 화석이었지요. 오스트랄로피테쿠스는 남쪽의 원숭이란 뜻이에요. 남쪽 원숭이가 인류의 조상이라는 사실을 받아들이는 데 25년이라는 시간이 필요했어요.

▶ 오스트랄로피테쿠스 두개골.

조선 지리학의 성과를 집대성한
김정호
한국 · 미상~1866년

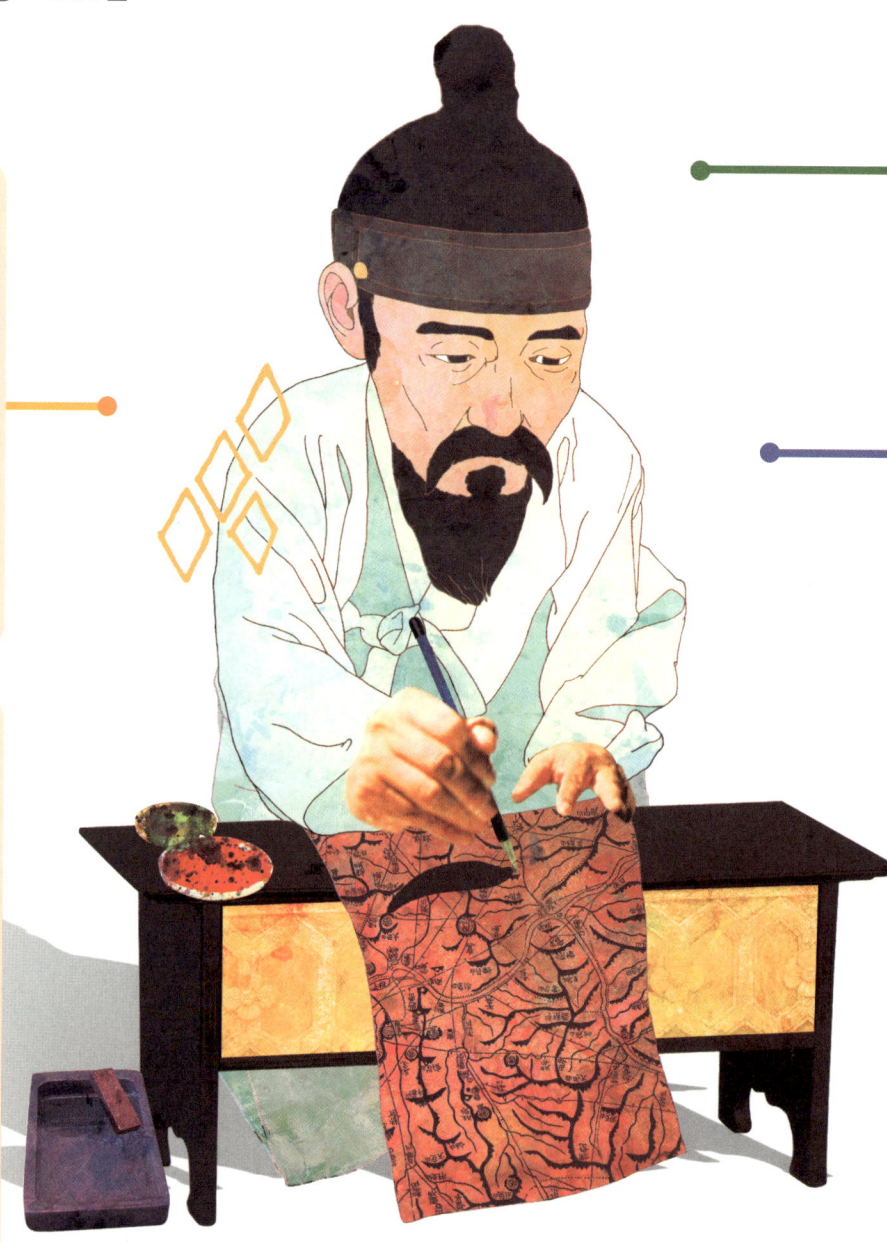

지도에 관심을 갖게 되다

19세기 조선 후기는 정치가 부패하고 외세의 침략을 받는 등 매우 혼란한 시기였어요. 이때 청나라와 서양의 새로운 학문과 사상의 영향을 받아 발전하게 된 학문이 바로 실학이에요. 김정호는 실학자였던 최한기와 친하게 지내면서 새로운 학문을 접하고 지도에 관심을 갖게 되었어요. 그리고 지도 제작에 평생을 바치게 되었지요.

실학자 최한기

최한기(1803년~1879년)는 진사 시험에 급제했지만 평생 관직에 나가지 않았어요. 군수였던 양아버지 덕택으로 중국에서 책을 수입해 그 책을 읽고 글을 쓰는 일에 생계 걱정 없이 몰두할 수 있었지요. 특히 그때까지 조선의 지식인들이 접하지 못했던 천문학, 지리학 서적 등을 접하면서, 1857년에 《지구전요》라는 책을 써서 지구가 둥글고 태양의 주위를 돈다고 주장하기도 했어요.

1834년에 최한기와 김정호가 제작한 세계 지도인 〈지구전도〉.

4학년 1학기, 〈사회〉

대동여지도

김정호가 70여 장의 목판에 새겨 22개 첩으로 만들어 펴낸 우리나라 지도로, 첩을 펼쳐 이으면 크기가 가로 3.8미터, 세로 6.7미터에 이른답니다. 대동여지도는 크고 자세할 뿐만 아니라 휴대하기 편리하게 만들어져 조선 시대 최고의 지도로 평가받고 있어요.

대동여지도의 기초가 된 청구도

1834년에 김정호는 첫 번째 지도를 만들었어요. 두 책으로 나누어 채색하고 필사한 〈청구도〉가 바로 그것이지요. 축척이 동일한 전국 지도 가운데 가장 정밀한 옛 지도랍니다. 〈청구도〉에는 당시 행정 구획별 남녀 인구수, 전답, 지형과 성곽, 시장과 풍속, 사찰 등 그 지역의 특징도 상세히 기록되어 있어요. 〈청구도〉는 이후 제작된 〈대동여지도〉의 기초가 된 중요한 지도랍니다.

〈청구도〉 개성부.

백두산을 여덟 번 올랐다?

김정호가 언제 태어나고 신분이 무엇이었는지 정확한 기록이 남아 있지 않아요. 그래서 김정호에 대해 잘못 알려진 사실들도 있지요. 흔히 김정호가 〈대동여지도〉를 만들기 위해 '팔도를 세 번 돌고 백두산을 여덟 번 올랐다.'는 말을 하는데, 최한기가 남긴 글에 따르면 그 말은 사실이 아님을 알 수 있어요. 팔도를 세 번이나 돌아다니고 백두산을 여덟 차례나 오른다는 것은 현실적으로도 불가능한 일이지요. 〈대동여지도〉는 여러 지도와 지리에 관한 책을 참고해 만들었어요.

흥선 대원군이 옥사시켰다?

흥선 대원군 →106쪽 이 나라 기밀을 누설한 죄로 김정호를 감옥에 가두어 옥사시켰다는 주장도 있는데, 이 이야기도 사실이 아니에요. 일제 강점기에 일본 역사 학자들이 흥선 대원군을 매도하기 위해 꾸며 낸 이야기이지요.

고지도의 장점을 집대성한 대동여지도

김정호는 자신이 만든 〈청구도〉가 미흡하다고 생각했어요. 그래서 〈청구도〉를 수정하고 보완해 새로운 지도를 만들어야겠다고 생각했어요. 〈대동여지도〉는 1861년에 김정호가 〈청구도〉를 비롯한 다른 고지도의 장점을 집대성해 만든 지도예요. 분합이 자유로운 22첩으로 만들어 전부 연결하면 전국 지도가 되도록 했지요. 근대적인 방법으로 측량을 할 수 없던 시기에 마치 항공 사진처럼 정확하게 만들어져 놀라운 지도랍니다. 〈대동여지도〉는 목판으로 만들어져 대량으로 찍어 낼 수 있었어요. 그리고 분할해 다닐 수 있었기 때문에 실제 사용하기 편리했지요.

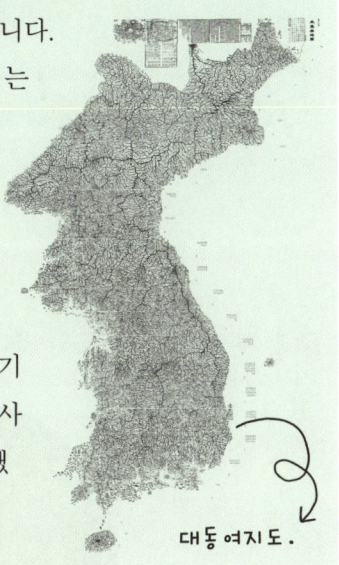

대동여지도.

지도의 역사를 한눈에, 지도박물관

경기도 수원시 영통구 원천동에 위치한 지도박물관을 가면 김정호와 〈대동여지도〉를 더 깊이 알 수 있어요. 측량과 지도 제작에 사용되었던 유물은 물론이고, 옛 선조들의 지혜와 세계관이 반영되어 있는 고지도, 오늘날의 발전된 지도를 볼 수 있는 곳이에요.

노예 해방을 선언한 미국의 대통령
에이브러햄 링컨

미국 · 1809년~1865년

가난한 책벌레, 변호사 되다!

미국 켄터키 주에서 가난한 농민의 아들로 태어난 링컨은 집안 사정이 어려워 정규 교육을 받지 못했어요. 하지만 어머니가 읽고 쓰는 법을 가르쳐 책을 읽을 수 있었지요. 링컨은 가게 점원으로 일하면서도 늘 책을 가까이했어요. 낮에는 일을 하고 밤에는 책을 읽은 덕분에 스물다섯 살에 변호사가 되었지요.

적을 자신의 편으로 만드는 리더십

대통령이 된 링컨은 자신을 공공연하게 비난하고 무시했던 스탠턴이라는 사람을 국방 장관으로 임명했어요. 주변 사람들의 반대에도 원칙을 중시하는 스

워싱턴에 위치한 링컨 기념관.

탠턴이 적임자라는 자신의 뜻을 굽히지 않았지요. 링컨의 예상대로 스탠턴은 남북 전쟁을 승리로 이끌기 위해 국방 장관으로서 최선을 다했어요. 능력을 우선하는 링컨의 포용력이 스탠턴을 바꿔 놓은 것이지요.

대통령이 된 촌뜨기 변호사

허름한 행색에 깡마른 체구. 링컨은 촌뜨기 취급을 받는 별 볼 일 없는 변호사였어요. 그런 링컨이 사람들에게 알려지게 된 것은 1858년, 노예제를 합법화하자는 더글러스 상원 의원의 주장이 미국의 독립 정신에 위배된다며 반박하면서부터였어요. 비록 선거에서는 패했지만 점차 지지를 얻어 1860년 11월 6일, 미합중국 제6대 대통령으로 선출되었답니다.

30대 후반의 링컨.

4학년 1학기, 〈국어(읽기)〉

독서의 힘

미국의 링컨 대통령 또한 독서를 중요하게 여겼습니다. 링컨 대통령은 가난한 집안 형편 때문에 제대로 학교도 다니지 못하였습니다. 그래서 혼자 책을 읽으며 공부하였습니다. 헌책들을 가져다 읽고 공부하여 훗날에 변호사가 되고 대통령까지 되었습니다.
링컨 대통령은 《톰 아저씨의 오두막》을 읽고 노예 제도가 얼마나 비인간적인지 알게 되었습니다. 그리하여 대통령이 된 뒤, 노예 해방을 반대하는 사람들과 맞서 싸워 평등을 중요하게 여기는 지금의 미국을 만들었습니다.

— 손기원

신의 한 수, 노예 해방 선언

1861년에 남과 북이 전쟁을 시작했어요. 남부가 영국의 지원을 받으며 북군이 열세에 몰리자 링컨은 전세를 뒤집기 위해 신의 한 수를 두었어요. 바로 '노예 해방 선언'을 한 것이지요. 남부 인구 중 4백만 명에 달하는 흑인 노예가 해방되었고, 그들이 북군에 가세하면서 전세가 뒤바뀌었어요. 결국 1865년 4월, 남부 연방의 수도 리치먼드가 함락되면서 전쟁은 북군의 승리로 끝났어요.

극장에 울린 한 발의 총성

1865년, 4월 14일 밤. 링컨 부부는 워싱턴에 있는 포드 극장에서 연극을 관람하고 있었어요. 이때 남부 출신의 연극배우이자 열렬한 남부 지지자였던 존 윌크스 부스가 링컨의 뒷머리에 총을 쏘았어요. 그렇게 링컨은 숨을 거두었답니다.

→ 링컨의 암살 장면 그림.

분열된 남과 북

링컨이 대통령으로 당선되자 남부 11개 주는 합중국 탈퇴를 선언하고 '아메리카 연방'을 결성하며 민주당의 데이비드 제퍼슨을 대통령으로 선출했어요. 남과 북의 분열은 하루 이틀 만에 이루어진 일은 아니었어요. 대규모 농장이 발달한 남부는 노예제를 기반으로 면화나 담배 등을 영국에 수출하고 있었기 때문에 자유 무역을 원했어요. 반면에 풍부한 자연 자원을 기반으로 산업이 발달한 북부는 값싼 영국의 공산품이 들어오는 것을 막는 보호 무역을 원했어요. 이렇게 서로 다른 이해관계에 있던 남과 북은 노예제 문제가 불씨가 되어 분열하게 된 것이지요.

→ 남북 전쟁 때 북군의 맥클렐런 장군을 만난 링컨.

근대 국가의 기틀을 다진 프랑스 황제
나폴레옹 보나파르트
프랑스·1769년~1821년

내 사전에 불가능이란 없다.

키 작은 열여섯 살의 소년 장교

나폴레옹은 프랑스 코르시카 섬에서 가난한 법률가의 아들로 태어났어요. 육군 사관 학교를 졸업하고 포병 장교가 되었어요. 작은 키와 마른 체격의 이 소년 장교가 훗날 프랑스의 황제가 될 줄은 아무도 예상하지 못했지요.

단번에 국민 영웅이 되다!

나폴레옹은 1793년에 툴롱 전투에서 영국군을 크게 무찌르면서 단번에 유명세를 탔어요. 이탈리아 원정군의 총사령관이 된 나폴레옹은 탁월한 전략과 지도력으로 알프스를 넘어 이탈리아를 평정하고, 오스트리아까지 굴복시켰지요. 나폴레옹은 여기서 멈추지 않고 이집트 원정까지 나섰어요. 이집트 정복에 성공하며 수많은 고대 유물을 전리품으로 가져갔지요. 나폴레옹은 프랑스의 자존심을 유럽에 드높인 국민 영웅이 되었어요.

군사 혁명을 일으켜 프랑스를 한손에

혁명 정부가 무너지고 프랑스가 정치적 혼란에 빠지자 나폴레옹은 쿠데타(무력으로 정권을 빼앗는 일)를 일으켰어요. 쿠데타에 성공한 다음에는 세 명의 통령을 두는 정치 체제로 바꾸기 위해 국민 투표를 실시했어요. 안정과 질서를 원했던 프랑스 국민들은 나폴레옹에게 전폭적인 지지를 보냈고, 나폴레옹은 제1통령이 되었어요.

군사 혁명을 지휘하는 나폴레옹.

위대한 프랑스를 위한 개혁

야망이 큰 나폴레옹은 위대한 프랑스를 만들기 위해 개혁을 실시했어요. 농민들의 세액을 크게 줄이고, 도로·항만·운하 등을 건설했어요. 가장 공을 들인 것은 프랑스의 법을 제정한 일이에요. 이때 만든 프랑스 민법전(나폴레옹 법전)은 오늘날까지 사용되고 있을 뿐만 아니라 벨기에, 독일, 스위스, 이탈리아 등 유럽 다른 국가들의 법률 제정에도 영향을 미쳤어요. 나폴레옹의 개혁으로 프랑스는 근대 국가로 발돋음할 수 있었어요.

파리를 상징하는 개선문은 나폴레옹이 전쟁에서 승리한 것을 기념하기 위해 만든 것이다.

지나친 야망 때문에 몰락의 길로

통령으로는 만족할 수 없었던 나폴레옹은 국민 투표를 거쳐 황제가 되었어요. 혁명으로 공화정을 세운 지 10년 만에 다시 왕정으로 돌아간 셈이지요. 나폴레옹은 유럽 국가 중에서 유일하게 무릎을 꿇지 않은 영국을 정복하려다가 오히려 영국의 넬슨 제독에게 패하고 말았어요. 이것이 바로 트라팔가 해전이지요. 영국에 복수하려고 영국과의 무역을 금지하는 무역 봉쇄령을 내렸는데 러시아가 이를 어겼어요. 그래서 50만 대군을 이끌고 러시아를 침략했지만 처참하게 패배했어요. 결국 나폴레옹은 영국의 동맹군에게 체포되어, 지중해의 작은 섬 엘바로 유배되었지요.

대관식에서 조제핀에게 직접 황후관을 하사하는 나폴레옹의 모습을 그린 <나폴레옹과 조제핀의 대관식> 그림.

백일천하로 끝난 영웅의 최후

1815년 2월, 나폴레옹은 엘바 섬을 탈출했어요. 파리로 돌아온 나폴레옹은 프랑스 민중들의 열렬한 환영을 받았어요. 나폴레옹은 다시 집권하고 그해 6월에 워털루 전투에 나섰지만 영국에 패했어요. 나폴레옹이 집권한 지 딱 백일이 되는 날이었지요. 영국군에 체포된 나폴레옹은 이번엔 대서양의 외딴섬 세인트헬레나로 유배되었어요. 프랑스 영웅은 영국군의 감시 속에서 울분을 터뜨리다 1820년 5월에 눈을 감았어요.

연관 검색	루브르 박물관

프랑스 파리에 위치한 루브르 박물관에는 나폴레옹이 이탈리아와 이집트 원정에서 가져온 고대 유물의 상당수가 보관되어 있어요. 오늘날 루브르 박물관은 영국의 대영 박물관, 러시아의 에르미타슈 미술관과 함께 세계 3대 박물관으로 꼽힌답니다.

실학을 집대성한 조선 후기의 개혁가
정약용
한국 • 1762년~1836년

이상적인 국가 건설을 꿈꾸는 개혁가
실학자 정약용은 백성들을 위해서 토지를 농민들이 공동으로 소유하고, 수확물도 똑같이 나눌 것을 주장했어요. 정약용의 이런 토지 개혁안을 '여전론'이라고 해요. 여전론은 실현되지 않았지만, 백성을 생각하는 정약용의 마음을 알 수 있어요. 농업 이외에도 과학 기술과 상공업의 발달을 이루어 백성을 위한 이상적인 국가를 건설하고자 하는 개혁가였어요.

천자문을 네 살에 뗀 신동
정약용은 경기도 광주군 마현에서 태어났어요. 진주 목사를 지낸 정재원의 넷째 아들이었지요. 얼마나 영특했는지 네 살에 천자문을 떼고, 일곱 살에 한시를 지었어요. 성균관 유생 시절부터 정조의 눈에 띄었다고 해요.

성리학과 실학
실학은 조선의 통치 이념이었던 성리학이 당시의 사회 문제를 해결할 수 없다며 나타난 새로운 사상이지요. 성리학이 우주의 원리와 인간의 심성 탐구에 치중해 관념적인 성격이 강한 반면 실학은 어떻게 하면 학문이 실생활에 도움이 되는지를 탐구해 실용적인 성격이 강하다고 할 수 있지요.

사람이 하늘과 땅 사이에 사는 데에 있어 귀중한 것은 성실성이니 전혀 속임이 있어서는 안 된다.

수원 화성과 거중기는 유네스코 세계 문화유산으로 지정되었다.

거중기.

한강을 어떻게 건너지?

1795년, 정조는 어머니 혜경궁 홍씨의 회갑을 맞아 수원에 위치한 사도세자의 묘에 다녀오려고 궁궐을 출발했어요. 어가 행렬은 문무백관과 나인을 모두 합쳐 1779명, 말이 779필에 달하는 큰 규모였어요. 그런데 수원을 가려면 한강을 건너는 일이 큰 문제였지요. 당시엔 다리가 없었기 때문이에요. 정약용은 배다리(주교, 舟橋)를 설계했어요. 가로 4미터, 세로 11미터의 나룻배 37척을 이어 어가 행렬이 무사히 한강을 건널 수 있었답니다.

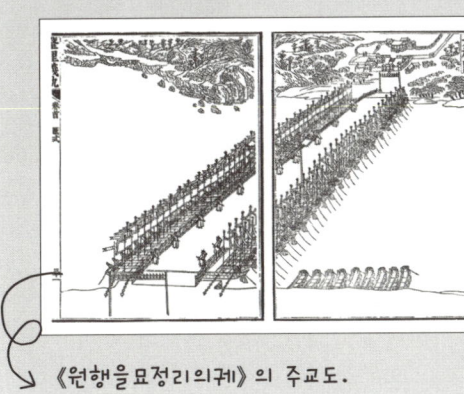

《원행을묘정리의궤》의 주교도.

수원 화성 설계 책임자

수원 화성은 사도세자의 묘가 있는 수원에 새로운 도시를 건설할 계획으로 정조가 세운 성이에요. 화성의 설계와 축조의 책임은 정약용이 맡았지요. 정약용은 화성이 상업적 기능과 군사적 기능을 동시에 수행할 수 있도록 설계했어요. 성을 쌓을 때는 거중기를 이용했어요. 거중기는 도르래의 원리를 이용한 서양의 기중기를 참고해서 정약용이 발명한 기계예요. 정약용의 발명 덕에 총 길이 5.7킬로, 면적 1.2제곱킬로미터의 거대한 성이 2년 반 만에 완공될 수 있었어요.

거중기

네 개의 고정 도르래가 위에 있고 네 개의 움직도르래가 아래에, 또 양쪽 옆에는 큰 고정 도르래가 1개씩, 그 아래에 문래가 있는 구조로 되어 있어요. 즉, 양쪽으로 힘을 주어 문래를 돌리면 돌이 위로 들어 올려지도록 만든 것이지요.

억울한 이가 없게 하라!

정약용은 조선의 명판관이기도 했어요. 살인죄를 뒤집어쓴 사람의 누명을 벗겨 주기도 했지요. 정약용이 1819년에 쓴 《흠흠신서》는 수령들의 과학적인 수사와 올바른 판결에 도움을 주려고 각종 살인 사건의 사례를 모은 형법서예요. 정약용은 이 책에서 '생명에 관한 범죄는 조심스럽고 공정하게 처리해야 하며 진실을 발견하기 위해서는 치밀한 조사와 검증이 필요하다.'고 누누이 강조했어요. 하지만 1801년, 정약용은 천주교를 믿었다는 이유로 전라남도 강진에서 17년 동안 유배 생활을 했고, 이때 500여 권에 달하는 책을 썼답니다.

연관 검색 정약용의 위대한 형제들

정약전(1758~1816년)

정약용의 둘째 형이에요. 1801년에 천주교도들이 박해를 당할 때 정약전도 흑산도로 귀양을 갔어요. 그곳에서 우리나라 최초의 어류서인 《자산어보》를 썼어요. 흑산도 근해에 서식하는 생물 155종에 대한 명칭·분포·형태·습성 등에 관한 사실이 상세히 기록되어 있지요.

정약종(1760년~1801년)

정약용의 셋째 형이에요. 우리나라 최초의 천주교회 회장을 지냈어요. 한문을 모르는 사람들에게도 교리를 가르치기 위해 중요한 내용을 뽑아 알기 쉬운 우리말로 《주교요지》라는 책을 썼어요. 1801년 신유박해 때 참수 당했어요.

조선 시대의 풍류와 여인을 화폭에 담은
신윤복

한국 • 1758년~미상

미스터리한 일생

신윤복은 김홍도 →130쪽 와 함께 조선 후기 풍속화를 대표하는 화가로 평가받고 있어요. 그런데 신윤복에 대한 역사 기록은 단 두 줄밖에 남아 있지 않아요. 1928년에 서예가이자 독립운동가인 오세창이 한국 서예가와 화가의 기록을 총 정리한 《근역서화징》이라는 책에 유일한 기록이 있어요. "신윤복, 자 입부, 호 혜원, 고령인. 첨사 신한평의 아들, 화원. 벼슬은 첨사다. 풍속화를 잘 그렸다." 이 기록을 통해 신윤복이 유명 화가인 신윤평의 아들이었고, 도화서 화원이었다는 사실을 알 수 있을 뿐 신윤복의 일생은 미스터리에 싸여 있어요.

도화서의 화원

도화서는 조선 시대에 궁정에서 그림 그리는 일을 담당하던 관청이에요. 도화서에서 근무한 화가들을 화원이라고 하지요. 화원은 중인 계급의 사람들 중에서 그림 그리는 시험을 보아 선발했어요. 도화서에서는 화원을 양성하는 일 외에도 임금 즉위식이나 혼례 같은 각종 의식, 왕의 초상화를 그리는 일을 맡았어요. 조선 시대의 회화는 도화서를 중심으로 크게 발전했어요.

서울시 견지동에 있는 도화서 터 표지석.

과감하게 여인을 그리다

신윤복의 풍속화에 빠짐없이 등장하는 인물이 있어요. 바로 여인이에요. 일반 백성의 아녀자에서부터 양반가 여인, 무당, 기생에 이르기까지 조선 시대 여인들의 삶과 모습이 그의 그림 속에 생생하게 담겨 있어요. 또한 남녀가 몰래 만나고 희롱하는 모습도 과감하게 화폭에 담았어요. 근엄해야 할 도화서의 화원이 이런 파격적인 그림을 그렸기 때문에 신윤복의 이름이 역사 속에서 지워진 건 아닐까요?

매력적인 조선의 여인, 〈미인도〉

신윤복은 당시 사람들에게 관심의 대상이 아니었던 여인들을 애정 어린 시선으로 화폭에 담았어요. 이런 특징이 가장 잘 나타난 작품이 바로 〈미인도〉이지요. 차갑고 도도해 보이는 여인의 얼굴과 칠흑처럼 검은 머리, 옥색의 치마와 붉은색 속고름이 여인을 더욱 매력적으로 보이게 만들어요. 당시의 복식이 사실적으로 표현되어 있으면서도 멋이 생생하게 느껴지지요.

〈미인도〉

〈월하정인〉에 나타난 부분월식?

신윤복의 그림 〈월하정인〉에는 월식 중인 달이 그려져 있다는 사실을 아나요? 월식은 태양-지구-달이 일직선상에 놓여 달이 지구의 그림자에 가려지는 현상을 말해요. 달의 전부가 가려지는 현상을 개기월식, 일부가 가려지는 현상을 부분월식이라 하지요. 〈월하정인〉에 그려진 달은 초승달 같아 보이지만, 볼록한 면이 위를 향하고 있어 볼록한 부분이 아래를 향하는 정상적인 달 모양이 아니에요. 이를 통해 학자들은 〈월하정인〉에 그려진 달이 부분월식이 일어난 달이라고 이야기한답니다.

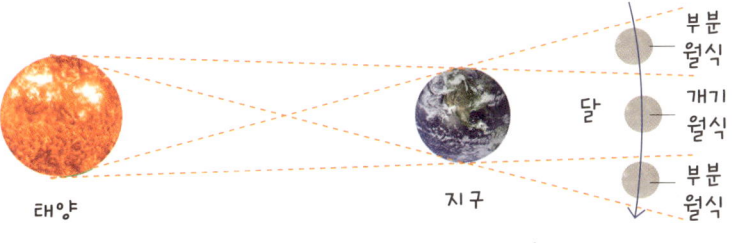

연관 검색 : 빼앗긴 문화재를 지킨 간송 전형필

《혜원전신첩》을 일본에서 찾아온 간송
인사동의 잡화상 주인이었던 간송 전형필(1906년~1962년)은 〈월하정인〉 등의 풍속화가 담겨 있는 신윤복의 풍속화첩이 일본으로 넘어간 것을 알게 되었어요. 전형필은 1934년에 일본으로 건너가 신윤복의 풍속화첩을 되찾아 왔어요. 뿐만 아니라 일본에 빼앗긴 조선의 문화재를 되찾는 데 전 재산과 일생을 바쳤어요.

간송미술관
1938년에 전형필이 세운 우리나라 최초의 현대식 사립 미술관이에요. 원래 이름은 보화각이었어요. 《훈민정음 해례본(국보 제70호)》과 신윤복의 풍속화첩인 《혜원전신첩(국보 제135호)》 등을 포함해 불상, 도자, 서화 등 많은 유물을 소장하고 있어요.

〈월하정인〉

고전주의 음악을 완성한 천재 음악가
볼프강 아마데우스 모차르트

오스트리아 • 1756년~1791년

바흐의 음악은 너무 어려워

'음악의 아버지' 바흐로 대표되는 바로크 음악은 지나치게 장식을 중시했어요. 18세기에 사회가 급변하면서 복잡하고 어려운 종교 음악 대신 단순함과 균형을 특징으로 하는 대중적인 음악이 등장했어요. 바로 '고전주의 음악'이지요. 모차르트는 고전주의 음악을 대표하는 음악가예요.

바흐.

유럽을 놀라게 한 음악 신동

모차르트는 어렸을 때부터 천재적인 음악성을 보였어요. 네 살 때부터 하프시코드(피아노의 전신인 건반 악기)를 연주했고, 다섯 살 때 작곡을 시작했지요. 여섯 살 때부터 이탈리아, 파리, 런던, 벨기에 등으로 연주 여행을 다녔는데, 교향곡 1번은 모차르트가 여덟 살 때 떠난 연주 여행 중에 작곡한 작품이에요.

어린 시절의 모차르트.

베토벤과의 만남

청각을 잃고도 〈영웅 교향곡〉, 〈교향곡 9번 운명〉 등 주옥같은 음악을 남긴 독일의 작곡가 베토벤(1770년~1827년)과 모차르트가 만난 적이 있었어요. 모차르트가 빈에서 생활하던 1784년에 열네 살의 베토벤이 찾아왔어요. 모차르트는 베토벤의 즉흥곡을 듣고 칭찬을 아끼지 않았다고 해요.

슈베르트와 모차르트의 공통점

↳ 슈베르트.

프란츠 슈베르트(1797년~1828년)는 〈아름다운 물방앗간 아가씨〉, 〈겨울 나그네〉 등 500여 곡이 넘는 가곡을 포함해 수많은 명곡을 남기고 서른한 살이라는 젊은 나이에 병으로 세상을 떠났어요. 슈베르트와 모차르트는 둘다 오스트리아에서 태어난 음악가이며, 이른 나이에 죽음을 맞았다는 공통점이 있지요.

이른 나이에 죽음을 맞은 천재 음악가

서른여섯 살이라는 이른 나이에 세상을 떠난 모차르트는 살아 있는 동안 쉬지 않고 작곡을 했어요. 피아노 소품, 피아노 소나타, 실내악, 협주곡, 교향곡, 오페라에 이르기까지 다양한 장르의 아름답고 개성 있는 작품을 남겼어요. 〈피가로의 결혼〉, 〈돈 조반니〉, 〈마술 피리〉는 모차르트가 작곡한 오페라 걸작들이에요.

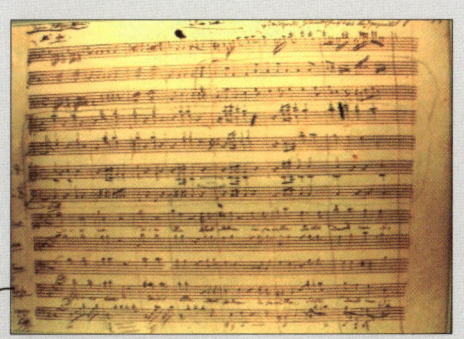

↳ D단조 진혼곡 중의 하나. 모차르트의 친필이 담긴 악보이다.

6학년, 〈음악〉

모차르트의 바이올린 협주곡 3번

모차르트는 바이올린 협주곡을 8곡 작곡했어요. 27곡을 작곡한 피아노 협주곡과 비교해 볼 때 수적으로 훨씬 적지요. 1번부터 5번까지 다섯 작품은 1775년, 그가 열아홉 살 때 잘츠부르크에서 쓴 작품이며, 그중 3번, 4번, 5번이 많이 연주되고 있어요. 3번 협주곡은 짜임새 있는 형식, 아름답고 풍부한 멜로디로 모차르트 작품의 특징이 잘 표현되어 있어요.

프랑스 혁명으로 처형된 비운의 왕
루이 16세

프랑스 · 1754년~1793년

부르봉 왕가의 16대 왕

루이 16세는 프랑스 베르사유 궁전에서 루이 황태자의 셋째 아들로 태어났어요. 그리고 열여섯 살에 동맹국인 오스트리아의 공주 마리 앙투아네트와 결혼했지요. 아버지와 형들이 모두 일찍 세상을 떠나 할아버지 루이 15세의 뒤를 이어 왕관을 썼어요. 루이 16세의 가문인 부르봉 왕가는 1589년부터 프랑스의 절대 왕정을 계승했어요.

베르사유의 장미

아름답고 화려한 베르사유 궁전의 여주인은 루이 16세의 왕비 마리 앙투아네트였어요. 하지만 그녀는 열네 살이라는 어린 나이에 낯선 나라에 와서 마음에도 없는 결혼 생활을 해야 했어요. 앙투아네트는 베르사유 궁전에 딸린 작은 궁전 트리아농에서 호화로운 파티를 열어 외로운 마음을 달랬어요. 화려한 드레스와 보석 등 파티에 들어간 비용은 모두 국민의 세금이었지요.

앙투아네트와 자녀들.

실패한 개혁, 어긋난 선택

18세기의 프랑스는 특권을 가진 귀족들은 부유한 반면 세금을 부담해야 하는 시민들은 먹을 빵조차 없었어요. 왕실의 재정난도 점점 심해졌지요. 루이 16세는 이 문제를 해결하기 위해 귀족에게도 세금을 부과하는 개혁을 단행했으나 귀족의 반대로 실패하고 말았어요. 개혁이 실패한 뒤에는 미국의 독립운동을 지원했는데, 이 때문에 왕실의 재정이 더 어려워졌어요. 반면 시민들의 자유와 평등을 향한 열망은 점점 커졌지요.

테니스 코트의 선서

1789년, 루이 16세는 삼부회의를 소집했어요. 삼부회의는 성직자, 귀족, 평민 계급으로 이루어진 의회예요. 회의에서 다른 계급들이 특권을 내려놓지 않자 평민 대표들은 따로 국민의회를 만든 뒤 테니스 코트에 모여 헌법이 제정될 때까지 절대 해산하지 않겠다고 선언했지요. 이를 '테니스 코트의 선서'라고 해요.

바스티유 감옥 습격 사건

바스티유 감옥을 습격하는 파리 시민들.

루이 16세가 군대를 동원해 국민의회를 해산시키려 하자, 흥분한 시민들은 바스티유 감옥을 습격했어요. 정치범들이 수용되는 바스티유 감옥은 프랑스 왕정의 상징이었어요. 1789년 7월 14일, 파리 시민들이 그곳에 갇혀 있던 일곱 명의 죄수를 풀어 주었는데, 이것이 프랑스 혁명의 시작이었어요.

프랑스를 뒤흔든 프랑스 혁명

프랑스 국기는 자유, 평등, 박애를 상징한다.

시민들이 불평등한 신분 제도에 반기를 들면서 시작된 프랑스 혁명은 프랑스의 체제를 뒤흔들었어요. 프랑스 혁명이 일어나자 오스트리아를 중심으로 프로이센, 영국 등이 동맹을 맺고 프랑스를 공격했어요. 시민들은 자발적으로 나서서 동맹군과 싸웠지요. 이때 시민군이 부른 노래가 바로 현재 프랑스 국가인 〈라 마르세예즈〉예요. 동맹군을 물리친 프랑스 시민은 왕정마저 무너뜨리고 프랑스 공화국을 세웠어요.

단두대의 이슬로

루이 16세는 왕비와 아이들을 데리고 오스트리아로 몰래 도망을 치려다가 붙잡혔어요. 그리고 혁명 재판에서 사형 판결을 받아 단두대에서 처형을 당했어요. 마리 앙투아네트는 2년 뒤에 콩코드 광장에서 머리가 잘리는 참수형을 당했답니다.

연관 검색 　프랑스 혁명 이전의 신분 제도

▲ 프랑스 혁명 이전의 신분 제도를 상징적으로 그린 그림.

제1 신분인 성직자와 제2 신분인 귀족은 프랑스 전체 인구의 4퍼센트 정도에 불과했지만, 대부분의 토지를 소유하고 세금 면제 등 많은 특권을 누리고 있었어요. 프랑스 전체 인구의 96퍼센트에 달하는 제3 신분은 시민, 농민, 도시 노동자였어요. 이들은 생활고에 시달리면서도 각종 세금을 모두 부담해야 했지요. 하지만 정치에 참여할 수 없어 불만이 점점 높아졌어요.

새로운 풍속화를 개척한 조선의 천재 화가
김홍도
한국 · 1745년~1806(?)년

뛰어난 제자를 알아본 뛰어난 스승

김홍도의 집안은 중인 계급이었어요. 양반과 양민 사이의 중간 계층인 중인은 주로 상업이나 기술직에 종사했어요. 어린 김홍도는 당시 유명한 화가였던 강세황에게 그림을 배웠어요. 스승은 제자가 그림에 천부적인 재능이 있음을 알아보고 김홍도를 도화서의 화원으로 추천했어요.

↳ 강세황의 71세 때 자화상.

↖ 김홍도가 그렸다고 추측되는 영조 어진.

↗ 김홍도가 그린 호랑이.

1학년 2학기, 〈통합교과 가을〉

길쌈은 실을 내어 옷감을 짜는 과정을 통틀어서 이르는 말로, 가정에서 삼, 누에, 목화 등의 섬유 재료에서 실을 뽑고 가공하여 삼베, 명주, 모시 등을 짜는 기술입니다. 우리 조상들은 음력 7월부터 8월 추석까지 여럿이 함께 길쌈을 하였습니다.

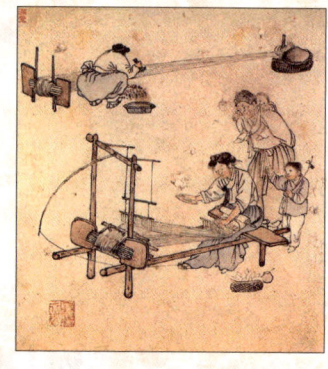

▲ 〈길쌈〉

3학년 1학기, 〈사회〉

상민들이 들에 앉아 점심을 먹는 모습으로, 그림을 통해 옛날의 식생활 모습을 살펴볼 수 있습니다.

▲ 〈점심〉

임금의 초상화는 아무나 그리는 게 아니야

임금님의 초상화를 어진이라고 해요. 어진은 도화서 화원 중에서도 당대 최고의 화원만 그릴 수 있었지요. 김홍도는 영조의 어진을 그렸을 뿐만 아니라 왕세손 이산(정조)의 초상화도 그렸어요. 정조는 김홍도의 재능을 특별히 아껴서 어진을 세 번이나 그리게 했고, 현감 벼슬까지 주었어요. 하지만 김홍도는 벼슬을 사양하고 그림 그리기에만 몰두했답니다.

이전과 다른 새로운 그림

18~19세기는 조선 시대 회화가 가장 눈부시게 꽃을 피운 시기였어요. 물론 김홍도와 같은 걸출한 화가의 활약이 있었기 때문에 가능한 일이었지요. 김홍도의 풍속화는 이전의 그림들과 달랐어요. 우선 김홍도 풍속화의 주인공은 대부분 평범한 백성들이었어요. 임금이나 양반이 아닌 백성들의 평범한 일상을 화폭에 담는다는 것은, 양반 중심이던 조선 시대의 분위기를 생각하면 놀랍고도 새로운 시도였어요. 또 김홍도는 서양의 기법도 과감히 받아들였어요. 먹물의 농도와 명암을 이용해서 원근감을 표현했는데, 이것을 음영법이라고 해요.

《단원풍속도첩》

김홍도가 그린 풍속화 스물다섯 점을 엮어 만든 그림책이에요. 김홍도는 과감하게 배경을 생략하고 인물 중심으로 그림을 그렸어요. 씨름판, 대장간, 서당 같은 장소에서 평범하게 생활하는 백성들의 모습을 익살스럽게 표현했어요.

〈서당〉은 인물들의 생동감 있는 표정을 통해 심리까지 짐작할 수 있는 재미있는 풍속화이다.

3학년 2학기, 〈음악〉

장단에 맞추어 춤추는 사람의 춤사위에서 신명이 느껴지고, 악사들의 모습과 표정에서 연주에 깊이 빠져 있는 것이 느껴집니다.

▲ 〈춤추는 아이〉

4학년 2학기, 〈국어(읽기)〉

김홍도는 조선 후기의 문화를 그림으로 많이 표현하였습니다. 그러나 아쉽게도 그를 특별히 아꼈던 정조의 죽음 이후에는 쓸쓸한 노년을 보내게 되었습니다. 그 뒤, 김홍도가 어떻게 살았고 언제 세상을 떠났는지 자세히 알 수 없지만, 그의 풍속화는 오늘날 높이 평가되고 있습니다.

― 김용란, 〈풍속화의 대가 김홍도〉 중

전지를 처음 개발한 물리학자
알렉산드로 볼타

이탈리아 • 1745년~1827년

세계가 인정한 과학자

알렉산드로 볼타는 이탈리아 북부 코모라는 곳에서 태어나 코모의 왕립 학교를 졸업한 뒤 그곳의 물리학 교수가 되었어요. 이후 전기 화학 분야 발전에 끼친 공로를 인정받아 영국 왕립 학회의 회원이 되는 동시에 코플리 메달을 받고, 프랑스 정부로부터는 레지옹 도뇌르 훈장을 받는 등 갖가지 영예를 누린 과학자랍니다.

갈바니의 '개구리 실험'

볼타는 전기에 관심이 많았어요. 그러던 중 이탈리아의 해부학자인 루이지 갈바니(1737년~1798년)의 개구리 실험에 관심을 갖게 되었어요. 개구리 실험은 해부한 개구리의 근육에 두 종류의 서로 다른 금속이 닿으면 금속으로 인해 전류가 생겨 개구리의 근육이 움직인다는 실험이었어요. 갈바니는 이 실험을 들어 동물의 체내에 전기를 발생시키는 조직이 있다고 주장했지요.

갈바니의 개구리 실험을 그린 그림.

최초의 전지

논쟁을 계속하는 동안 볼타는 다양한 금속의 성질을 연구해 결국 연속으로 전류를 공급할 수 있는 '볼타 전지'를 만들었어요. 볼타 전지는 은판과 아연판 사이에 소금물에 적신 천 조각을 끼운 것을 여러 쌍 겹쳐 쌓고 양끝에 전선을 연결해 전류를 빼낼 수 있는 장치예요. 그의 발명으로 전자기학과 전기 화학이 발전하게 되었지요. 전압을 측정하는 단위인 볼트(V)는 볼타의 업적을 기려 그의 이름을 따서 지어진 것이랍니다.

↖ 볼타 전지.

나폴레옹의 초청을 받은 볼타

1801년에 볼타는 나폴레옹 보나파르트 →120쪽 에게 초청받아 파리를 방문했어요. 볼타는 나폴레옹 앞에서 몇 가지 실험을 보여 주었지요. 이를 보고 만족한 나폴레옹은 볼타에게 메달과 훈장을 주었으며 백작의 작위까지 내렸답니다.

↖ 나폴레옹 앞에서 실험하는 볼타의 모습을 그린 그림.

자극이 된 논쟁

오랜 기간 실험을 한 결과 볼타는 갈바니의 주장이 옳지 않다는 것을 깨달았어요. 전류가 만들어지는 데 생물의 조직은 필요하지 않고, 금속만 있어도 전류가 흐른다고 주장했지요. 볼타의 이런 주장은 곧 논란이 되었고 갈바니의 주장을 지지하는 사람들과 오랫동안 논쟁을 했어요. 이 논쟁은 오히려 볼타에게 좋은 영향을 미쳤어요. 그리고 1800년에 볼타가 전지를 만드는 데 성공함으로써 볼타의 주장이 옳다는 것이 증명되었지요.

↖ 갈바니.

5학년, 〈과학〉

나만의 전지를 만들어 볼까요?

전지를 처음 발명한 사람은 이탈리아의 물리학자 볼타입니다. 볼타는 오랫동안 전기에 대한 연구를 거듭한 끝에 아연판과 은판을 소금물에 넣은 전지를 만들었습니다. 화학 용액에 두 종류의 금속판을 담가 만든 전지가 전기를 연속하여 생산해 낼 수 있게 되자 과학자들은 볼타의 전지 원리를 이용하여 여러 가지 모양의 전지를 만들었습니다. 볼타의 전지 원리를 이용하여 만든 전지를 '볼타 전지'라고 부릅니다. 또, 전지의 규격을 나타내는 볼트(V)는 그의 이름 '볼타(Volta)'에서 온 것입니다.

조선 후기를 대표하는 실학자이자 소설가
박지원
한국 • 1737년~1805년

학문을 즐긴 가난한 선비

박지원은 서울 야동(중구 순화동)에서 박사유의 2남 2녀 중 둘째 아들로 태어났어요. 박지원의 집안은 조선 후기 명문가였지만 대대로 청렴을 중시했기 때문에 가난했어요. 박지원은 어려서 부모를 여의고 할아버지 슬하에서 자랐는데 할아버지 박필균은 대사간을 역임한 강직한 사람이었어요. 할아버지의 청렴한 생활과 강직한 성품은 박지원에게 많은 영향을 미쳤어요. 명예나 벼슬보다 학문이 더 좋았던 박지원은 과거 시험을 포기하고 학자들과 사귀며 자유롭게 학문을 즐겼어요.

청나라, 그곳은 신세계

청나라 정치, 문화의 중심이었던 궁궐 자금성.

1780년에 박지원은 친척 박명원의 사행(외교 사절이 되어 중국에 가는 것)을 따라서 청나라에 갔어요. 그곳에 도착한 박지원은 큰 충격을 받았어요. 그동안 오랑캐라고 무시한 청나라에 조선에는 없는 새로운 학문과 과학 기술, 신기한 물건들이 가득했기 때문이었지요. 그야말로 신세계였어요.

청나라 여행을 기록한 《열하일기》

《열하일기》는 박지원이 청나라에 갔을 때 그곳을 여행하며 기록한 기행문이에요. 《열하일기》의 '열하'는 황제의 별궁이 있는 곳으로, 청나라 문화의 중심지였어요. 이 책에는 중국의 풍물과 지식은 물론, 여러 학자들과 사귀며 알게 된 세계정세가 소개되어 있어요. 또한 이론만 중시하는 조선의 학문을 비판하면서 중국과 조선이 세상의 중심이라고 생각하는 우물 안 개구리 같은 사고방식에서 벗어나야 한다고 주장했어요.

최초의 세계 지도

〈곤여 만국 전도〉는 우리나라에 들어온 최초의 세계 지도예요. 1602년 이탈리아 선교사 마테오 리치가 제작한 것을 1708년, 숙종 시대에 모사(똑같이 베껴 그리기)한 것이에요. 이 지도를 통해 중국이 세상의 중심이라고 생각하던 사람들은 중국 말고도 넓은 세계가 있다는 사실을 알게 되었어요.

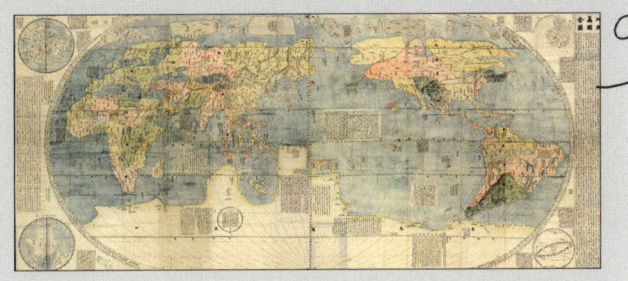

〈곤여 만국 전도〉

연관 검색 조선 후기 사회를 개혁하려던 사람들

정조(1752년~1800년)
조선의 제22대 왕으로, 조선의 정치 개혁을 위해 박지원, 박제가, 이덕무 등 북학파를 등용했어요.

홍대용(1731년~1783년)
청나라에 다녀온 경험을 바탕으로 《의산문답》을 썼어요. 지구가 태양을 돈다는 지동설을 주장하고, 세상엔 중심과 변두리가 따로 없다고 주장했어요.

박제가(1750년~1805년)
박지원의 제자였어요. 첩의 자식이라는 이유로 차별당했으나 정조에게 발탁되어 규장각에서 13년 동안 일했어요. 청나라의 발달된 문물과 좋은 풍속을 소개하는 《북학의》를 썼어요.

백성들에게 도움이 되는 학문

18세기 조선의 유학자들은 이론과 예법을 놓고 논쟁을 벌이며 대립했어요. 정치는 어지럽고 백성들은 점점 더 살기 힘들어졌지요. 그런 와중에 백성들에게 필요한 것이 무엇일까 연구하는 학자들과 이용후생 학문이라고도 하는 실학이 등장했어요. 실학은 실생활에서 잘 쓰이고, 백성들의 삶을 풍족하게 한다는 뜻이지요. 실학자들은 농업을 중시한 중농학파와 상업을 중시한 중상학파로 다시 나뉘어요. 중상학파는 북학파라고도 하는데, 박지원은 이 북학파에 속한 학자였지요.

양반을 비꼰 양반

박지원은 뛰어난 소설가이기도 했어요. 그의 문집인 《연암집》에는 소설만 모아 놓은 〈방경각외전〉이 있어요. 우리에게 잘 알려진 〈허생전〉, 〈호질〉, 〈양반전〉 등 아홉 편의 소설이 실려 있어요. 박지원의 소설에는 양반에 대한 신랄한 비판과 풍자가 담겨 있어요. 기발하고 자유로운 문체로 양반들의 위선을 마음껏 꼬집었지요.

북학파

북학파는 중국 청나라에서 받아들인 발달된 문물을 조선에 적용시켜 유용하게 사용하자는 실학자들을 말해요. 홍대용, 박지원, 박제가 등이 북학파의 중심인물이었어요. 박지원은 수레와 선박을 많이 사용하고, 상업의 발전을 위해 화폐를 유통시키자고 주장했어요.

증기기관으로 산업 혁명을 앞당긴 기술자
제임스 와트
영국 · 1736년~1819년

기계를 척척 만드는 재주꾼

제임스 와트는 스코틀랜드 항구 도시 그리노크에서 태어났어요. 어릴 때부터 수학 공부와 기계 만들기를 좋아했어요. 선박 기술자인 아버지의 작업장에서 선박 제조와 관련된 일들을 배웠고, 직접 기중기와 배럴 오르간 모형을 만들기도 했어요. 열일곱 살이 될 무렵, 실험 도구 제작자가 되기로 결심했지요.

엔진의 효율을 높이는 방법

1757년, 글래스고 대학 안에 실험 기구를 만들고 수리하는 작업실을 열었어요. 당시 글래스고 대학은 뉴커먼이라는 사람이 발명한 '뉴커먼 기관'을 소유하고 있었어요. 뉴커먼 기관은 증기의 열을 이용해 에너지를 만들어 내는 기계인데 사용되는 연료에 비해 움직임이 둔한 것이 단점이었지요. 기계를 살피던 와트는 뉴커먼 기관의 단점을 고칠 수 있는 방법을 생각해 냈어요. 증기 실린더를 독립시켜 증기기관의 효율을 획기적으로 높일 수 있었지요.

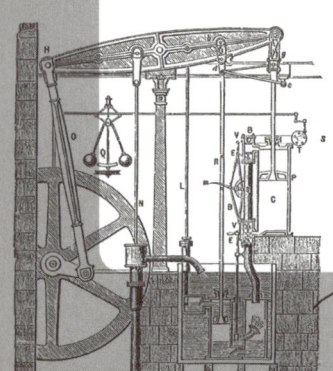

1784년에 와트와 볼턴이 디자인한 증기기관 설계.

대세는 증기기관

최초로 사용된 증기기관은 군사 기술자 토머스 세이버리가 1693년에 발명한 양수 펌프예요. 증기를 압축시켜 발생하는 기압차를 이용해 광산 갱도에서 물을 퍼내는 데 사용했는데 실제로는 큰 도움이 되지 못했어요. 진정한 의미의 증기기관은 1769년에 와트가 발명한 것이에요. 증기와 연료의 손실을 대폭 줄인 와트의 증기기관은 방직, 제철, 석탄 공업에 널리 사용되었어요. 대량 생산이 가능해진 것도 와트가 발명한 증기기관 덕택이었어요.

1848년에 독일에서 특허를 낸 와트의 증기기관.

세상을 바꾼 산업 혁명

프랑스와 미국에서 정치 혁명이 진행되는 동안 섬나라 영국에서는 사회 질서를 송두리째 바꾸는 혁명이 진행되고 있었어요. 소규모 가내 수공업으로 이루어지던 생산 방식이 정교한 기계를 사용하는 대규모 공장제 생산 방식으로 바뀌면서 생산량이 급등하고 자본가와 노동자로 계급이 나뉘었어요. 자본주의 사회가 확립되기에 이르렀는데, 이것이 바로 산업 혁명이랍니다.

스티븐슨의 기관차

대량생산은 교통의 발달을 가져왔어요. 많은 물건을 빠른 시간 안에 먼 거리로 옮겨야 했으니까요. 기관공 조지 스티븐슨은 자신이 발명한 기관차를 개량해 1829년, 90톤이 넘는 열차로 리버풀에서 맨체스터까지 시속 16킬로미터에서 23킬로미터로 달리는 데 성공했어요. 이 기관차의 이름은 '로켓호'였어요.

스티븐슨의 기관차 '로켓호'

돈과 명예를 한손에

증기기관이 유망한 사업이라 생각한 사업가 매튜 볼턴은 와트와 손을 잡고 회사를 설립했어요. 두 사람은 성능을 개선한 증기기관을 내놓았고, 이것으로 큰 부자가 되었어요. 또한 1806년 글래스고 대학교는 학교도 제대로 다니지 않은 와트에게 법학 박사 학위를 주었어요. 증기기관으로 돈과 명예를 한 손에 쥐게 된 것이지요.

연관 검색 전력의 단위, 그 전구 몇 와트지?

소비 전력 100와트처럼 우리가 전력의 단위로 사용하는 와트는 제임스 와트의 이름에서 따온 것이에요. 영국 과학 진흥 협회는 산업 혁명에 지대한 공헌을 한 제임스 와트의 공적을 기려서 일률(단위 시간 동안에 한 일의 양)과 동력(전기 또는 자연에 있는 에너지를 기계 에너지로 바꾼 것)의 단위를 와트라고 이름 지었어요. 이것이 1960년 제11차 도량형 총회에서 국제적인 단위로 채택됨으로써 전 세계인이 공통적으로 와트를 사용하게 된 것이에요.

미국 독립을 이끈 미국 건국의 아버지
조지 워싱턴 　미국・1732년~1799년

의지의 사나이

워싱턴의 집안은 영국에서 미국 버지니아 주로 이주한 이민자 집안이에요. 증조할아버지가 미국으로 이주해 땅을 개간하고 철광을 개발해서 부자가 되었지요. 하지만 워싱턴은 둘째 부인의 아들이었기 때문에 재산을 물려받지 못했어요. 게다가 교육에 관심이 없던 어머니 탓에 초등학교도 겨우 졸업했답니다. 워싱턴은 담배 재배나 가축 사육 등의 일을 하면서 측량 기술을 배우다, 프랑스와의 전쟁에 영국 군인으로 참여해 버지니아 주의 의원이 되었어요.

↳ 워싱턴이 태어난 집.

기회의 땅, 식민지 아메리카

지금 우리가 미국이라 부르는 곳은 영국의 식민지였어요. 1620년 9월, 청교도를 태운 메이플라워호가 보스턴 항구에 도착한 이후 식민지 미국은 자유와 기회의 땅으로 생각되었어요. 많은 영국인이 미국에 정착해 거대한 농장을 운영하거나 활발한 상업 활동을 하면서 힘을 키웠어요.

대륙의 총사령관이 되다!

보스턴 차 사건을 계기로 미국 13개 주 대표들은 미국의 독립을 위해 싸우기로 결의했어요. 버지니아 주 대표였던 워싱턴이 총사령관으로 선출되었지요. 대륙군은 규모와 무기 등에서 영국군에 비교가 되지 않았어요. 하지만 물러서지 않았고 전쟁은 8년이나 계속되었어요. 유럽 국가들이 영국을 꺾기 위해 미국을 지원하면서 독립 전쟁은 미국의 승리로 막을 내렸어요.

영국의 횡포에 폭발한 상인들

영국은 더 많은 이익을 얻기 위해 미국의 무역국을 영국으로 제한하고, 각종 세금을 거뒀어요. 그러자 미국 전역에서 영국의 횡포에 대항하는 거센 반대 시위가 일어났지요. 당황한 영국은 한발 물러서서 차에만 세금을 매겼어요. 그러자 분개한 차 업자들이 보스턴 항에 들어와 있던 영국 상선을 공격해 배에 실려 있던 차를 바닷속으로 던졌는데, 이 일이 바로 보스턴 차 사건이랍니다.

↳ 1773년에 일어난 보스턴 차 사건.

내 몸에 남아 있는 모든 피를 조국에 바치겠다.

↳ 워싱턴의 얼굴이 새겨진 미국의 1달러 지폐.

국민이 직접 뽑은 미합중국 초대 대통령

독립을 쟁취한 뒤 13개의 주는 미합중국이라는 하나의 국가로 통합되었어요. 그리고 1789년 4월 30일, 독립 전쟁의 영웅 워싱턴이 미국의 초대 대통령으로 취임했어요. 세계사에서 최초로 국민이 직접 뽑은 대표가

국회의사당 기도의 방 창문에는 워싱턴이 기도하는 모습이 스테인드글라스로 그려져 있다.

국가 원수가 된 것이에요. 두 번의 임기를 마친 워싱턴은 존 애덤스에게 제2대 대통령의 자리를 물려주고 고향으로 돌아갔어요. 떠나야 할 때 떠나는 지도자의 모습을 보여 줌으로써 오늘날까지도 많은 미국인의 존경을 받고 있답니다.

연관 검색 　미국 독립 선언문

미국 독립의 이유와 정신을 대외적으로 알린 선언문이에요. 계몽주의 사상가인 존 로크의 사상에 근거해서 국민의 인권과 자유는 하늘이 내린 권리임을 밝혔어요.

우리는 다음과 같은 것을 자명한 진리라고 생각한다.
즉, 모든 사람은 평등하게 태어났고,
조물주는 몇 개의 양도할 수 없는 권리를 부여하였으며,
그 권리 중에는 생명과 자유와 행복의 추구가 있다.

– 미국 독립 선언문 중

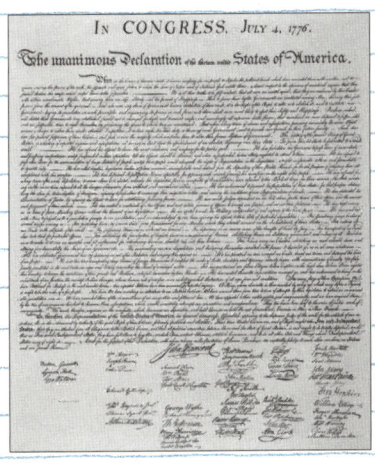

▲ 미국의 독립 선언문.

고유의 화풍을 개척한 화가
정선  한국 · 1676년~1759년

고유한 화풍을 개척하다

정선은 가난한 양반 가문 출신으로 40대 이후에 관직에 나아갔어요. 조선을 대표하는 화가로 손꼽히는 김홍도 →130쪽 와 신윤복 →124쪽 처럼 도화서의 화원 출신이었다는 이야기도 있는데, 40세 이전의 경력에 대해서는 확실한 자료가 남아 있지 않답니다. 정선은 그림에 대한 재능과 열정이 있던 사람이었어요. 그리고 결국 '진경산수화'라는 고유의 화풍을 개척하기에 이르렀지요.

진경산수화의 대가

정선이 개척한 진경산수화는 다른 그림을 모방해 그리는 그림이 아니라, 조선의 산천을 직접 답사하고 그것을 소재로 그린 산수화라는 뜻이에요. 중국의 산천을 모방하지 않고 조선의 산천을 그렸다는 것은 그만큼 조선의 산천에 애정과 자부심이 있었다는 뜻이지요. 진경산수화는 18세기 조선에서 크게 유행했고, 오늘날 정선은 진경산수화의 대가로 평가받고 있어요.

모란을 감상하는 선비

정선의 그림 중에 정선의 모습을 엿볼 수 있는 그림이 있어요. 〈독서여가〉라는 그림을 보면, 한손에 부채를 들고 툇마루에 나와 앉아 화분에 핀 모란을 감상하는 선비의 모습이 담겨 있어요. 선비의 뒤로는 깔끔하게 정리된 책과 향나무가 풍부한 색채로 충실하게 묘사되어 있고요. 청빈하고 여유 있는 정선의 모습을 짐작할 수 있는 그림이에요.

웅장하게 표현한 인왕산의 풍경

정선의 집은 인왕산에 위치해 있었어요. 그래서인지 정선의 작품 중에는 〈인곡유거〉와 〈인왕제색도〉처럼 인왕산과 그 주변 풍경을 담은 작품이 많아요. 특히 〈인왕제색도〉는 정선이 일흔여섯 살 되던 해에 그린 그림으로, 비가 온 뒤 안개가 피어오르는 인왕산의 모습을 생생하게 표현한 산수화이지요. 웅장한 인왕산의 풍경 속에서 정선의 개성과 힘이 느껴지는 작품이에요. 1984년에 국보 제216호로 지정되었어요.

〈인왕제색도〉

힘차게 표현한 금강산의 풍경

〈금강전도〉

정선은 1711년, 서른여섯 살 되던 해에 금강산을 여행했어요. 그 다음 해에도 금강산 여행을 다녀왔지요. 그리고 〈금강전도〉라는 금강산 그림을 남겼어요. 〈금강전도〉는 〈인왕제색도〉와 함께 정선의 대표작으로 꼽히는 그림이에요. 금강산의 수많은 봉우리를 우람하고 힘차게 표현했지요. 1984년에 국보 제217호로 지정되었어요.

6학년, 〈미술〉

〈인왕제색도(종이에 수묵 | 79.2×138.2 | 조선 후기), 정선(1676~1759) | 한국)〉

비가 온 뒤 안개가 피어오르는 인왕산의 모습을 직접 보고 받은 인상을 그림으로 실감나게 표현하였습니다. 과감한 운필로 바위를 표현하고 주변을 담묵으로 표현해 대비의 효과를 잘 살렸습니다.

*운필 : 글씨를 쓰거나 그림을 그리기 위해 붓을 움직임.
*담묵 : 동양화에서 사용하는 묽은 먹물.

만유인력을 발견한 천재 과학자
아이작 뉴턴
영국 • 1642년~1727년

미숙아로 태어난 내성적인 아이

아이작 뉴턴은 영국 링컨셔 주 울즈소프에서 태어났어요. 몸무게가 2킬로그램도 안 되는 미숙아였다고 해요. 아버지는 뉴턴이 태어나기도 전에 세상을 떠났고 어머니는 재혼을 해서 뉴턴은 할머니 손에서 자랐어요. 성격이 내성적인 탓에 친구들과 어울리지 못하고 혼자 그림을 그리거나 물레방아 같은 기계를 만들면서 놀았어요.

떨어지는 사과를 보고 발견한 만유인력

1665년과 1666년은 '기적의 해'라고 불려요. 이 기간 동안 뉴턴이 아주 놀라운 발견을 했기 때문이지요. 그 중의 하나가 중력의 법칙이에요. 케임브리지 대학의 학생이었던 뉴턴은 사과가 나무에서 떨어지는 것을 보고 중력의 법칙을 발견했어요. 중력은 크기와 상관없이 질량을 가진 모든 물체에 작용하는 힘이기 때문에 만유인력이라고도 해요. 사람이 하늘을 날아다니지 않고 땅을 걸어 다니는 것도 만유인력 때문이지요.

만약 내가 더 멀리 볼 수 있었다면, 그것은 바로 거인들의 어깨 위에 올라섰기 때문이다.

뉴턴의 반사 망원경.

세상을 깜짝 놀라게 한 책

1687년에는 세상을 깜짝 놀라게 만든 책이 발표되었어요. 뉴턴의 《자연 철학의 수학적 원리(프린키피아)》가 바로 그것이에요. 이 책에는 뉴턴이 발견한 세 가지 법칙, 즉 '관성의 법칙', '운동의 법칙', '작용-반작용의 법칙'과 만유인력, 천체의 운동에 관한 내용 등이 담겨 있어요. 우주의 원리를 밝힌 이 책은 출간되자마자 화제를 불러일으켰어요.

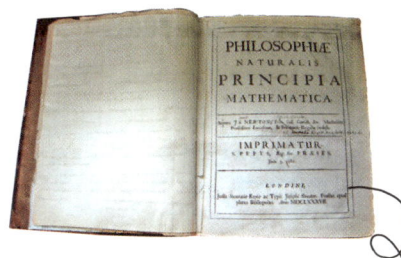

《자연 철학의 수학적 원리》 복사본.

빛의 연구

뉴턴이 살던 당시의 사람들은 빛을 그저 흰색이라고 생각했어요. 그 생각을 깨뜨린 사람이 뉴턴이었지요. 뉴턴에 의하면 빛은 파동인 동시에 입자이며, 무지개와 같은 여러 가지 색의 혼합체예요.

최초의 반사 망원경

뉴턴은 기존의 굴절 망원경으로는 정확한 천체 관측을 할 수 없다는 것을 깨닫고 오목 거울을 이용한 반사 망원경을 만들었어요. 뉴턴이 발명한 반사 망원경은 오늘날 천체 관측에 이용되는 망원경의 원형이 되었어요.

라이프니츠와의 미적분 논쟁

라이프니츠.

1675년에 독일의 수학자 고트프리트 빌헬름 라이프니츠(1646년~1716년)는 미적분법을 발표했어요. 이것을 본 뉴턴은 라이프니츠가 자신의 생각을 훔쳤다고 주장했어요. 뉴턴은 이미 기적의 해에 미적분법을 생각해 냈고, 이것을 스승에게 보여 주었어요. 하지만 뉴턴이 이 연구를 세상에 공개적으로 발표하지 않았기 때문에 라이프니츠가 처음 발표한 사람이 된 거예요. 뉴턴의 주장에 라이프니츠는 크게 반발했고, 두 사람의 논쟁은 급기야 영국과 독일의 논쟁으로까지 번졌어요. 수학 역사 상 가장 큰 논쟁이었던 미적분 논쟁은 라이프니츠가 세상을 떠난 후에야 끝이 났답니다.

기사가 된 최초의 과학자

뉴턴의 무덤.

뉴턴은 연구밖에 모르는 사람이었어요. 대학 교수 시절엔 밥 먹고 잠자는 시간도 아까워했고, 수업도 제대로 하지 않았다고 해요. 결혼도 하지 않았고 자식도 두지 않았어요. 과학 연구에 평생을 바친 뉴턴은 영국에서 기사 작위를 받은 최초의 과학자가 되었어요. 그의 유해는 영국을 대표하는 위대한 사람들이 묻힌 웨스트민스터 사원에 있답니다.

연관 검색 운동의 법칙

제1 법칙 : 관성
모든 물체는 외부의 힘이 가해져서 상태가 변화되지 않는 한 정지 상태이던가 아니면 직선 운동 상태예요. 정지해 있는 물체는 계속해서 정지해 있으려 하고, 운동하고 있는 물체는 계속해서 일정한 속력으로 운동하려고 해요.

제2 법칙 : 힘과 가속도
물체의 운동 상태는 작용하는 힘의 크기와 방향에 따라 변해요. 물체에 힘이 작용하면 물체는 그 힘에 비례해서 가속도를 갖게 되지요. ($F=m \times a$)

제3 법칙 : 작용 반작용
밀고 당기는 힘은 두 물체 사이에 일어나는 상호 작용이에요. 두 물체가 서로 밀 때, 두 물체가 서로에게 작용하는 힘의 크기는 같지만 방향은 반대가 돼요.

실험의 중요성을 강조한 화학의 아버지
로버트 보일 영국 • 1627년~1691년

인간에게 유용한 과학을 위해

로버트 보일은 아일랜드의 귀족 집안에서 태어났어요. 10대 시절에 프랑스·이탈리아 등지를 여행하다가 갈릴레오 갈릴레이 →148쪽 의 책을 읽고 과학에 눈을 떴지요. 그리고 과학이 인간의 생활에 유용해야 한다는 생각을 하게 되었어요. 여행에서 돌아온 보일은 자신의 돈을 들여 실험실을 만들고 의학과 화학 실험을 시작했어요.

실험을 바탕으로 하는 화학

보일이 살던 당시에는 자연을 추상적인 사고만으로 파악하려는 사람들이 많았어요. 보일은 이런 경향을 비판하면서 실험을 바탕으로 자연에 대한 사실을 파악해야 한다고 주장했지요. 보일은 불과 공기를 구성하는 요소를 알아내기 위해 화학 반응을 살펴보는 실험을 계속했어요. 그리고 불이 입자로 되어 있다는 사실을 밝혀냈지요. 이런 실험 결과를 모아 《생리학 에세이》를 발표하면서 화학을 하나의 학문으로 인정하고, 과학으로서의 화학을 개척해야 한다고 주장했어요. 결국 보일의 공로로 화학은 의학에서 분리되어 하나의 독립된 학문이 되었지요.

보일의 법칙

보일의 공기 펌프.

1659년, 보일은 물리학자 로버트 훅의 도움을 받아 기존의 공기 펌프보다 향상된 공기 펌프를 개발했어요. 이 기계를 이용해 '기체의 양과 온도가 일정하면, 압력(P)과 부피(V)는 서로 반비례한다.'는 사실을 증명했어요. 즉, 압력을 2배, 3배, 4배로 증가시키면 기체의 부피는 $\frac{1}{2}$배, $\frac{1}{3}$배, $\frac{1}{4}$배로 줄어든다는 거예요. 이것이 바로 '보일의 법칙'이랍니다.

압력이 2배면 부피가 반으로 준다.

왕립학회를 만들다

보일은 아이작 뉴턴 →142쪽, 로버트 훅 등과 함께 1660년에 왕립학회를 만들었어요. 그리고 1680년에는 왕립학회의 회장이 되었어요. 로열소사이어티, 왕립협회라고도 하는 이 학회는 오늘날까지도 역사와 전통이 이어지고 있어요. 과학의 발전을 이끌고 전 세계의 연구 성과를 교류하는 일에 앞장서고 있지요. 영국 과학의 중심 기관이면서 국제적인 과학 기관이라 할 수 있어요. 분야에 따라 코플리 상, 데이비 상, 휴스 상 등 11개의 명예상을 수여한답니다.

런던에 있는 왕립학회 건물.

6학년 1학기, 〈과학〉

지시약은 누가 처음 발견하였을까요?

지시약을 처음 발견한 사람은 영국의 과학자 로버트 보일입니다. 보일은 실험실에서 황산이라는 산성 물질을 만들기 위한 실험을 하고 있었습니다. 그런데 옆에 놓여 있던 제비꽃에서 연기가 나는 것을 우연히 보게 되었습니다. 보일은 황산이 제비꽃에 묻어 연기가 나는 것으로 생각하고, 황산을 씻어내기 위해 비커에 물을 부어 제비꽃을 담가 두었습니다. 잠시 후 보일은 비커에 담가 두었던 색깔이 보라색에서 빨간색으로 변한 것을 보고, 다른 산성 용액을 제비꽃에 떨어뜨려 보았습니다. 보일은 제비꽃의 색이 변한 것을 확인한 다음, 제비꽃에서 색소를 추출하여 용액을 분류할 수 있는 지시약을 만들었습니다. 또한 보일은 여러 가지 약초, 튤립, 배꽃, 리트머스 이끼 등을 이용하여 똑같은 실험을 하였습니다. 우리가 실험에 사용하는 리트머스 종이는 보일이 실험했던 리트머스 이끼를 이용하여 만들어 낸 지시약입니다.

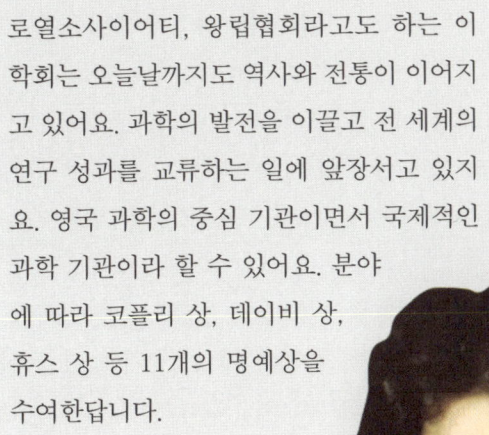

세계 최고의 시인이자 극작가
윌리엄 셰익스피어
영국 · 1564년~1616년

"사느냐, 죽느냐, 그것이 문제로다."

셰익스피어가 가공의 인물?

셰익스피어는 잉글랜드 중부에 위치한 작은 강변 마을에서 태어났어요. 아버지는 장갑 제조업자였다고 해요. 열여덟 살에 여덟 살 연상의 앤 해서웨이와 결혼해 딸 수재너, 쌍둥이 남매 햄닛과 주디스를 낳았고요. 그 외에는 알려진 것이 거의 없어요. 세계에서 가장 유명한 극작가라는 명성에 비해 알려진 사실이 너무 없어서 셰익스피어가 가공의 인물일지 모른다는 추측도 있답니다.

귀고리를 한 남자

1623년, 셰익스피어의 희곡 18편이 실려 있는 작품집이 출간되었어요. 이 작품집엔 한 남자의 초상화가 실려 있었지요. 콧수염을 기르고 귀고리를 하고 있는 이 남자가 바로 세계 최고의 극작가 셰익스피어랍니다.

셰익스피어의 작품집 표지.

걸작 제조기

지금까지 셰익스피어가 쓴 것으로 확인된 작품은 희곡 37편, 소네트 154편, 서사시 2편 등이 있어요. 희곡은 희극과 비극, 낭만극으로 나뉘는데, 비극에 해당하는 〈햄릿〉, 〈오델로〉, 〈리어왕〉, 〈맥베스〉는 작품성이 뛰어나 셰익스피어의 '4대 비극'이라고 불린답니다.

〈맥베스〉의 한 장면을 그린 그림.

언어의 마술사

셰익스피어는 자신의 작품에 약 2만 개의 단어를 사용했어요. 그런데 이중 10퍼센트는 이전에는 없던 새로운 단어였다고 해요. 혈육(flash and blood), 반칙(foul play) 같은 단어는 셰익스피어가 만든 신조어였어요. 언어의 마술사 셰익스피어가 영어의 새 장을 열었다고 할 수 있지요.

엘리자베스 1세 시대

헨리 8세와 앤 불린의 딸 엘리자베스 1세는 왕이 되자 화폐를 통일하고 동인도 회사를 설립해서 해상 제국으로 성장할 토대를 마련했어요. 이 시기는 '영국의 르네상스'라고 불릴 정도로 문화면에서도 꽃을 피웠어요. 셰익스피어를 포함해 베이컨, 스펜서 등 유명한 작가와 철학자가 이 시기에 활동한 사람들이에요.

엘리자베스 1세.

인도와 셰익스피어 둘 중에 하나를 포기하라면?

이 질문에 대해 영국의 유명한 역사학자 토마스 칼라일(1795년~1881년)은 이렇게 말했어요.

"우리는 이렇게 말해야 하지 않겠습니까? 인도야 있든 없든 상관없으나, 셰익스피어가 없이는 살 수 없다고 말입니다! 어쨌든 인도 제국은 언젠가는 잃게 될 것입니다. 그러나 셰익스피어는 결코 사라지지 않습니다. 그는 영원히 우리와 함께 있습니다. 우리는 셰익스피어를 포기할 수 없습니다."

셰익스피어의 무덤.

6학년 2학기, 〈국어(읽기)〉

관련교과

문학과 삶

〈로미오와 줄리엣〉이 재미있게 읽히는 까닭 중에 하나는 적대적인 가문의 두 남녀가 집안의 반대를 무릅쓰고 사랑하게 된다는 사건의 갈등에서 비롯된다고 할 수 있지요.

* 갈등
칡과 등나무가 서로 얽히는 상태를 의미하는 말이에요. 문학 작품에서 갈등은 등장인물들 사이에 일어나는 대립을 뜻하거나 등장인물과 환경 사이의 모순과 대립을 뜻해요. 갈등은 사건 전개에 긴장감을 더하고, 필연성을 부여해 이야기를 더욱 흥미롭게 만들어요.

근세 물리학의 아버지
갈릴레오 갈릴레이

이탈리아 • 1564년~1642년

의사보다는 과학자가 되고 싶어

갈리레오 갈릴레이는 이탈리아 피사에서 음악가인 빈센초 갈릴레이의 아들로 태어났어요. 아버지는 아들을 의사로 만들고 싶어 했지만 갈릴레이는 자연 과학에 관심이 더 많았어요. 장래 문제로 아버지와 마찰을 겪던 갈릴레이는 너무 괴로운 나머지 강에 뛰어들려고 아르노 강으로 갔어요. 하지만 그곳에서 마음을 바꾸었어요. 이대로 죽을 바에야, 죽을 각오로 수학을 공부하겠다고 생각한 것이지요.

하늘의 별을 관측하는 망원경 발명

1609년 네덜란드에서 멀리 있는 물체를 가까이 보이게 해 주는 쌍안경이 발명되었다는 소식을 들은 갈릴레이는 망원경 제작에 착수했어요. 그리고 네덜란드 망원경보다 30배율이나 높은 망원경을 발명했지요. 이후 맨 눈으로는 도저히 볼 수 없었던 먼 우주의 별들을 관찰할 수 있게 되었어요.

목성에 네 개의 위성이 있네

1610년 베네치아에서 출간된 《시데레우스 눈치우스(별의 사자)》에는 갈릴레이가 망원경으로 관측한 놀라운 사실들이 기록되어 있었어요. 갈릴레이는 목성 주위에 네 개의 위성이 돌고 있다는 사실을 발견했어요. 이 위성은 오늘날 '갈릴레이 위성'으로 불려요. 또 은하수가 무수한 별들의 모임이라는 것과 금성의 모양이 달처럼 변한다는 것, 그리고 태양의 흑점도 관측했어요. 이 책으로 갈릴레이는 아주 유명해졌지요.

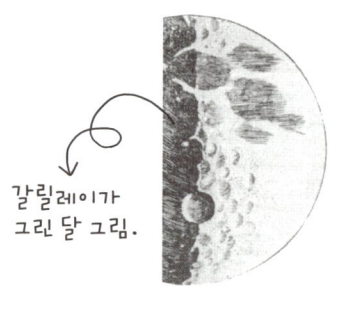
갈릴레이가 그린 달 그림.

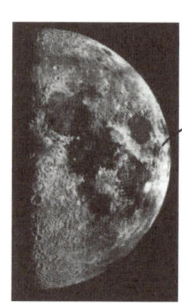
달의 실제 사진.

갈릴레이의 망원경.

종교 재판에서 굴욕적인 맹세

1632년 갈릴레이는 코페르니쿠스의 지동설을 증명하는 《두 개의 주요한 우주 체계에 관한 대화》라는 책을 펴냈어요. 하지만 이 책으로 갈릴레이는 종교 재판에 서게 되었지요. 지동설을 옹호한 죄로 유죄 판결을 받은 갈릴레이에게 재판관은 주장을 철회하면 죄를 용서해 주겠다고 했어요. 갈릴레이는 어쩔 수 없이 천동설이 옳다는 서약서에 서명을 했지요.

로마 종교 재판소에 선 갈릴레이를 그린 그림.

인기가 된 금서

교황청은 갈릴레이의 굴욕적인 맹세를 사람들에게 알리고, 갈릴레이의 책을 가지고 있는 사람은 종교 재판관에게 제출하라는 명령을 내렸어요. 교황청이 갈릴레이의 책을 금서로 지정하자 호기심이 생긴 사람들은 너도나도 앞다투어 갈릴레이의 책을 손에 넣으려고 했어요. 이듬해 《두 개의 주요한 우주 체계에 관한 대화》의 책값은 원래 가격의 10배 넘게 올랐어요.

목성의 위성을 관찰하고 갈릴레이가 처음으로 쓴 메모.

물리학의 아버지

갈릴레이는 머릿속으로만 연구를 한 것이 아니라 직접 실험하고, 법칙을 세우고, 검증하는 연구를 추구했어요. 과학적인 방법으로 연구했기 때문에 근대적인 의미의 물리학은 갈릴레이에서 시작되었다고 평가받기도 하지요. 그가 발견한 여러 법칙은 뉴턴에게 전해져 물리학이 발전하는 데 커다란 공헌을 했답니다.

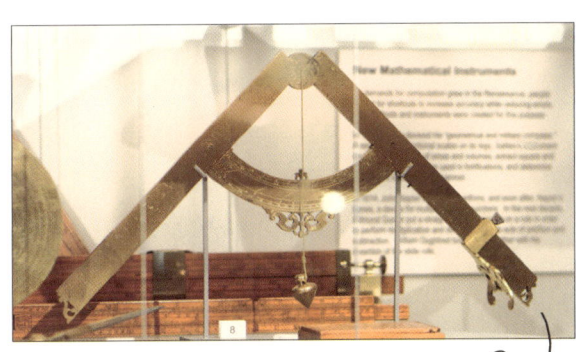

갈릴레이가 사용한 컴퍼스.

350여 년 만의 명예 회복

1979년, 교황 요한 바오로 2세는 특별위원회를 소집했어요. 로마 가톨릭교회가 갈릴레이에게 유죄를 선고한 것이 실수였다고 생각했기 때문이에요. 회의 끝에 특별위원회는 1992년 10월 31일, 로마 교황청의 갈릴레이 재판이 잘못되었음을 인정하고 갈릴레이의 복권을 선언했어요. 350여 년 만의 명예 회복이었지요.

5학년 1학기, 〈과학〉

천체 망원경으로 달 표면을 관찰하여 볼까요?

옛날에는 많은 사람들이 달을 포함한 천체를 매끈한 공 모양이라고 생각하였습니다. 그러나 1609년 갈릴레이는 망원경을 만들어 달 표면이 매끄럽지 않고 울퉁불퉁하다는 것을 관찰하였습니다.

임진왜란에서 나라를 구한 영웅
이순신
한국 • 1545년~1598년

포기하지 않아!

이순신은 스물일곱 살에 무관 시험을 보던 중 달리던 말에서 떨어지는 사고를 당했어요. 그 바람에 왼쪽 다리에 부상을 입고 말았지요. 하지만 이순신은 포기하지 않았어요. 버드나무 껍질을 벗겨 다친 다리를 싸매고 시험을 마쳤어요. 결과는 낙방이었지만 도전을 멈추지 않았고 결국 서른한 살에 급제에 성공해서 조선의 무관이 되었어요.

임진왜란의 발발

1592년 4월 13일, 일본군이 부산포를 침략했어요. 미처 대비를 하지 못한 조선군은 속수무책으로 일본군에게 당했어요. 전쟁이 시작된 지 보름 만에 서울이 함락되자, 선조 임금은 궁궐을 버리고 의주로 피난을 떠났어요. 임진왜란에 이은 정유재란까지 무려 7년에 걸친 전쟁으로 조선의 국토와 백성들의 삶은 처참하게 파괴되어 갔어요.

부산진 전투를 그린 〈부산진 순절도〉

수군의 힘을 기르자

전라좌도 수군절도사가 된 이순신은 일본의 정세가 심상치 않음을 파악하고 수군의 힘을 길렀어요. 수군을 훈련시키는 것은 물론 거북선도 개발했지요. 1592년 7월 8일, 이순신은 일본 수군을 한산도 앞바다로 끌어들였어요. 조선 수군은 물에서도 쓰기 힘든 '학익진 전술(학 모양의 진법)'을 사용해 일본 수군을 크게 무찔렀어요. 이것이 바로 한산 대첩이에요.

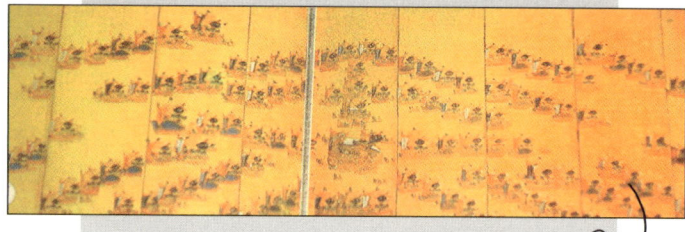

이순신의 학익진을 묘사한 〈수조 병풍도〉

4학년 2학기, 〈국어(듣기 말하기 쓰기)〉

연에서 찾은 이야기

임진왜란 때 충무공 이순신 장군이 병사들에게 지시와 명령을 하는 수단으로 연을 이용하였다는 이야기가 전하여 온다. 삼도 수군통제사로 통영에 있던 이순신 장군은 왜적이 쳐들어올 때 흩어져 있는 군사들에게 모이는 곳을 알리기 위하여 연을 날렸다고 한다. 예를 들면, 삼봉산의 모양이 있는 연(삼봉산 연)을 날리면 모든 군사는 삼봉산에 모였다고 한다. 이 삼봉산연은 오늘날까지 통영 지방에 전하여지고 있다.

백의종군

1587년 1월에 선조는 일본이 대군을 이끌고 온다는 정보를 듣고 이순신에게 부산포로 진격해서 적의 수군을 무찌르라고 명했어요.

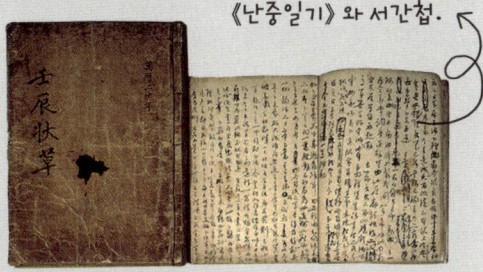

《난중일기》와 서간첩.

하지만 이순신은 그것이 왜군의 속임수임을 알아차리고 전투에 나서지 않았지요. 이 일로 임금의 명을 어긴 역적으로 몰려 심한 고문을 당했어요. 우의정 정탁의 변호로 겨우 죽음을 면하고, 이후 백의종군(벼슬 없이 군인으로 복무)했어요.

기적 같은 승리

잠시 멈춘 전쟁은 정유년(1597년)에 다시 시작되었어요. 이것을 정유재란이라고 해요. 이순신의 후임으로 임명된 원균이 칠천량 해전에서 크게 패하자 선조는 이순신을 다시 수군통제사로 임명했어요. 왜군이 133척의 함선을 이끌고 명량으로 공격해 오자 이순신은 13척의 함선을 이끌고 나갔어요. 영화 〈명량〉에서는 '330척에 맞선 12척의 배'라고 했지만 학자들은 조선군의 배 13척, 왜군의 배 133척으로 보고 있어요. 명량은 소용돌이치며 흐르는 물살 소리가 마치 우는 소리 같다 해서 '울돌목'이라고도 불리는 곳이었지요. 1597년 9월 16일, 이순신은 이곳에서 13척으로 133척의 일본군을 무찌르는 기적 같은 승리를 거두었어요.

왜교성 전투와 노량 해전을 그린 병풍.

바다로 돌아간 영웅

이순신은 스물세 차례나 되는 크고 작은 전투에서 모두 승리한 명장이었어요. 그의 마지막 전투는 1598년 노량 해전이었어요. 조선 수군은 명나라 수군과 협공해 일본군에게 대승을 거두었어요. 이때 전투를 지휘하던 이순신이 적군의 유탄을 맞았지요. 임진왜란에서 나라를 구한 영웅은 그렇게 바다에서 생을 마쳤답니다.

거북선 모형.

조선의 대학자이자 뛰어난 정치가
이이
한국 • 1536년~1584년

시험만 보면 수석을 하는 천재

이이는 외가인 강원도 강릉에서 태어났어요. 어릴 때부터 이미 신동으로 유명했고, 열세 살에 과거 시험의 1차 관문인 진사시에 합격했어요. 그 후 아홉 번에 걸친 과거 시험에서 모두 장원(수석)을 차지했기 때문에 '구도 장원공'이라 불렸어요.

뛰어난 예술가였던 어머니

이이의 어머니 신사임당(1504년~1551년)은 경전과 역사에 대한 지식이 많았을 뿐만 아니라 시문을 짓고 그림을 그리는 솜씨도 무척 뛰어났어요. 이이가 열아홉 살에 신사임당이 세상을 떠나자 그 충격으로 절에 들어가기도 했어요.

조선은 수리가 필요해

당시 조선은 문제가 많았어요. 정치에 나선 사람들은 당파를 나누어 서로 싸우기 바빴고, 백성들은 자연재해 때문에 먹고살기 어려울 정도로 궁핍해졌어요. 이이는 오래된 집을 유지하려면 유능한 기술자를 시켜 기둥을 갈고 수리해야 하듯이 국가도 시대에 맞게 제도를 고쳐야 한다고 주장했어요. 이것을 '경장'이라고 해요.

이이가 태어난 곳인 오죽헌.

신사임당, 〈초충도〉

이이의 어머니 신사임당.

조선의 양대 학파

이황의 학문은 유성룡, 김성일, 정구 등에게 이어져 영남학파를 이루었어요. 반면 이이의 학문은 기호학파로 이어졌지요. 두 학파의 원조라 할 수 있는 이황과 이이는 의견이 달라도 상대를 비난하거나 대립하지 않았어요. 그러나 조선 시대의 양대 학파로 성장한 영남학파와 기호학파는 학문적인 입장은 물론 정치적인 입장에서도 달라, 크게 대립했어요. 이황이 세상을 떠난 후 이이는 당파 싸움을 말리려고 했답니다.

이황과 이이

이이의 위패를 모신 자운 서원.

율곡 이이와 퇴계 이황은 16세기를 대표하는 사림이에요. 사람의 본성을 무엇으로 보느냐에 대한 견해는 달랐지만 성리학을 탐구하는 열정은 서로 통했어요. 이황이 성리학의 사상을 완벽하게 이해했다면 이이는 이황이 이룩한 학문적 성취를 더욱 성숙하게 발전시켰다고 할 수 있지요.

연관 검색: 지폐 속 우리나라 위인

▲ 천 원 : 이황

▲ 오천 원 : 이이

▲ 만 원 : 세종 대왕

▲ 오만 원 : 신사임당

조선의 성리학을 발전시킨 동방의 주자
이황 한국·1501년~1570년

홀어머니 밑에서 잘 자란 아이

이황은 경상북도 예안(지금의 안동)에서 태어났어요. 아버지는 이황이 태어난 지 7개월 만에 부인과 일곱 명의 자식을 두고 세상을 떠났어요. 서른세 살에 과부가 된 그의 어머니는 농사와 양잠으로 아이들을 키우며 엄하게 가르쳤어요. 어머니의 가르침 아래에서 이황은 다른 사람을 배려하고, 어른을 공경하고, 학문을 좋아하는 아이로 자랐지요.

인재를 키운 도산 서원

명종은 고향으로 내려간 이황을 70여 차례나 불러들여 관직을 주려 했으나 이황은 이를 번번이 사양했어요. 이황은 고향에 도산 서당을 짓고 그곳에서 학문을 연구하며 제자를 가르쳤어요. 도산 서당은 훗날 조선 시대의 대표적인 서원인 도산 서원이 되었답니다.

정치가보다 학자

→ 주자.

이황은 서른네 살에 과거에 급제해 관리가 되었지만 십여 년 뒤 관직을 버리고 고향인 안동으로 내려갔어요. 학문 탐구를 위해서였지요. 서울에 있을 때 《주자전서(주자의 시문을 엮은 책)》를 읽은 뒤부터 성리학에 몰두하기 시작했어요. 성리학은 중국의 유학자 주자가 집대성한 학문이에요. 이후 이황은 성리학에 관한 다양한 저술을 내놓으면서 명성이 높아졌어요. 그에게 가르침을 받으려는 선비들이 사방에서 모여들었어요.

서원의 변화

서원은 조선 중기 이후에 성현들에게 제사하고 인재를 키우기 위해 전국 곳곳에 세워진 교육 기관이에요. 우리나라 최초의 서원은 1543년에 주세붕이 세운 백운동 서원이지요. 이황은 자기 수양 공간인 서원이 각지에 보급될 수 있게 노력하기도 했어요. 초기에는 서원이 많은 인재를 길러 내며 학문과 정치의 발전을 이끌었으나 점차 당파와 연결되어 이익 집단으로 성격이 변했어요.

백운동 서원은 고려의 유학자 안향의 위패를 모셨다.

조선을 움직인 사림

조선 시대에는 성리학을 공부하고 실천하는 사람들을 선비라고 했어요. 이런 선비들을 아울러 사림이라고 불렀지요. 사림들은 성리학의 이념을 실현하기 위해 관료가 되어 직접 정치에 참여했어요. 이황은 사림의 정치 활동에 대한 이론과 논리를 마련했다고 할 수 있어요.

안동 도산 서원.

기대승과의 논쟁

쉰아홉 살의 이황은 서른세 살의 기대승과 편지를 주고받으며 학문에 대해 논쟁을 벌이기도 했어요. 논쟁을 거치는 과정에서 이황은 자신의 의견을 차분히 설명하면서도 기대승의 논리와 의견을 충실하게 검토했지요. 학문적으로 완숙한 시기였음에도 나이 어린 사람의 비판을 무시하지 않는 포용력이 있는 사람이었어요.

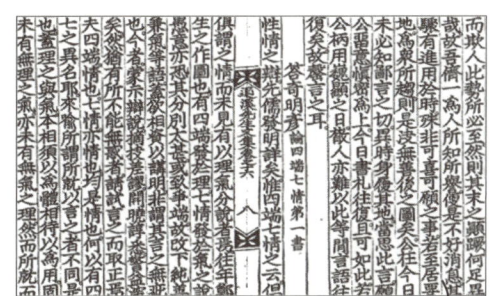

이황이 기대승의 서신에 답한 글.

나를 낮추고 남을 높여라!

이황은 모든 사물에는 본성이 있다고 보았어요. 사람에게도 본성이 있는데 그것을 인(仁), 즉 어진 마음이라 했어요. 그런데 세상을 살아가면서 다양한 욕망 때문에 본성이 억눌리니 끊임없이 몸과 마음을 닦아야 한다고 주장했어요. 또한 나를 낮추고 남을 높이는 마음을 강조했는데, 이것을 경(敬)이라고 해요.

면죄부 판매를 비판한 종교 개혁가
마틴 루터
독일 • 1483년~1546년

교황은 신이 용서한 바를 선언하고 확증하는 것 외에 어떤 죄도 용서할 수 없다.

95개조 반박문.

루터의 성경책.

면죄부 판매.

아버지의 뜻을 거스르고 성직자가 된 아들

마틴 루터의 아버지 한스 루터는 한때 광부였으나 광산업으로 시민 계급을 얻었어요. 교육열이 대단해서 루터를 대학에 입학시켜 법률가로 키우고 싶어했어요. 하지만 루터는 아버지의 소망과 달리 수도회에 들어가서 성직자가 되었고, 비텐베르크 대학의 신학 교수가 되어 학생들을 가르쳤어요.

돈으로 죄를 용서받는 면죄부

당시 로마 교회는 죄를 용서받게 해 주는 증표라며 신도들에게 면죄부를 팔았어요. 시민들은 하느님에게 죄를 용서받고 구원받기 위해서 헌금을 내고 면죄부를 샀지요. 교회는 면죄부를 팔아 돈을 벌어들였어요.

면죄부 판매를 비판한 95개조 반박문

루터가 95개조 반박문을 붙인 비텐베르크 대학 성당 정문.

1531년 10월 31일, 비텐베르크 대학의 성당 정문에 교회의 면죄부 판매를 공개적으로 비판하는 글이 나붙었어요. 95개조의 이 반박문은 루터가 쓴 것이었지요. 루터는 죄를 용서할 수 있는 것은 하느님뿐이라며 교황의 면죄부 판매를 맹렬히 비난했어요. 루터의 반박문은 요하네스 구텐베르크 →168쪽 가 개발한 인쇄술 덕분에 4주 만에 유럽 전체로 퍼졌어요. 사람들은 루터의 의견에 크게 공감했어요.

목숨 잃을 위기에 처한 루터

루터는 로마 가톨릭교회의 부패를 고발하고 종교 개혁을 부르짖었어요. 루터의 영향력이 커지자 교황청은 루터를 파문시켜 버렸어요. 파문은 성직자의 지위를 빼앗는 큰 형벌이지요. 루터의 책은 모두 금서가 되었고, 목숨을 위협받는 위기에 처했어요.

루터를 파문한 레오 10세.

시민들이 성서를 읽을 수 있게

루터는 작센 공 프리드리히의 보호 아래 숨어 지냈어요. 이 기간 동안 루터는 라틴 어로 된 성서를 독일어로 번역하는 작업에 매달렸어요. 독일어 성서가 간행되자 라틴 어를 모르는 일반 시민도 성서를 읽을 수 있게 되었어요.

루터가 신약 성서를 독일어로 번역하던 방.

모든 사람은 평등할 수 없어

교회의 횡포에 오랫동안 시달린 농민들이 농민 전쟁을 일으켰어요. 그리고 루터의 주장을 적극적으로 지지했지요. 하지만 정작 루터는 농민 전쟁에 찬성하지 않았어요. 루터는 모든 사람은 평등할 수 없으며, 지주와 농민이 있어야 한다고 생각했어요. 루터의 의견에 힘을 얻은 귀족들은 무자비하게 농민군을 진압했고, 농민들은 루터에게 등을 돌렸어요.

항의하는 사람, 프로테스탄트

루터는 신도가 직접 신과 만날 수 있는 검소하고 청렴한 교회를 원했어요. 기존 가톨릭교회의 거추장스러운 의식을 모두 없애고 새로운 규칙을 만들어 교회를 세웠지요. 성직자는 혼인이 금지되어 있었지만 루터는 그 규정도 없애 버렸어요. 그리고 가톨릭 수녀 출신이면서 열여섯 살 연하의 카타리나 폰 보라와 혼인했어요. 루터의 종교는 1555년에 아우구스부르크 회의에서 공식적으로 인정을 받았어요. 이때부터 가톨릭교를 구교, 루터교를 신교 또는 프로테스탄트라고 불렀지요. 프로테스탄트는 '항의하는 사람'이란 뜻이에요.

장 칼뱅은 스위스 제네바에서 종교 개혁에 성공했다.

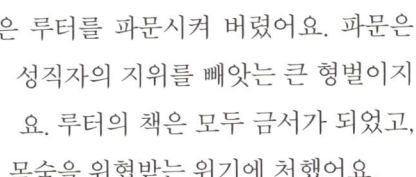

연관 검색 영주들이 루터를 보호한 까닭은?

당시 독일은 교황청의 착취를 심하게 당하고 있던 지역이었어요. 착취 때문에 힘든 상황에서 루터가 교황과 교회를 비판하고 나서자 영주들은 교황의 권력을 약화시키고 자신들이 빼앗겼던 영지를 되찾을 수 있다고 판단했던 것이지요. 그래서 루터의 종교 개혁은 영주들의 보호 아래 성공할 수 있었어요.

르네상스 시대의 천재 예술가이자 발명가
레오나르도 다 빈치

이탈리아 • 1452년~1519년

다시 살아난 예술

흔히 중세를 학문과 예술의 암흑기라고 하지요. 그러나 중세를 지나 1400년경부터 1530년까지 이탈리아를 중심으로 문화 예술이 눈부시게 발전했어요. 이 시기를 '르네상스 시대'라고 불러요. 르네상스는 '부활, 부흥'이라는 뜻이에요.

스승보다 뛰어난 제자

레오나르도 다 빈치는 이탈리아 피렌체 근교의 빈치 마을에서 태어났어요. 아버지는 귀족 출신의 공증인(계약이나 법률 서류 담당하는 사람)이었지만 다 빈치는 서자였기 때문에 아버지의 지위를 물려받을 수 없었어요. 열다섯 살이 된 다 빈치는 화가인 안드레아 델 베로키오에게 배우기 시작했어요. 베로키오는 다 빈치와 〈그리스도의 세례〉를 그리다가 다 빈치가 그린 천사의 얼굴을 보고는 그림 그리는 일을 그만두었어요. 제자만큼 성스러운 얼굴을 그릴 수 없다고 생각했기 때문이었지요.

〈그리스도의 세례〉, 1475년경

몸속은 어떻게 생겼을까?

화가이자 조각가였던 다 빈치는 인체에 관심이 많았어요. 사람의 몸이 어떻게 구성되어 있는지 알기 위해 병원에서 시체를 해부해 보기도 했지요. 해부하며 알게 된 신체 기관의 구조와 기능을 정밀하게 묘사해서 그림으로 남겨 놓았어요. 사람의 몸속에 피가 흐른다는 사실을 처음으로 알아낸 유럽인도 다 빈치라고 해요.

신비한 그림, 모나리자

서른 살이 된 다 빈치는 밀라노의 루도비코 일 모로 대공의 후원을 받으며 그의 전속 화가로 일했어요. 이 시기에 그린 그림이 다 빈치의 대표작인 〈모나리자〉와 〈최후의 만찬〉이에요. 신비한 미소를 머금은 여인을 그린 〈모나리자〉에서는 스푸마토 기법을 처음으로 사용했어요. 스푸마토는 물체의 윤곽선을 마치 안개에 싸인 것처럼 사라지게 해 신비로운 분위기를 연출하는 기법이랍니다.

〈모나리자〉, 1503년~1506년경

글씨를 거꾸로 쓴 다 빈치 노트

20세기 중엽 스페인 마드리드에서 다 빈치 노트가 발견됐어요. 1490년부터 1495년까지 다 빈치가 연구하고 실험한 내용을 기록해 놓은 것이었지요. 그 속엔 회화, 건축, 기계, 인체 해부에 관한 다양하고 신기한 기록들이 담겨 있었어요. 그런데 이 노트의 글씨는 이상하게도 거꾸로 쓰여 있었어요. 마치 거울에 비친 상처럼 말이지요. 왜 글씨를 거꾸로 썼는지 정확한 이유는 알 수 없지만 사람들은 다 빈치가 이 노트를 비밀로 하려 했을 것이라고 생각한답니다.

기상천외한 꿈을 꾸는 과학자

다 빈치는 예술가일 뿐만 아니라 뛰어난 과학자이자 발명가이도 했어요. 그는 남들이 생각하지 못하는 기상천외한 발명에 도전했어요. 물 위를 걷는 기구라든지, 하늘을 날 수 있는 도구 같은 걸 만들었지요. 오랫동안 새의 비행을 관찰한 다 빈치는 1505년에 헬리콥터와 행글라이더 등의 몇 가지 비행기구의 설계도를 만들었어요.

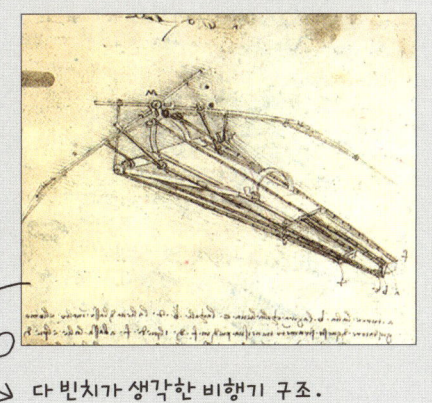

↳ 다 빈치가 생각한 비행기 구조.

연관 검색 · 르네상스의 3대 거장

로마에서 활동했던 미켈란젤로와 라파엘로는 다 빈치와 함께 르네상스 3대 거장으로 불려요.

미켈란젤로 부오나르티(1475년~1564년)
피렌체에서 태어난 화가이자 조각가이자 건축가예요. 시스티나 성당의 벽화 〈천지창조〉, 〈최후의 심판〉을 비롯해 조각상 〈다비드〉, 〈피에타〉 등의 걸작을 남겼어요.

라파엘로 산치오(1483년~1520년)
이탈리아의 화가예요. 로마에서 교황의 화가로 활동하며 바티칸 궁전의 프레스코화 〈아테네 학당〉, 독창적인 기법의 초상화 〈성모〉 등을 그렸어요.

신대륙 아메리카를 유럽에 소개한 탐험가
크리스토퍼 콜럼버스
이탈리아 · 1451년~1506년

콜럼버스의 지도.

바다 사나이

크리스토퍼 콜럼버스는 이탈리아의 항구 도시인 제노바(제노아)에서 태어났어요. 그는 어린 시절부터 선원 생활을 했고, 부인의 아버지, 즉 장인도 선장이었어요. 지구가 둥글다고 믿었던 콜럼버스는 대서양 서쪽으로 가면 인도에 닿을 수 있을 것이라 확신했어요.

일확천금의 꿈

당시 유럽 인에게 인도는 동경의 대상이었어요. 각종 향신료와 보석, 온갖 신기한 물건과 금은보화가 가득한 황금의 나라였어요. 콜럼버스도 마르코 폴로 →174쪽 의 《동방견문록》을 보며 일확천금의 꿈을 키웠어요.

《동방견문록》 여백에 라틴 어로 메모를 해 놓은 콜럼버스.

산타페 협약

인도로 가기 위해서는 돈이 많이 필요했어요. 콜럼버스는 포르투갈 왕을 찾아가서 후원을 요청했지요. 포르투갈 왕은 희망봉 개척을 계획하고 있었기 때문에 콜럼버스의 제안을 거절했어요. 다음으로 경쟁국인 에스파냐의 왕을 찾아가서 항로를 개척하면 새로 발견한 땅에서 얻는 수익의 10퍼센트와 그 땅의 총독으로 임명해 줄 것을 요구했어요. 에스파냐의 이사벨 여왕은 조건을 모두 받아들이고 후원을 약속했어요. 이것이 산타페 협약이에요.

에스파냐와 포르투갈의 항로 개척 경쟁

동방 무역의 길은 이탈리아의 상선들이 차지하고 있었어요. 신흥 국가인 포르투갈과 에스파냐는 새로운 항로를 개척하기 위해 탐험가들을 지원했지요. 1486년, 포르투갈이 먼저 아프리카의 최남단 희망봉을 발견했어요. 4년 뒤 에스파냐의 지원을 받은 콜럼버스가 인도(사실은 신대륙)를 발견하자 포르투갈도 서둘러 인도로 향했어요. 포르투갈의 지원을 받은 바스쿠 다 가마가 진짜 인도에 도착했지요. 새 항로를 둘러싼 두 나라의 경쟁은 점점 심해져서 교황이 중재를 해야 할 정도였어요.

인도라고 착각한 신대륙

1492년 8월 3일, 산타 마리아호, 핀타호, 니냐호 세 척에 120명의 승무원을 태운 콜럼버스는 이사벨 여왕의 환송을 받으며 파로스 항구를 출발했어요. 에스파냐를 출발한 지 69일째 되는 날, 드디어 콜럼버스 일행은 육지에 도착했어요. 인도라 믿은 그곳은 사실 아메리카 대륙(지금의 플로리다 주 남쪽 해안의 바하마 제도의 한 섬)이었어요. 아메리카 대륙의 원주민을 인디언이라고 부르게 된 것도 콜럼버스의 착각에서 비롯된 일이랍니다.

무자비한 노예사냥

에스파냐는 신대륙을 식민지로 삼고 콜럼버스를 총독으로 임명했어요. 모두 네 번에 걸쳐 아메리카에 건너간 콜럼버스는 무자비하게 정복 사업을 벌였어요. 금광 채굴에 원주민들을 동원해 죽도록 일을 시켰고 원주민들을 잡아다 노예로 팔았어요. 콜럼버스의 신대륙 발견으로 에스파냐는 풍부한 천연자원과 새로운 영토, 그리고 노예를 얻게 되었지만, 오래전부터 그곳에 뿌리를 내리고 살던 원주민들에겐 대재앙이었지요.

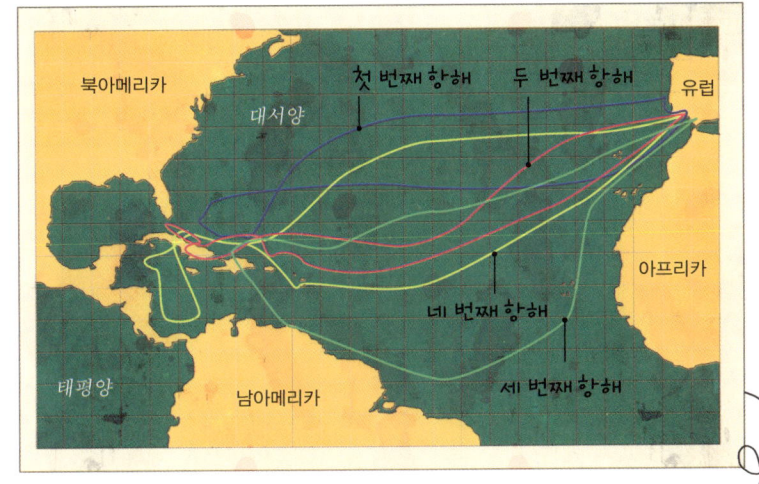

콜럼버스의 항해.

끝까지 알지 못한 진실

콜럼버스는 죽는 순간까지도 자신이 발견한 신대륙을 인도라고 생각했어요. 그곳이 인도가 아님을 밝혀낸 사람은 이탈리아의 항해사 아메리고 베스푸치였어요. 이후 신대륙은 그의 이름을 따 아메리카로 불리게 되었어요.

6학년 2학기, 〈국어(읽기)〉

콜럼버스의 항해는 역사적으로 아주 중요한 사건이다. 그 뒤에 유럽 사람들이 아메리카로 물밀듯이 밀려들었으며, 아메리카는 물론이고 유럽, 나아가서는 세계 전체의 운명까지도 완전히 달라졌다는 점에서 주목할 만하다.

지동설을 주장한 천문학자
니콜라우스 코페르니쿠스

폴란드 • 1437년~1543년

밤하늘의 별이 궁금한 남자

니콜라우스 코페르니쿠스는 폴란드 왕국 프로이센 지방 토룬 시에서 부유한 상인의 아들로 태어났어요. 어릴 때 부모를 잃고 성직자인 외삼촌 밑에서 자랐어요. 처음에는 수학자, 그 다음엔 의사, 외삼촌이 돌아가신 후에는 신부가 되었지만 그가 가장 좋아하는 일은 밤하늘의 별을 관측하는 것이었어요.

폴란드 토룬.

지구는 편편하지 않고 둥글다!

15세기 사람들은 지구가 편편한 대지라고 믿었어요. 먼 바다에는 무서운 악마가 살고 있고 그 끝에는 낭떠러지가 있다고 생각했지요. 하지만 이런 생각을 뒤집고 지구가 둥글다고 주장하는 사람들이 나타났어요. 이탈리아의 천문학자 토스카넬리도 그중 한 사람이었지요. 그는 지구가 둥글기 때문에 바다를 건너면 인도에 닿을 수 있다고 주장했어요.

코페르니쿠스적 전환

코페르니쿠스는 오랜 관찰과 연구 끝에 우주의 중심은 지구가 아니라 태양이라는 결론을 내렸어요. 수성, 금성, 지구, 화성, 목성, 토성이 각각 원을 그리며 태양의 주위를 돈다고 주장했지요. 천동설이 진리라고 믿고 있는 사람들에게 코페르니쿠스의 지동설은 혁명적인 생각이었어요. 그래서 사고방식을 획기적으로 바꿀 때 '코페르니쿠스적 전환'이라는 말을 사용하지요.

천동설은 엉터리

그리스의 학자 프톨레마이오스가 저서 《천문학 집대성(알마게스트)》에서 천동설을 주장한 이후 유럽 인들에게 천동설은 바뀔 수 없는 진리였어요. 천동설은 태양과 행성들이 지구를 중심으로 돌고 있다는 학설이에요. 천동설을 연구하며 천체를 관측하던 코페르니쿠스는 천동설이 엉터리임을 깨달았지요.

프톨레마이오스가 생각한 우주는 중심에 지구가 위치하고 있다.

금서가 된《천체 회전에 관하여》

코페르니쿠스의 친구이자 천문학자인 레티쿠스는 〈천체 회전에 관하여〉를 출판하자고 권유했어요. 코페르니쿠스는 이를 승낙하고 원고를 친구에게 넘겼어요. 하지만 이 역사적인 책을 손에 받던 날 코페르니쿠스는 세상을 떠나고 말았어요. 출판한 보람도 없이 《천체 회전에 관하여》는 금서로 지정되어 일반인들이 볼 수도 없었답니다. 금서가 풀린 건 코페르니쿠스가 죽은 지 200년이 지나서였어요.

연관 검색 | 억울한 피타고라스

피타고라스는 그리스 수학자로 기원전 5세기에 지구가 움직인다고 주장했어요. 그러나 천동설을 주장한 프톨레마이오스의 명성과 교황청의 지지로 그의 주장은 조용히 묻혔지요. 피타고라스는 만물의 근원을 '수(數)'로 보고, 수를 연구해 수학의 발달에 큰 기여를 하기도 했어요.

▲ 피타고라스의 흉상.

우주의 중심은 태양!

교회는 하느님이 창조한 지구가 우주의 중심이라는 것을 당연하게 여겼어요. 이와 다른 생각을 가진 사람은 이단자로 낙인을 찍었지요. 교회의 권력이 막강했기 때문에 코페르니쿠스는 처벌을 당할 것이 두려워 자신의 학설을 세상에 알릴 수 없었어요. 그가 자신의 학설을 담은 논문 〈천체 회전에 관하여〉를 세상에 내놓은 것은 죽기 직전의 일이었답니다.

천체를 관측하는 코페르니쿠스의 모습.

한글을 창제한 조선의 위대한 임금
세종 대왕
한국 • 1397년~1450년

눈 밖에 난 형 대신 왕이 된 셋째

세종은 조선의 제3대 임금인 태종의 셋째 아들로 태어났어요. 형제를 죽이고 왕위를 빼앗은 태종은 엄격하고 강한 왕이었어요. 그는 세자인 양녕 대군이 왕이 될 인재가 안 된다고 생각하고 양녕 대군 대신 셋째인 충녕 대군을 세자로 삼았어요. 충녕 대군은 어렸을 때부터 공부하기를 좋아하고 생각이 깊은 왕자였지요. 충녕 대군이 바로 세종 대왕이랍니다.

조선의 공부벌레들이 모인 집현전

조선은 세워진 지 40년밖에 안 된 나라였기 때문에 왕이 해야 할 일이 많았어요. 제도도 정비해야 하고 법규도 만들어야 했지요. 세종은 1420년에 집현전을 설치하고 성삼문, 정인지, 신숙주 등 조선의 공부벌레들이라 할 수 있는 우수한 학자들을 뽑아서 학문을 연구하게 했어요. 집현전 학사들은 백성들에게 필요한 책을 발간하거나 임금을 도와 많은 일을 했어요. 세종은 집현전 학사들이 마음 놓고 연구할 수 있도록 따로 생활비까지 주었다고 해요.

백성을 위한 훈민정음

조선 시대 사람들은 중국의 한자를 사용했어요. 한자는 소리와 뜻이 다르고 글자 수도 많아 어릴 때부터 배우지 않으면 읽고 쓰기가 무척 어려운 문자였지요. 먹고살기 바쁜 백성들은 문자를 모르고 살아가는 경우가 대부분이었지요. 하지만 나라의 문서나 책은 모두 한자로 되어 있었기 때문에 백성들의 고충이 한두 가지가 아니었어요. 이를 안타깝게 여긴 세종은 백성들도 쉽게 배울 수 있는 문자를 만들었어요. 그것이 바로 훈민정음, 즉 한글이에요.

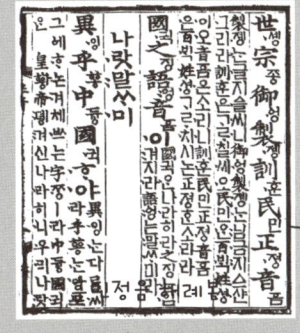
훈민정음 해례본.

음악을 사랑한 왕

종묘 제례악을 재현한 모습.

세종은 음악에도 관심이 많았어요. 음악가인 박연을 시켜 궁중 음악을 정비하고 악기도 개조하게 했어요. 그때까지만 해도 조선의 궁중 음악은 중국의 음악을 사용했거든요. 세종은 종묘에서 제사를 지낼 때 연주하는 음악인 종묘 제례악을 손수 작곡하기도 했어요. 세종의 노력은 우리 고유의 음악이 발전하는 데 밑거름이 되었어요. 종묘 제례악은 종묘 제례와 함께 2001년에 유네스코 세계 무형 유산으로 지정되었어요.

백성들에게 필요한 것이 뭘까?

과학 기술에 관심이 많았던 세종은 서운관을 만들었어요. 서운관은 천문학을 전문적으로 연구하는 곳이었지요. 장영실 →166쪽 을 중심으로 한 서운관의 기술자들은 혼천의와 같은 천체 관측기구와 세계 최초로 비의 양을 재는 기구인 측우기를 만들었어요. 농사를 짓던 조선의 백성들에게 아주 소중한 발명품이었지요.

국방도 튼튼히

북쪽에 있던 여진족은 시시각각 조선을 위협했어요. 세종은 최윤덕 장군과 김종서 장군 등을 북방으로 보내 여진족을 정벌하게 했어요. 여진족을 몰아낸 땅에는 4군과 6진을 설치하고 우리나라의 땅으로 삼았지요. 이때부터 우리나라의 영토가 압록강에서 두만강을 경계로 하게 되었어요. 북쪽을 튼튼히 한 다음에는 이종무를 보내 쓰시마 섬(대마도)을 정벌하게 했어요.

업적만큼 많은 부인과 자식

지칠 줄 모르는 열정으로 많은 업적을 남긴 세종 대왕은 늘 과로에 시달렸어요. 책을 하도 많이 읽어서 죽기 전에는 거의 눈이 보이지 않을 정도였다고 해요. 남긴 많은 업적만큼이나 세종에게는 부인과 자식도 많았어요. 6명의 부인에게서 모두 18명의 아들과 4명의 딸을 두었다고 해요.

세종의 능(영릉).

조선 시대의 최고 과학자
장영실
한국 · 미상~미상

베일에 가려진 출생과 죽음

장영실은 언제 출생했고, 언제 죽었는지 알 수 없는 인물이에요. 〈세종실록〉에 따르면 그의 아버지가 원나라 출신의 귀화한 사람이고, 어머니는 기녀였다는 기록이 있어요. 어머니가 천민이다 보니, 장영실의 신분도 천민일 수밖에 없었어요. 장영실은 관청에 속한 노비였지요. 하지만 과학적 재능이 뛰어나 궁궐에 들어가게 되었고, 태종과 세종의 신임을 받았답니다. 그러던 어느 날 장영실이 만든 세종 대왕의 가마가 부서져, 곤장 80대를 맞고 감옥에 갇혔다는데 그 뒤의 기록이 없어요. 장영실의 신분이 낮다 보니, 그의 출생과 죽음이 정확하게 기록되어 있지 않아요.

신분을 뛰어넘은 재주

천민이었던 장영실이 궁궐에 들어갈 수 있었던 이유는 무엇이었을까요? 그것은 세종 대왕의 아버지였던 태종이 시행한 '도천법' 덕분이었어요. 도천법은 각 지방을 다스리는 관찰사가 지방의 우수한 인재를 추천하면 왕이 그들을 한양으로 불러들여 일하게 하는 제도였어요. 신분을 가리지 않고 인재를 뽑아 쓸 수 있는 제도였지요. 장영실의 뛰어난 재주는 신분을 뛰어넘어 모든 사람의 인정을 받았어요.

아산역에 있는 장영실 동상.

측우기.

측우대.

발명품 ①
자격루 – 자동으로 움직이는 물시계

↳ 장영실의 자격루를 보완해 중종 때 만든 창덕궁 보루각 자격루이다.

조선 시대에는 지금과 같은 시계가 없었어요. 낮에는 해의 그림자의 길이에 따라 시간을 예측했고, 밤에는 별자리의 움직임을 관측해 시간을 예측했지요. 그러다 보니, 날이 흐리거나 눈, 비가 오는 날에는 시간을 알기 어려웠어요. 이런 불편함을 덜고자 장영실은 물이 한 방울씩 떨어져 일정 양의 물이 되면 기구 안에서 구슬이 나와 인형을 작동시켜 북과 징을 쳐서 자동으로 시각을 알려 주는 물시계, 자격루를 발명했어요.

발명품 ②
앙부일구 – 그림자의 위치로 시각을 알 수 있는 해시계

앙부일구.

앙부일구는 '가마솥 모양의 해시계'라는 뜻이에요. 오목한 가마솥 모양의 시반 안에 시각을 알 수 있는 십이지 동물 그림을 넣고, 동지에서 하지에 이르는 절기도 표시되어 있어요. 그리고 그림자를 만드는 영침이라는 막대기가 꽂혀 있지요. 태양의 고도에 따라 달라지는 영침의 그림자 위치로 시각과 절기를 알 수 있는 해시계예요.

발명품 ③
측우기 – 비의 양을 정확하게 재는 기구

조선 시대에는 비의 양을 정확하게 잴 수 있는 기구가 없었어요. 비가 오면 땅을 파서 비가 얼마나 스며 들었나 보고 비의 양을 가늠했지요. 세자(문종)와 장영실은 빗물의 양을 정확하게 잴 수 있는 원통형의 표준화된 기구를 만들었어요. 그것이 바로 측우기랍니다. 측우기 안에는 3밀리미터까지 잴 수 있는 주척이라는 자가 수직으로 꽂혀 있어요. 이렇게 정확한 비의 양을 측정해 홍수와 같은 피해를 막았어요.

3학년 1학기, 〈과학〉

세계에 자랑할 수 있는 한국의 과학 측우기

측우기를 만든 다음 각 지방에 측우기를 나누어 주어 전국적으로 우량 관측을 했으니 현대적인 기상 관측이 시작되었다고 볼 수 있지. 하지만 임진왜란과 병자호란 때문에 측우 제도는 거의 중단되어 버렸어. 지금은 많았던 측우기 중 한 개만 보관되고 있어. 6·25 전쟁이나 일제 시대에 많이 없어졌거든. 현재 기상청에서 보관 중이고 보물 제561호로 지정되어 있지. 유럽에서는 1639년 로마에서 B. 가스텔 리가 처음으로 측우기로 강우량을 관측했어. 프랑스 파리에서는 1658년부터, 영국에서는 1677년부터 관측했어. 우리나라에서는 이미 1442년 5월부터 측우기로 비의 양을 측정하였으니, 이탈리아보다도 약 200년이 빨라.

6학년 1학기, 〈과학〉

계절 변화를 알 수 있는 해시계를 만들어 볼까요?

조선 시대 세종 대왕 때 과학 발전에 크게 공헌한 과학 기술자로는 장영실, 이천, 이순지 등이 있습니다. 세종 대왕은 과학 기술의 발전을 위하여 신분에 상관없이 능력 있는 인재들을 등용하였습니다. 이 가운데 세종 대왕이 선발한 장영실은 노비 출신이었지만 뛰어난 능력을 발휘하였습니다. 장영실은 천문 관측 기기를 개발하고 만드는 일에 큰 공을 세웠습니다. 이러한 천문 관측 기기는 태양이나 별을 관측하여 정확한 시각을 알아내거나, 별의 위치를 정밀하게 측정하는 데 사용되었습니다.

유럽 최초로 금속 활자를 발명한
요하네스 구텐베르크

독일 • 1398년~1468년

대주교가 있는 마인츠

요하네스 구텐베르크는 독일 중서부의 도시 마인츠에서 태어났어요. 이곳엔 독일 3대 성당 중의 하나인 마인츠 성당이 있어요. 마인츠 성당의 대주교는 신성 로마 제국(962년~1806년)의 핵심 권력자였어요. 교회의 절대적인 영향력이 미치는 마인츠에서 자라서였을까요? 구텐베르크는 훗날 성서를 인쇄하는 데 평생을 바쳤답니다.

책을 만드는 두 가지 방법

구텐베르크의 인쇄술이 발명되기 이전에는 두 가지 방법으로 책을 만들었어요. 하나는 내용을 일일이 손으로 베껴 쓰는 것이었고, 다른 하나는 나무판에 글자를 새겨 종이에 찍어 내는 것이었어요. 두 가지 방법 모두 돈과 시간이 많이 들었기 때문에 책을 만들기는 쉽지 않았어요.

응용의 천재

구텐베르크의 인쇄기는 활판에 강한 압력을 가해서 글자를 찍어 내는 기계였어요. 이것은 와인 공장에서 포도즙을 짜는 기계(wine press)를 보고 응용한 것이라고 해요. 금속 활자도 이미 조선에서 만들어졌고, 움직일 수 있는 활자도 이미 중국에서 개발되었고, 압착 기술도 원래 있던 것이었지요. 구텐베르크가 처음으로 발명한 것은 아무것도 없었어요. 하지만 구텐베르크는 원래 있던 기술을 응용해 인쇄술의 혁신을 일으켰어요.

움직일 수 있는 금속 활자

→ 금속 활자.

기존의 목판 인쇄술은 글자 하나만 틀려도 목판 전체를 다시 새겨야 하는 불편함이 있었어요. 이것을 개선하기 위해 구텐베르크는 즉 글자 하나하나를 따로 만들어서 글자를 조합하도록 했어요. 그리고 쉽게 변형되는 나무 대신 오래 쓸 수 있는 금속으로 활자를 만들었어요. 이것이 유럽 최초의 금속활자랍니다. 여기에다 번지지 않는 유성 잉크를 사용해 이전보다 훨씬 발전된 새로운 방식의 인쇄술을 개발했어요.

왜 이름이 없을까?

구텐베르크가 새로운 인쇄술로 찍어낸 《구텐베르크 성서》는 세상에서 가장 귀한 책이에요. 모두 180부가 인쇄되었는데 현재 남아 있는 것은 48부뿐이에요. 1457년 8월 14일에는 인쇄업자의 이름이 찍혀 있는 유럽 최초의 책 《시편》이 발행되었어요. 그런데 이 책엔 구텐베르크의 이름 대신 동업자였던 푸스트와 그의 양자인 쇠퍼의 이름이 찍혀 있어요. 푸스트가 건 소송에서 구텐베르크가 지는 바람에 모든 재산을 잃고 인쇄소를 넘겼기 때문이에요.

《구텐베르크 성서》

세상을 바꾼 인쇄술

수도사들이 책 한 권을 베껴 쓰려면 한두 달이 걸렸는데, 구텐베르크가 인쇄기를 발명한 이후 일주일에 500권씩 책을 찍어 낼 수 있었어요. 대량 출판이 가능해지면서 책값이 싸졌고, 평범한 사람들도 책을 사 볼 수 있게 되었지요. 인쇄술의 발명은 유럽 문화의 발전에 큰 영향을 미쳤어요.

한없이 쓸쓸한 죽음

구텐베르크는 인쇄술을 혁신시켜 유럽의 역사에 큰 영향을 끼친 인물이지만 그의 기록은 거의 남아 있지 않아요. 출생과 사망, 그리고 몇 개의 소송에 관한 기록이 전부예요. 그는 결혼도 하지 않았고, 자식도 없었어요. 1468년, 그는 태어났던 마인츠에서 쓸쓸하게 숨을 거두었답니다.

구텐베르크의 인쇄기 복제품.

조선을 건국한 태조 임금
이성계
한국 • 1335년~1408년

대대로 원나라 관리를 지낸 가문

이성계의 고조부인 이안사는 원래 전주 사람인데, 쌍성총관부가 있던 영흥으로 이주해서 원나라 관리가 되었어요. 그때부터 이성계 집안은 동북면을 호령하는 무인 세력이 되었지요. 이성계는 원나라 관리였던 이자춘의 둘째 아들로 태어났어요. 어릴 때부터 무예가 뛰어났고 특히 활솜씨가 뛰어났다고 해요.

두각을 드러낸 변방의 장수

고려 공민왕은 원나라에 빼앗긴 쌍성총관부를 되찾기 위해 군대를 보냈어요. 혈기왕성한 청년 이성계는 아버지와 함께 부하들을 이끌고 고려의 편에 서서 싸웠어요. 변방의 장수였던 이성계는 이 탈환 작전에서 공을 세우며 단번에 유명해졌답니다.

조선 후기에 그려진 고려 공민왕의 영정.

패배를 모르는 사나이

뛰어난 장수였던 이성계는 나가는 전쟁마다 승리를 거두었어요. 1361년에 홍건적이 수도 개경을 함락했을 때 홍건적의 두목을 활로 쏘아 죽이는 공을 세웠어요. 1364년에는 최영 장군과 함께 덕흥군의 난을 진압했고, 황산에서는 왜구들을 소탕했어요. 20여 년 동안 장수로서 맹활약을 펼친 이성계는 고려의 영웅으로 떠올랐어요.

위화도 회군

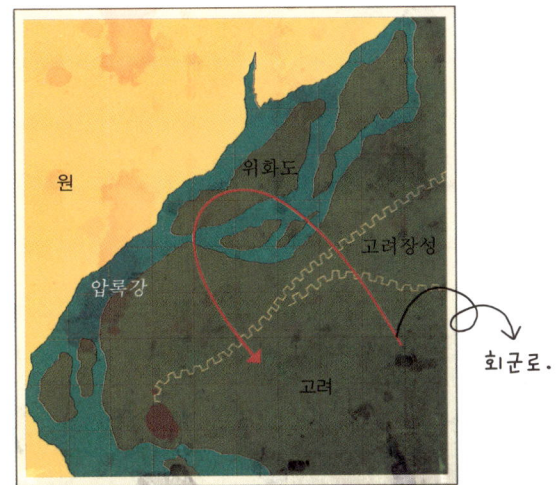

1388년 명나라가 원나라를 멸망시키고 중국을 통일했어요. 명은 원나라가 지배했던 철령 이북의 땅을 내놓으라고 협박했어요. 명의 요구에 분노한 최영 장군과 우왕은 이성계에게 요동 정벌을 명령했어요. 이성계는 요동 정벌을 반대했지만 의견이 받아들여지지 않자 어쩔 수 없이 요동 정벌에 나섰어요. 그런데 압록강을 건너 중국으로 들어가기 전 큰비가 쏟아졌어요. 이성계는 회군을 요청했지만 우왕과 최영 장군은 허락하지 않았어요. 강을 건너다 물에 빠져 죽을 것인가, 아니면 군대를 돌려 반역자가 될 것인가를 고민하던 이성계는 군대를 돌리기로 결심했어요. 개경으로 향한 이성계는 최영 장군을 제거하고, 고려의 정권을 장악했어요. 이 사건이 위화도 회군이랍니다.

연관 검색 이성계를 도운 무학 대사

무학 대사는 이성계의 조언자로, 한양을 조선의 도읍지로 추천했어요.
이성계는 무학 대사를 매우 신임했고, 무학 대사는 조선이 안정될 수 있도록 헌신했어요. 유교 사상을 바탕으로 건국된 조선에서 불교인으로 주도적인 역할을 맡았던 독특한 사람이지요.

온건파와 급진파로 나뉜 신진사대부

공민왕 시기에 성리학을 신봉하는 학자들이 관리가 되었는데, 이들을 기존의 귀족이나 무신 세력과 구분해서 신진사대부라고 해요. 신진사대부들은 고려의 왕조를 유지하려는 세력과, 역성혁명을 일으켜 새로운 왕조를 열려는 급진파로 나뉘어져 있었어요.

정몽주와 이성계는 정치적 동지였지만 혁명 방법의 생각 차이로 적이 되었다.

새로운 왕조, 조선 건국

1392년 이성계는 정도전, 조준 등 신진사대부들의 도움을 받아 조선을 건국했어요. 나라 이름을 조선이라고 지은 것은 우리나라 최초의 국가인 고조선을 계승한다는 의미였어요. 조선은 불교를 억압하고 유교를 장려하는 숭유억불 정책을 펼쳤어요. 이성계는 유교의 나라인 조선의 제1대 임금이 되었답니다.

조선의 수도, 한양

1394년, 이성계는 도읍을 한양으로 옮겼어요. 한반도의 중앙에 위치한 한양은 땅이 넓어 많은 백성이 살 수 있고, 사면이 산으로 둘러싸여 있어 외적을 방어하기 좋은 곳이었어요. 또 강을 끼고 있고 바다가 가까워서 교통도 아주 편리한 곳이었지요.

1840년경의 한양의 모습을 그린 <수선전도>

화약을 만든 고려의 발명가
최무선
한국 • 1325년~1395년

알려지지 않은 어린 시절
최무선은 경상북도 영천시 오계동에서 태어났어요. 아버지는 광흥창(관리들의 녹봉을 관리하는 기관)의 관리였던 최동순이에요. 최무선의 어린 시절에 대해서 알려진 것은 이것이 전부랍니다.

혼란한 고려 말
1270년 고려가 원나라에 항복한 이래 고려는 80여 년 동안 원나라의 간접 지배 아래 있었어요. 1351년에 임금이 된 공민왕이 원나라의 간섭에서 벗어나기 위해 친원파들을 몰아내고 개혁 정책을 펼쳤지만 귀족들의 반대로 개혁은 실패했어요. 이렇게 정치가 어지러운 틈을 타서 왜구들이 활개를 쳤지요. 처음엔 경상도와 전라도 해안 지방에 나타나서 노략질을 일삼더니 나중엔 개경까지 위협할 정도였어요.

왜구의 약탈을 그린 그림.

국산 화약을 만들고야 말겠어!
최무선은 국산 재료와 기술로 화약을 만들어야겠다고 생각했어요. 하지만 화약의 핵심 재료인 염초를 만들기가 쉽지 않았어요. 최무선은 염초 제조법을 배우기 위해 중국인들이 많이 드나드는 벽란도에 갔어요. 그곳에서 원나라 염초장 출신인 이원이라는 사람을 만나 흙에서 염초를 추출해 내는 방법을 배웠어요. 이후 최무선은 성능 좋은 국산 화약을 만드는 데 성공했답니다.

화약 제조법은 일급 비밀
화약을 세계 최초로 발명한 나라는 중국으로 알려져 있어요. 중국은 이미 11세기에 화약을 이용한 무기를 사용했다고 해요. 중국은 화약 제조법을 철저히 비밀에 붙였어요. 그리고 화약을 필요로 하는 나라엔 화약을 팔았지요. 고려도 중국에서 화약을 수입해 썼어요. 하지만 수입한 화약은 대부분 불꽃놀이에 사용됐어요.

흑색 화약.

조선의 기술로 만든 대포

1377년, 고려에 화학 무기를 개발하는 관청이 생겼어요. 화통도감이 그것인데요. 최무선은 이곳에서 그동안 꿈꿔 왔던 화학 무기를 마음껏 만들 수 있었어요. 대장군·신포·화통 철탄자·주화 등 모두 18종의 화약 무기를 만들었어요.

왜구를 물리친 진포 해전

1380년, 왜군이 300여 척의 배를 이끌고 진포로 쳐들어왔어요. 최무선은 자신이 개발한 화포를 배에 싣고 전투에 나갔어요. 왜군은 고려에 화포가 있을 줄은 꿈에도 모르고 배를 한곳에 집결시켜 놓았지요. 최무선은 왜구의 배에 화포를 쏘아 모두 불태워 버렸어요. 배를 잃은 왜구가 육지로 올라가자 기다리고 있던 병마도원수 이성계 →170쪽 가 모두 무찌르고 대승을 거뒀어요.

최초의 로켓 무기, 주화

최무선이 화통도감에서 만든 화약 무기인 주화는 '달리는 불'이라는 뜻이에요. 화살대 앞부분에 화약을 넣은 약통이 붙어 있는 무기이지요. 약통에 불을 붙이면 화약의 힘으로 화살이 먼 거리를 날아가는 무기였어요. 주화를 발전시킨 것이 신기전인데, 여러 개의 화살을 동시에 쏘아서 터뜨리는 조선 시대 최첨단 로켓 무기였어요.

↳ 신기전과 신기전기.

왜구를 막는 데는 화약만한 것이 없으나 국내에는 아는 사람이 없다.

↓ 화포.

동방견문록을 쓴 탐험가
마르코 폴로

이탈리아 • 1254년~1324년

내가 본 것들은 절반도 이야기하지 못했다.

아버지와 함께 떠난 여행

폴로의 아버지 니콜로 폴로는 베네치아의 상인이었어요. 그는 동방으로 무역을 하러 갔다가 전쟁을 만나 중국 원나라까지 다녀왔지요. 이 사실이 알려지면서 새로 선출된 교황이 쿠빌라이 칸에게 보내는 서신과 선물을 들고 가는 임무를 맡게 됐어요. 두 번째 여행에는 열일곱 살의 아들도 동행했는데, 그가 바로 폴로예요.

베네치아에서 원나라까지 어떻게 갔을까?

지중해 연안에 위치한 항구 도시 라이아스를 출발해서 지중해를 건넌 폴로 일행은 터키를 지나 페르시아 만 호르무즈에 도착했어요. 원래는 이곳에서 선박을 이용해 원나라로 갈 계획이었으나 뱃길이 위험하다고 판단하고 계획을 변경해서 육로를 이용했어요. 고원과 초원, 사막이 끝도 없이 이어졌지만 걷고 또 걸어 베네치아를 출발한 지 3년 6개월 만에 원나라에 도착했어요.

폴로의 여정.

베네치아 공화국

마르코 폴로가 태어난 베네치아 공화국은 아시아와 유럽을 잇는 중개 무역이 발달해 이탈리아에서 가장 부강한 도시 국가 중의 하나였어요. 8세기부터 1797년까지 약 천 년 동안 독자적인 도시 국가로 존재했고 한때 지중해 무역을 독점하기도 했어요.

폴로의 여행을 기록한 그림.

원나라 관리 마르코 폴로

원나라 황제 쿠빌라이 칸은 베네치아에서 온 폴로를 아꼈어요. 폴로에게 통행증을 주어 중국 각지를 여행할 수 있게 해 주고 폴로는 보고 경험한 일들을 황제에게 상세히 보고했어요. 황제의 신임을 얻은 폴로는 원나라 관리가 되어 사신으로 파견되기도 했어요. 폴로는 무려 17년 동안 원나라에 머물렀답니다.

세계 최고의 해상 무역 도시 항주

원나라는 역참제가 잘 정비되어 여행하기 편리했을 뿐만 아니라, 해상 무역도 발달해 세계 각국의 상인들이 모여들었어요. 천주(지금의 항주)에는 아라비아 상인들의 집단 거주지까지 있었어요.

→ 항주.

감옥에서 만난 작가

폴로는 베네치아 공화국과 제노바 공화국의 해전에 참전했다가 포로로 잡혔어요. 제노바 감옥에 투옥된 폴로는 그곳에서 작가인 루스티첼로를 만나 자신이 17년 동안 동방 여행에서 보고 들을 것을 기록하게 했어요. 그렇게 해서 탄생한 책이 《동방견문록》이에요.

《동방견문록》의 한 부분.

신비한 세계

《동방견문록》(*원래 제목은 '세계의 기술')은 선풍적인 인기를 끌며 이탈리아 어, 라틴어, 프랑스 어로 번역되었어요. 유럽 인들은 처음엔 책의 내용이 너무 신기해서 믿지 않았어요. 폴로를 허풍쟁이라고 비웃었지요. 하지만 시간이 지날수록 이 책의 가치는 점점 더 커졌어요. 13, 14세기 아시아 문화를 연구하는 데 귀중한 자료일 뿐만 아니라, 훗날 크리스토퍼 콜럼버스 →160쪽가 아메리카 대륙을 발견하는 계기가 되기도 했어요.

6학년 2학기, 〈국어(듣기 말하기 쓰기)〉

역사적으로 유명한 기행문

《동방견문록》은 이탈리아의 여행가 마르코 폴로가 동방을 여행한 체험담을 기록한 여행기입니다. 유럽 사람들에게 동양에 대한 관심을 불러일으켰으며, 콜럼버스의 신항로 개척에도 많은 영향을 주었습니다.

세계의 반을 정복한 몽골의 지배자
칭기즈 칸
몽골 • 1162(?)년~1227년

사막에 버려진 가족

테무친은 몽골 고원 오논 강 유역에서 태어났어요. 그의 아버지 예수게이는 보르지긴 족의 족장이었어요. 테무친이 아홉 살 되던 해에 아버지가 타타르 인에게 독살 당하자, 테무친 가족은 사막에 버려졌어요. 사냥과 수렵으로 겨우 목숨을 이어 가면서 테무친은 용맹한 아이로 자랐어요.

테무친이 태어난 오논 강가.

힘을 키워 간 테무친

테무친은 열일곱 살 때 볼테란 여인과 결혼을 했어요. 그런데 볼테가 메르키트 족에게 납치당하고 말았어요. 테무친은 빼앗긴 아내를 되찾기 위해 아버지 친구인 옹 칸과 동맹을 맺고 메리키트 족을 기습했어요. 승리한 테무친은 빼앗긴 아내를 다시 찾을 수 있었어요.

몽골 족을 괴롭힌 금나라

몽골 족을 통일한 칭기즈 칸의 다음 목표는 여진족이 세운 금나라였어요. 만주 일대와 중국 북부를 지배하고 있던 금나라는 몽골 족을 수시로 공격하고 괴롭혔어요. 1211년 봄, 칭기즈 칸은 군대를 이끌고 만리장성을 넘었어요. 전쟁을 시작한 지 2년 만에 금나라의 수도 북경을 정복했답니다.

몽골과 중국의 전투.

절대 군주, 칭기즈 칸

12세기 몽골의 초원에는 몽골 족을 비롯해 타타르 족, 케레이트 족 등 수십여 개의 씨족과 부족이 서로 힘을 겨루며 살고 있었어요. 테무친은 이 부족들을 하나씩 무너뜨리며 세력을 키워 나갔어요. 타타르를 정복했을 때는 수레바퀴 비녀장(수레바퀴를 고정하는 기둥)보다 키가 큰 남자는 모두 죽이는 잔인함도 보였어요. 여러 부족을 하나로 통일한 테무친은 제3대 칭기즈 칸이 되었어요. 칭기즈란 절대적인 힘, 칸은 군주라는 뜻이에요.

칭기즈 칸의 즉위를 그린 그림.

천하제일 몽골 기마군

몽골의 기마군은 강하고 빨랐어요. 보급 부대를 따로 두지 않고 육포처럼 휴대하기 좋은 음식을 먹으며 싸웠기 때문에 언제 어디서든 빠르게 움직일 수 있었지요.

몽골 군사들의 이동을 재현한 사진.

사라진 호라즘 제국

호라즘 제국은 사마르칸트를 중심으로 중앙아시아 일대의 교역을 장악하고 있던 강국이었어요. 하지만 칭기즈 칸이 보낸 백여 명의 사절단을 죽인 대가로, 몽골의 공격을 받은 지 5개월 만에 멸망했답니다.

세계 제국이 된 몽골 제국

칭기즈 칸의 몽골 제국은 중국에서부터 중앙아시아, 페르시아를 넘어 유럽의 동부 지역까지 이르는 대제국이었어요. 이제까지 그 어떤 전쟁 영웅도 이룩하지 못한 세계 제국이었지요.

몽골 제국의 수도였던 카라코룸의 현재 모습.

> 나를 극복하는 그 순간…
> 나는 칭기즈 칸이 되었다.

| 연관 검색 | 원나라를 건설한 쿠빌라이 칸 |

칭기즈 칸이 죽은 후 몽골 제국은 후계자 문제로 어지러웠어요. 안정을 되찾게 된 것은 칭기즈 칸의 손자인 쿠빌라이가 칸이 되면서부터였어요. 쿠빌라이 칸(1215년~1294년)은 1271년에 국호를 원이라 고치고, 중국 남부에 있던 남송을 멸망시켰어요. 남송은 한족이 세운 중국 정부였지요. 이로써 쿠빌라이가 지배하는 원나라가 중국 전체를 지배하게 된 것이지요. 이민족이 중국 대륙 전체를 지배한 것은 원나라가 처음이었어요.

거란의 침략을 물리친 고려의 명장
강감찬
한국 • 948년~1031년

별이 떨어지고 태어난 큰 인물

예로부터 하늘에서 큰 별이 떨어지면 위대한 인물이 태어날 징조라고 해요. 강감찬이 태어나던 날, 금주(지금의 경기도 시흥)의 하늘에도 큰 별이 떨어졌어요. 그 후 이곳을 낙성대라고 불렀어요. 떨어질 낙(落), 별 성(星), '별이 떨어진 곳'이라는 뜻이에요.

작고 못생긴 아이

강감찬의 어린 시절 이름은 은천이었어요. 유난히 키가 작고 못생겨서 주변 사람들의 놀림을 많이 받았어요. 아무리 봐도 위대한 인물이 될 것 같지는 않았지요. 그럴수록 강감찬은 더욱 열심히 공부했고, 그 결과 과거 시험에서 장원급제(1등)를 차지했어요.

전쟁의 빌미가 된 강동 6주

고려의 북쪽에서 큰 세력을 떨치고 있던 거란은 송나라와 사이가 좋지 않았어요. 그런데 고려가 송나라와 교류를 하자 불만을 품고 고려를 침략했어요. 993년, 거란 장수 소손녕이 10만 대군을 이끌고 개경까지 쳐들어왔지요. 고려의 재상 서희는 뛰어난 외교술로 소손녕을 달래서 돌려보냈어요. 그리고 국방을 강화하기 위해 북진 정책을 추진했어요. 또한 압록강 유역에 살고 있던 여진족을 몰아내고 흥화진, 용주, 통주, 철주, 귀주, 곽주 등 강동 6주에 성을 쌓았어요.

거란을 크게 물리친 귀주 대첩

거란은 강동 6주를 돌려 달라고 요구했어요. 고려가 이를 거부하자 1018년에 거란 장수 소배압이 10만 대군을 이끌고 고려로 쳐들어왔어요.

거란족의 사냥 모습.

이때 고려의 총사령관은 일흔 살의 강감찬이었어요. 강감찬은 흥화진에서 거란군과 싸워 승리를 거두었고, 귀주에서 거란군을 다시 한 번 크게 무찔렀어요. 적장 소배압은 무기를 버리고 압록강을 헤엄쳐서 도망쳤고, 10만 대군 중 살아서 돌아간 거란 병사는 몇 천 명에 불과했다고 해요.

강감찬을 보낼 수 없었던 현종

현종(고려 8대 왕)은 강감찬을 맞이하기 위해 영파역까지 직접 마중 나갔어요. 잔치를 열어 주고 높은 벼슬을 내려 큰 공을 세운 강감찬을 치하했어요. 강감찬은 고려 최고의 벼슬인 문하시중이 되어 죽기 전까지 국방에 힘쓰다, 여든네 살에 세상을 떠났어요.

나성으로 튼튼해진 개경

원래 개경은 하나의 성곽으로 이루어진 도시였어요. 그런데 귀주 대첩 이후 강감찬이 거란과 여진의 침입에 대비하기 위해 개경에 외성을 쌓아야 한다고 주장했어요. 현종은 이 주장을 받아들여 7킬로미터의 외성을 쌓았어요. 이렇게 해서 개경은 내성과 외성, 즉 이중 성곽으로 이루어진 나성(羅星)이 되었어요.

4학년 2학기, 〈국어(듣기 말하기 쓰기)〉

강감찬 장군

꾸준히 공부를 한 강감찬은 서른여섯 살이 되던 해에 과거에 장원으로 급제하였습니다. 하지만, 이미 아버지께서 돌아가신 뒤라 기쁨을 안겨 드리지 못하여 무척 안타까워하였습니다. 고을의 수령이 된 강감찬은 백성을 사랑으로 보살펴 주었습니다.

강감찬이 일흔 살이 되던 해였습니다. 고려를 틈틈이 넘보던 거란이 십만 대군을 앞세워 쳐들어왔습니다. 강감찬은 지혜를 발휘하여 거란의 군사들을 무찔렀습니다. 거란을 물리친 강감찬은 큰 상을 받았습니다.

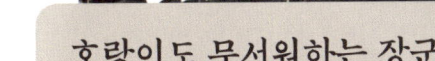
낙성대 공원에 있는 강감찬의 동상.

호랑이도 무서워하는 장군

강감찬은 수많은 설화의 주인공이 되었어요. 그중에서도 가장 유명한 설화는 호랑이를 물리친 이야기예요.

강감찬이 남경 판관으로 있을 때였어요. 호랑이가 자주 나타나는 바람에 동네 사람들은 무서워서 살 수가 없었어요. 그 소식을 듣고 강감찬은 아전에게 일렀어요. "삼각산 백운대에 가면 늙은 중이 바위에 앉아 있을 것이니 그 중을 데려오너라." 아전이 늙은 중을 데려오자 강감찬은 늙은 중에게 호통을 쳤어요. "어찌 감히 짐승으로써 사람들을 해치느냐. 너희 무리를 이끌고 백두산 이북으로 가라. 썩 물러나기 않으면 용서하지 않겠다." 그 후로 남경엔 더 이상 호랑이가 나타나지 않았다고 해요.

청해진을 건설해 국제 무역을 한 해상 왕
장보고
한국 · 미상~846년

나는야, 신라의 로빈 후드
장보고는 한반도 남도 끝자락의 어느 섬에서 태어났다고 해요. 어릴 때부터 활을 잘 쏘아서 궁복 혹은 궁파라고 불렸지만, 평민 신분이라는 제약 때문에 신라에서는 출세를 할 수 없었어요. 신라의 평민에 머물지 않고 스스로 운명을 개척하기 위해 장보고는 당나라로 건너갔어요.

당나라 장수가 된 신라인
당나라 무령군(당나라 쉬저우에 있던 군대 이름)에 들어간 장보고는 반란군을 토벌하는 데 참여했어요. 무예가 출중한 장보고는 무령군 소장으로 임명되었어요. 당나라에 건너와서 집단 거주지를 이루며 살고 있던 신라인들은 자신들을 보살펴 주는 장보고를 믿고 따랐어요.

청해진이 설치되었던 전라남도 완도군 장도 전경.

노비로 팔려 가는 신라인들
삼국 통일 후 신라는 전성기를 누리다가 점차 귀족들 간에 왕위 다툼이 심해지면서 국력이 약해졌어요. 중국 해적들이 신라의 백성들을 노비로 사 가는데도 이를 막을 수가 없었지요. 이 모습을 보고 너무 화가 난 장보고는 신라로 돌아와 흥덕왕에게 청해(완도)에 군영을 만들 것을 요청했어요. 828년 흥덕왕은 장보고를 청해진 대사로 임명하고 군사 1만을 주었어요. 청해진을 설치한 장보고는 인근 바다에서 날뛰던 중국 해적들을 모두 소탕해 버렸어요.

최고의 국제 무역항, 청해진

남해를 장악한 장보고는 청해진을 중심으로 해상 무역을 시작했어요. 당나라, 신라, 일본을 오가며 각 나라의 특산물을 사고파는 중계 무역을 했지요. 뿐만 아니라, 아라비아 상인들이 가져온 서역의 물품들을 신라와 일본에 전했어요. 인기가 좋은 자기는 청해진에서 직접 생산하기도 했어요. 이렇게 해서 청해진은 최고의 국제 무역항이 되었어요.

장보고 기념관에 전시된 청해진 복원 모형.

왕을 바꾼 장보고

왕위 다툼에서 민애왕에게 밀려난 김우징이 청해진으로 도망쳐 왔어요. 김우징은 청해진을 설치하게 해 준 흥덕왕의 아들이에요. 장보고는 흥덕왕에게 은혜를 갚기 위해 친구 정년에게 군사 5천을 주어 민애왕을 치게 했어요. 민애왕이 죽자, 김우징이 신무왕으로 즉위했지요. 장보고가 신라의 임금을 바꾸었답니다.

반란과 암살

흥덕왕이 죽고 5년 사이에 세 번이나 왕이 바뀌었을 정도로 신라의 정치는 혼란했어요. 그사이 장보고는 왕실을 능가할 정도로 힘이 커져 있었지요. 장보고는 신무왕의 뒤를 이어 문성왕이 즉위하자 문성왕에게 딸을 시집보내려고 했어요. 하지만 신하들이 섬사람의 딸을 왕비로 받아들일 수 없다며 강하게 반대했어요. 이 소식을 듣고 분노한 장보고는 반란을 일으켰어요. 장보고의 세력이 너무 커져 불안함을 느끼고 있던 문성왕은 염장을 보내 장보고를 암살했어요.

동방에서 가장 성공한 인물

당나라 최고의 시인으로 평가받는 두목은 〈번천문집〉이라는 책에서 장보고의 일생을 자세하게 다루었어요. 두목은 장보고를 동방에서 가장 성공한 사람이라고 평가했답니다.

4학년 2학기, 〈국어(읽기)〉

장보고

신라가 당, 일본과 활발한 무역을 하던 시절, 당의 세력이 기울면서 바다에서는 해적이 온갖 횡포를 부리고 있었다. 이 무렵, 전라남도 완도군에서 뱃사공의 아들 장보고가 태어났다. 어려서부터 몸이 날래고 용맹하고 지혜로웠던 장보고는, 당의 군대에 들어가서 벼슬을 하게 되었다. 그러던 어느 날, 장보고는 해적들에게 잡혀 온 신라 사람들의 비참한 생활 모습을 보게 되었다. '내 조국 신라로 돌아가자. 가서 못된 해적을 막아 백성들을 편안하게 해 주자.' (중략)

– 김소천

해상 왕 장보고

장보고는 사람들을 모아 청해진의 언덕에 성을 쌓기 시작하였다. 그리고 배를 만들기 시작하였다. 아주 짧은 시간에 성이 완성되었고, 배가 만들어졌다. 장보고는 군사도 만 명이나 훈련하였다. 이들은 평상시에는 농사를 짓고, 해적들이 나타나면 싸움을 하는 군사였다. 배도 마찬가지였다. 평상시에는 상인의 장삿배이지만 해적이 나타나면 갑판에 방패를 세워 해적들이 올라오지 못하게 하였다. (중략)

– 우봉규

고구려를 계승해 발해를 세운 왕
대조영
한국 · 미상~719년

고구려의 멸망

고구려는 668년에 나당 연합군에게 무너졌어요. 고구려가 멸망하자 평양에는 안동 도호부가 세워졌어요. 안동이란 '동쪽을 편안히 한다.'라는 뜻으로, 한반도 전체를 지배하고자 한 당나라가 세운 기관이었지요. 고구려 유민들은 당나라에 대항했지만 671년에 안시성 싸움을 끝으로 막을 내렸어요. 당나라는 고구려 유민들을 영주로 끌고 갔는데, 이들 중에 고구려의 장수였던 걸걸중상과 그의 아들 대조영도 있었어요.

당나라의 지배를 벗어나다

당나라는 거란족과 고구려 유민들을 지나치게 억압했어요. 그러자 버티지 못한 거란족이 반란을 일으켰어요. 혼란한 틈을 타서 대조영의 아버지는 고구려 유민들과 말갈족을 이끌고 당나라의 추격을 무찌르며 영주를 벗어나 동쪽으로 이동했어요.

당나라를 세운 이연.

발해 건국

아버지가 죽자 대조영이 무리를 이끌게 되었어요. 이해고가 이끄는 당나라 군대를 격파한 대조영은 동모산(지린 성 돈화 부근)에 자리를 잡았어요. 그러자 이 소문을 들은 고구려 유민들이 곳곳에서 모여들었어요. 이들을 기반으로 대조영은 발해를 건국했지요. 당나라는 발해를 고립시키고자 했으나 대조영은 오히려 돌궐과 동맹 관계를 맺으며 당나라의 견제를 벗어났어요. 그리고 남쪽으로 한반도 북부 지역, 북쪽으로 흑룡강, 서쪽으로 요동, 동쪽으로는 동해안에 이르는, 즉 만주·연해주·북한을 아우르는 대제국으로 발전시켰지요.

해동성국으로 성장한 발해

이후 발해는 당나라의 제도를 받아들여 3성 6부 제도를 시행하고, 수도를 동모산에서 상경 용천부로 옮겼어요. 8세기 초반에는 신라와도 교류했지요. 그러면서 신라와 함께 '남북국 시대'를 열었어요. 발해는 고유의 문화를 발전시키며 15대 왕을 거쳐 230년 동안 지속되었어요. 그리고 당나라로부터 해동성국(바다 동쪽의 전성기를 맞은 나라)이라는 칭호를 얻기도 했어요.

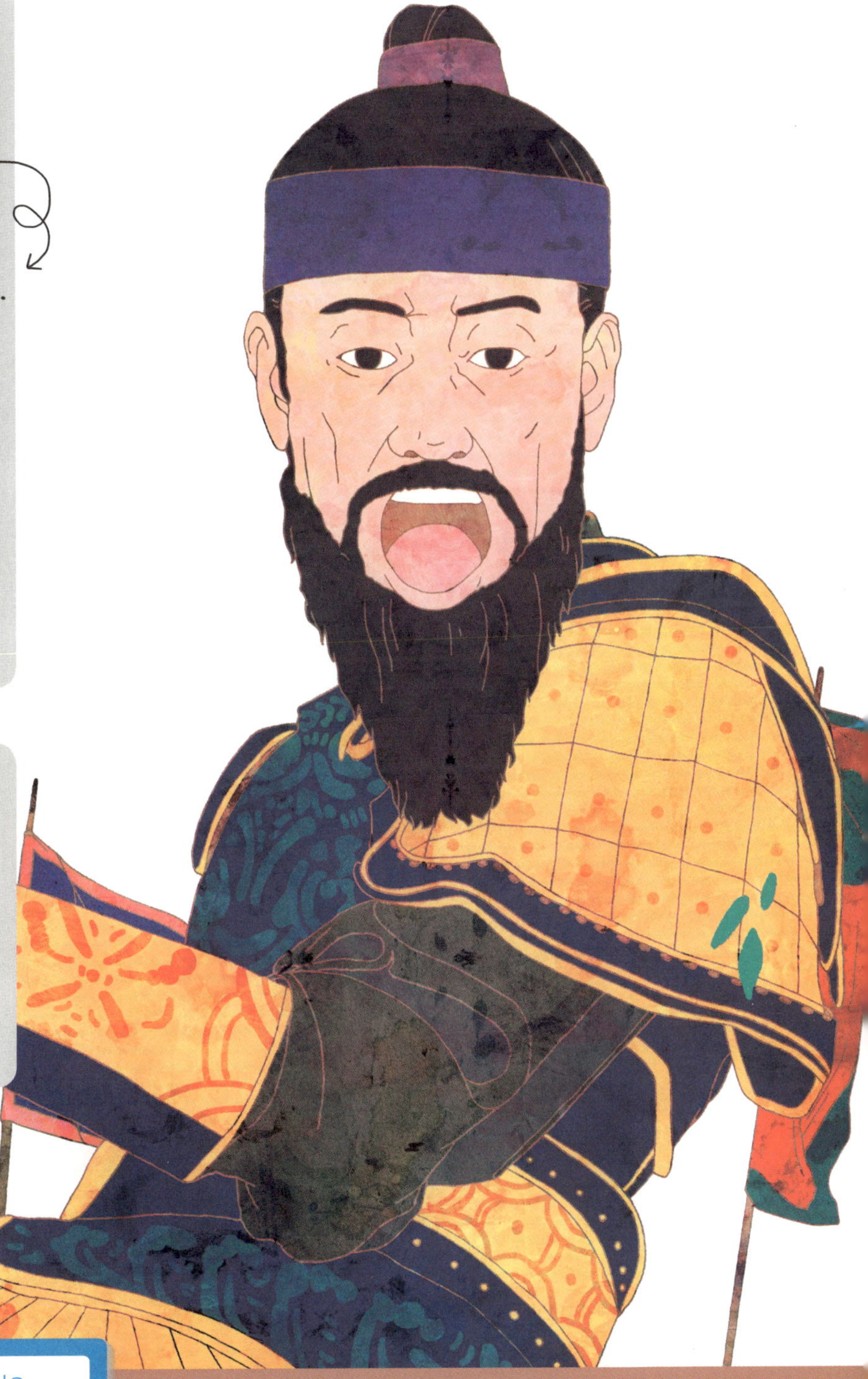

발해 유적지에서 나온 용머리.

역사 속으로 사라진 발해

융성하던 발해는, 당나라가 쇠퇴한 틈을 타 거란족을 통일하고 요나라를 세워 황제가 된 야율아보기에게 멸망했어요. 925년, 중원 지방으로 진출하려던 야율아보기의 공격을 받고 보름 만에 무너졌지요.

연관 검색 발해는 어느 나라의 역사일까?

발해가 멸망한 뒤 발해의 유민들은 강제로 이주했고, 수도는 불타 버려 발해의 역사는 묻혀 있었어요. 발해의 역사가 알려지면서 발해를 어느 나라의 역사로 볼 것인지 의견이 분분하지요. 중국은 발해를 세운 대조영이 말갈 사람이고, 현재 중국인인 만주족이 말갈족의 후예이기 때문에 중국의 역사라고 주장해요. 러시아는 대조영의 후예가 러시아 민족이 된 연해주 소수 민족이니 발해가 러시아의 역사라고 말해요. 남한과 북한은 대조영이 고구려인이고 고구려 유민들이 세운 나라이니 발해가 남한과 북한의 역사라고 주장하지요.

불교의 대중화에 앞장선 신라의 고승
원효 한국 • 617년~686년

승려가 된 이유

원효는 617년에 압량(지금의 경상북도 경산)에서 태어났어요. 신라가 백제, 고구려와 치열한 전쟁을 벌이면서 백성들의 고통이 점점 심해지자 원효는 결심을 했어요. 승려가 되어 백성들을 구원해야겠다고 말이지요. 열다섯 살에 출가를 해서 홀로 경전을 공부하다 스물한 살에 황룡사에 들어가 정식으로 승려가 되었어요.

해골바가지에서 발견한 진리

원효가 당나라로 가는 길에 날이 어두워져서 동굴에서 하룻밤을 묵게 되었어요. 칠흑 같은 어둠 속에서 목이 말라 일어났다가 물이 담긴 바가지를 발견하고는 그 물을 아주 달게 마셨지요. 그런데 다음 날 아침에 깨어나 보니 그곳은 동굴이 아닌 무덤가였고, 달게 마신 물은 해골바가지에 담긴 물이었던 거예요. 원효는 그때 깨달았어요. 진리는 밖에서 찾을 것이 아니라 오직 자신 안에서 찾아야 한다는 것을 말이지요.

당나라 유학은 필수

신라 사회에서는 승려들의 당나라 유학이 유행이었어요. 원효도 친구인 의상과 함께 당나라 유학길에 올랐어요. 그런데 요동 근처에서 고구려군에게 붙잡히고 말았어요. 첩자로 오인 받은 두 사람은 감옥에 붙잡혀 있다가 겨우 신라로 돌아왔지요. 그 후 다시 한 번 당나라 유학에 도전했다가 스스로 유학을 포기하고 돌아섰어요.

의상.

귀족 불교 속에서 싹이 튼 민중 불교

대부분의 유학파 승려들은 왕실과 귀족들의 존경을 받으면서 성 안의 대사원에서 풍족한 생활을 누렸어요. 하지만 이들과 다른 길을 선택한 승려들도 있었어요. 가난하고 힘없는 백성들을 위해 저자거리를 다니거나, 지방에 절을 지어 불교를 전파했지요. 이런 불교를 백성들을 위한 불교라고 해서 민중 불교라고 해요.

파계

원효는 요석 공주와의 사이에 설총이라는 아들을 두었어요. 승려가 여인과 사랑을 하고 자식을 낳는 것은 계율에 어긋나는 일(파계)이었어요. 원효는 설총이 태어나자 스스로 승복을 벗어던지고 대중들 속으로 들어가 불교를 전했어요.

누구나 따르는 소성거사

원효는 자신을 소성거사라 하며 광대처럼 춤을 추거나 노래를 부르며 돌아다녔어요. 심지어 기생집을 드나들기도 하고, 일반 백성들 집에서 잠을 청하기도 했어요. 백성들은 허물없이 그를 따랐어요. 원효의 이런 노력 덕분에 가난한 사람, 천민, 부랑자, 거지, 어린아이까지 부처님 이름을 알고 염불을 할 수 있게 되었답니다.

해동의 성인

원효는 평생 100여 종 240권의 책을 썼어요. 특히 〈판비량론〉은 일본 승려들의 교과서였어요. 원효의 사상은 귀족 중심의 불교 이론을 민중 중심의 불교로 바꾸는 데 공헌을 했고, 어느 하나의 종파에 치우치지 않았어요. 일본에서는 원효를 해동의 성인으로 추앙했지요.

원효의 신사였던 불광사.

연관 검색 승려들의 활약

의상(625년~702년)
원효와 함께 신라를 대표하는 승려예요. 당나라에서 유학하고 돌아와 이론보다 실천을 강조하면서 부석사를 세웠어요.

설총(655년~미상)
원효의 아들로, 이두를 정리해 우리말을 쉽게 기록할 수 있도록 했어요. 이두는 한자의 음과 뜻을 따서 우리말의 발음을 표기하는 방법이에요.

의천(1055년~1101년)
고려 시대의 승려예요. 그는 원효를 칭송하면서 고려 불교의 개혁을 주장했어요.

삼국 통일을 이룬 신라의 장군
김유신 한국·595년~673년

반쪽은 신라인, 반쪽은 가야인

김유신의 증조할아버지는 금관가야의 구해왕으로 가야의 왕족이었어요. 하지만 가야가 멸망하면서 할아버지 때부터 신라의 백성으로 살았지요. 아버지 김서현은 신라 왕족인 만명과 결혼했어요. 그러니까 아버지 쪽으로는 가야 왕족의 피가, 어머니 쪽으로는 신라 왕족의 피가 흐르는 셈이었지요.

↳ 김유신.

떡잎부터 달랐던 화랑

김유신은 열다섯 살에 화랑이 되었어요. 화랑은 진흥왕이 인재를 선발하기 위해 만든 전국적인 청년 조직이었어요. 총책임자인 국선 아래, 우두머리 격인 화랑 3~8명과 화랑이 거느리는 낭도들로 구성되어 있었어요. 화랑 김유신은 어려서부터 삼국 통일에 큰 뜻을 품고 있었어요. 어느 날 훈련을 하려고 홀로 석굴에 들어갔다가 난승이라는 노인을 만나 삼국 통일의 비법을 전수받았다고 해요.

가슴 아픈 사랑

화랑 시절 김유신은 천관녀라는 여자를 사랑했어요. 사랑에 빠진 김유신이 무예 훈련을 게을리하자 어머니가 간곡히 타일렀어요. 김유신은 다시는 천관녀를 만나지 않겠다고 맹세했지요. 어느 날, 술에 취한 김유신이 말을 타고 잠이 들었는데 눈을 뜨니 천관녀의 집이었어요. 김유신은 어머니와의 맹세를 지키기 위해 말의 목을 내리쳤어요. 그리고 다시는 천관녀를 찾지 않았답니다.

영웅의 등장

김유신이 유명해진 것은 서른네 살 때 낭비성 전투에서였어요. 진평왕 51년, 신라는 고구려가 점령하고 있던 낭비성을 공격했어요. 신라군이 패할 위기에 처하자 김유신은 적장에게 결투를 청했어요. 이때 김유신이 적장의 목을 베자 신라군의 사기가 하늘을 찔렀고, 결국 고구려군을 무찌르고 낭비성을 빼앗았어요.

김춘추를 잡아라!

김춘추(602년~661년)는 김유신보다 일곱 살이 어렸지만 진골인데다 정치적 수완이 좋았어요. 김유신은 김춘추와 손을 잡기 위해 여동생을 김춘추에게 시집보냈어요. 김춘추도 군사력을 장악한 김유신을 잡으려고 자신의 셋째 딸을 김유신에게 시집보냈답니다. 두 사람은 정치가와 장군으로서도 뗄 수 없는 관계였어요. 훗날 임금이 된 김춘추는 김유신에게 "과인에게 경이 있음은 물고기에게 물이 있음과 같소."라고 말했다고 해요.

아들의 목숨보다 더 중요한 원칙

둘째 아들 원술이 당나라와의 전쟁에서 패하고 돌아오자 김유신은 화랑의 계율을 어겼다며 목을 베려고 했어요. 왕은 원술을 용서하라고 했지만 김유신은 그럴 수 없었어요. 화랑의 정신이 무너지게 될 것을 염려했기 때문이에요. 원술은 너무나 부끄러운 나머지 집에 돌아오지 못하고 산속으로 들어가 버렸어요. 김유신은 죽을 때까지 아들을 보지 않았답니다.

꿈은 이루어진다

660년, 김유신은 5만 명의 군사를 이끌고 당나라와 함께 백제를 공격했어요. 이때 계백 장군이 이끄는 백제군을 멸망시키고, 668년엔 고구려까지 무너뜨리면서 마침내 삼국 통일을 이룩했어요. 그러고 나서 김유신은 한반도를 차지하려는 당나라의 속셈을 눈치채고, 당나라군을 한강 이북으로 쫓아 버렸어요.

김유신의 묘.

| 연관 검색 | 백제 충신 계백 장군 |

계백(607년~660년)은 백제 말기의 장군으로, 당나라와 신라의 연합군이 백제를 침공했을 때 논산 황산벌에서 치열하게 전투를 벌이다 장렬하게 전사했어요. 자신의 목숨을 버리면서까지 무너져 가는 백제에 충성을 지킨 충신이었지요.

이슬람교의 창시자
무함마드

사우디아라비아 • 570년~632년

종교엔 강요가 있을 수 없느니라.

외로운 고아 소년

570년경, 메카를 지배하고 있던 쿠리이시 족의 일원으로 태어났어요. 태어난 지 2개월 만에 아버지가 죽고 어머니마저 여섯 살 때 세상을 떠나면서 고아가 되었어요. 가난한 살림 때문에 공부를 배울 수 없었던 무함마드는 사막에서 양치기 목동으로 살았답니다.

아내는 돈 많은 미망인

무함마드는 스물다섯 살 때 카디자의 재산 관리인이 되었어요. 마흔 살의 카디자는 돈이 아주 많은 미망인이었어요. 유명한 가문의 남자들이 카디자에게 청혼을 했지만 카디자는 모두 물리쳤어요. 그리고 카디자가 선택한 사람은 바로 가난한 무함마드였어요. 가진 것이 없었던 무함마드는 낙타 20마리를 선물하고 카디자와 결혼했어요.

신비의 돌을 옮긴 주인공은?

↳ 흑석을 옮기는 무함마드.

메카에 있던 카바 신전이 너무 낡아서 재건축을 하게 되었어요. 부족들은 신전에 있던 신성한 흑석을 누가 옮길 것인가를 놓고 서로 싸웠어요. 그러다 신전의 문을 제일 처음 지나는 사람에게 중재를 요청하기로 했어요. 그때 무함마드가 그 문을 지나갔어요. 중재자가 된 무함마드는 모두를 만족시킬 수 있는 방법을 생각해 냈어요. 긴 천에 흑석을 올려서 부족들이 다 함께 흑석을 옮기도록 한 것이었지요. 그렇다면 흑석을 옮긴 진짜 주인공은 누구였을까요? 바로 무함마드였어요. 긴 천에 흑석을 올려놓은 사람도, 흑석을 자리에 내려놓은 사람도 무함마드였으니까요.

돈이 인생의 전부는 아니야

카디자와 결혼하면서 큰 부자가 되었지만 무함마드는 만족할 수가 없었어요. 마흔 살이 넘은 무함마드는 인생의 진리를 찾기 위해 메카 교외에 있는 하라 동굴에 들어가서 수행을 시작했어요. 어느 날 깜빡 잠이 들었다가 알라신의 계시를 듣게 되었어요.

↳ 무함마드가 알라신의 계시를 받은 하라 동굴.

미치광이 예언자

무함마드는 알라신에게 받은 계시를 사람들에게 전했어요. 알라신 앞에서는 모든 사람이 평등하므로 계급을 없애야 하고, 알라신 외에 다른 우상을 숭배하지 말아야 한다는 내용이었어요. 많은 신을 숭배하는 쿠라이시 족은 그를 미치광이 취급했어요. 특히 귀족들이 그를 위험한 인물로 여겼어요. 622년, 무함마드는 탄압을 피해 신도들을 이끌고 야스리브(메디나)로 탈출했어요. 이슬람교에서는 이것을 '헤지라'라고 불러요.

| 연관 검색 | '읽어야 한다' 쿠란! |

이슬람교도들은 무함마드를 '라술라'라고 불렀어요. 라술라는 알라신의 사도라는 뜻이에요. 무함마드의 가르침은 제자들에 의해 기록되었는데 훗날 이것을 모은 책이 《쿠란》입니다. 쿠란은 아랍 어로 '읽어야 한다.'는 뜻이에요. 지금도 쿠란은 이슬람교의 경전인 동시에 역사서이자 법전이요, 생활 지침서로 읽히고 있어요.

신앙의 자유

624년 무함마드가 이끄는 이슬람군은 바르트 전투에서 쿠라이시 족의 대군을 무찔렀어요. 그 후 무함마드는 메카의 지배자가 되어 아라비아 반도를 통일하고 시리아까지 정복하려고 했지요. 무함마드는 정복지 주민이나 포로들에게 이슬람교를 믿을 것을 권했지만 강요하지는 않았어요. 일정한 공물을 바치면 원하는 종교를 가질 수 있도록 신앙의 자유를 주었어요.

삼국 통일의 기틀을 마련한
선덕 여왕
한국 • 미상~647년

남자만 왕이 되란 법 있나?

신라 24대 임금인 진평왕에게는 아들이 없었어요. 이미 결혼한 공주 둘만 있었지요. 성골만 왕이 될 수 있는데 성골 중에 남자가 없어 왕위 계승 문제가 발생했어요. 결국 진평왕은 맏딸인 덕만 공주에게 왕위를 물려주겠다고 결정을 내렸어요. 화백 회의도 만장일치로 덕만 공주의 즉위를 찬성했어요. 이렇게 해서 우리나라 최초의 여왕이 탄생했답니다.

건널 수 없는 신분의 벽

신라에는 골품제라는 신분제가 있었어요. 귀족인 골과 중간 관리 이하의 신분인 품은 건널 수 없는 벽처럼 아주 다른 신분이었지요. 골은 다시 성골과 진골로 나뉘었는데, 둘을 나누는 기준이 무엇인지는 알려져 있지 않아요.

총명하고 지혜로운 여인

↗ 모란.

어느 날 당나라 황제 태종이 선물을 보내왔어요. 붉은색, 자주색, 흰색의 모란 그림과 씨앗 석 되였어요. 그림을 본 선덕 여왕은 모란이 향기 없는 꽃일 거라고 말했어요. 꽃에 향기가 있으면 나비와 벌이 따를 텐데, 그림 속에는 나비도 벌도 없었기 때문이에요. 선덕 여왕의 말처럼 모란은 향기가 없는 꽃이랍니다.

당나라를 이용해 위기를 극복하다

선덕 여왕 11년(642년)에 백제 의자왕이 대군을 보내 신라 서쪽에 있던 사십여 개의 성을 빼앗았어요. 또 백제 장군 윤충은 대야성을 공격해 그곳을 지키던 김춘추의 사위와 딸을 죽였어요. 위기에 빠진 신라를 구하기 위해 선덕 여왕은 당나라와 동맹을 맺었어요. 고구려와 백제가 함부로 신라를 공격할 수 없게 한 것이지요. 그사이 선덕 여왕은 김춘추와 김유신에게 군사력을 키워 삼국 통일의 기틀을 닦도록 했어요.

동양에서 가장 큰 절을 세운 이유

선덕 여왕은 나라를 제대로 다스리려면 백성들의 힘을 한곳으로 모아야 한다고 생각했어요. 불교를 장려한 것도 그 때문이었지요. 불교라는 종교를 통해 백성들이 한마음 한뜻이 되기를 바란 것이에요. 잦은 외세의 침입으로 백성들이 불안해하자 황룡사 9층 목탑을 세웠어요. 9라는 숫자는 외적의 숫자를 상징한다고 해요. 즉 불교의 힘으로 외세를 막아 백성들을 안정시키고자 한 것이지요.

하늘을 관측하는 왕

첨성대.

귀족들은 선덕 여왕을 시기하고 질투했어요. 여왕은 왕이 될 자격이 없다는 게 그 이유였지요. 왕권을 강화할 필요성을 느낀 선덕 여왕은 보란 듯이 첨성대를 세웠어요. 첨성대는 하늘의 별을 관측하는 천문대인데, 예로부터 하늘을 관측하는 것은 왕만 할 수 있는 일이었어요. 선덕 여왕은 첨성대를 이용해 홍수나 가뭄 등 농사에 필요한 정보를 예측하고, 별자리로 운세를 점쳐서 국가의 중대사를 결정하기도 했어요.

황룡사 복원 모형.

연관 검색 | 선덕 여왕의 뒤를 이은 진덕 여왕

선덕 여왕이 상대등으로 임명한 비담은 '여왕이 나라를 다스릴 수 없다.'는 이유를 내세워 반란을 일으켰어요. 비담의 반란은 김춘추와 김유신이 진압을 했지만 신라는 왕이 없는 상태가 되고 말았어요. 반란이 진행되는 중에 선덕 여왕이 병으로 세상을 떠난데다, 선덕 여왕에게는 자식이 없었기 때문이지요. 왕이 될 수 있는 성골은 딱 한 사람뿐이었어요. 선덕 여왕의 사촌인 승만 공주였지요. 승만 공주는 선덕 여왕의 뒤를 이어 신라 제28대 임금이 되었는데, 그녀가 바로 진덕 여왕이랍니다.

고구려의 영토를 크게 넓힌 왕 중의 왕
광개토 대왕
한국 • 374년~412년

활달하고 큰 아이

고구려의 소수림왕에게는 아들이 없었어요. 그가 죽자 동생인 고국양왕이 후계자가 되었는데, 담덕은 고국양왕의 아들이었어요. 태어날 때부터 덩치가 크고 성격이 활발했던 담덕은 열여덟 살에 왕이 되었어요. 그가 바로 광개토 대왕이랍니다.

큰 나라가 좋아

즉위하자마자 전쟁터로 달려간 광개토 대왕은 군사를 직접 이끌고 백제의 관미성을 일곱 방향으로 공격해 20일 만에 함락시켰어요. 그후 한강 이북의 58개 성을 차지하고, 신라를 공격했어요. 이후 신라와는 형과 아우의 관계를 맺어 정치에 많은 간섭을 하기도 했지요. 광개토 대왕은 여기서 그치지 않고 드넓은 만주 땅을 정복해 나가기 시작했어요. 중국 연나라를 공격하고, 동부여를 정벌해서 거대한 영토를 이루었지요.

천하의 중심 고구려

고구려는 이전까지 중국의 연호를 사용했어요. 연호란 임금이 바뀐 그 이듬해부터 연도 앞에 붙이는 이름이에요. 광개토 대왕은 중국의 연호가 아닌 고구려의 독자적인 연호인 '영락'을 최초로 사용했어요. 독자적인 연호를 쓴다는 것은 고구려가 중국의 속국이 아니라 천하의 중심이라는 생각이 반영된 것이에요.

아들이 세워 준 거대한 비석

광개토 대왕은 서른아홉 살이라는 이른 나이에 세상을 떠났어요. 그리고 그의 아들인 장수왕이 아버지의 뒤를 이어 고구려의 왕이 되었지요. 장수왕은 아버지의 업적을 기리기 위해 거대한 비석을 세웠어요. 광개토 대왕비는 높이가 무려 6.39미터나 된답니다.

| 연관 검색 | 장군총 |

장군총은 중국 지린 성 지안 현에 있는 고구려의 돌무덤이에요. 지안은 고구려의 두 번째 수도인 국내성이 있던 곳이에요. 장군총은 화강암을 피라미드처럼 7층 쌓아 올려 높이가 아파트 5층 높이에 이르러요. 장군총의 주인이 광개토 대왕이라는 설도 있지만, 지금은 장수왕이라는 견해가 가장 유력해요. 안타깝게도 도굴 당해 남아 있는 유물이 없답니다.

독립 기념관에 있는 광개토 대왕비 복제품.

고구려의 영토를 최대로 확장한 아들

고구려 20대 임금인 장수왕(394년~491년)은 아버지의 뒤를 이어 고구려의 영토를 더욱 넓혀 나갔어요. 고구려의 영토는 북으로는 랴오허 강 동쪽 만주 전체를 아우르고 남으로는 충남 아산만에서 죽령까지 이르렀어요. 광개토 대왕 때보다 더 넓은 영토를 가지게 되었지요. 장수왕이 다스리던 시기에 중국은 위진남북조 시대였어요. 남쪽은 송나라가 다스리고, 북쪽은 북위과 북연이 서로 다투고 있었어요. 북연이 고구려에 도움을 요청하자 장수왕은 오히려 북위에 사신을 보냈어요. 그 이듬해에 북위가 북연을 공격하자 이번에는 군대를 파견해 북연을 도왔고요. 이렇게 무력과 사신이라는 두 가지 방법을 번갈아 사용하며 세 나라를 견제하는 장수왕의 외교술 덕에 고구려는 중국과 큰 전쟁 없이 평화를 유지할 수 있었어요.

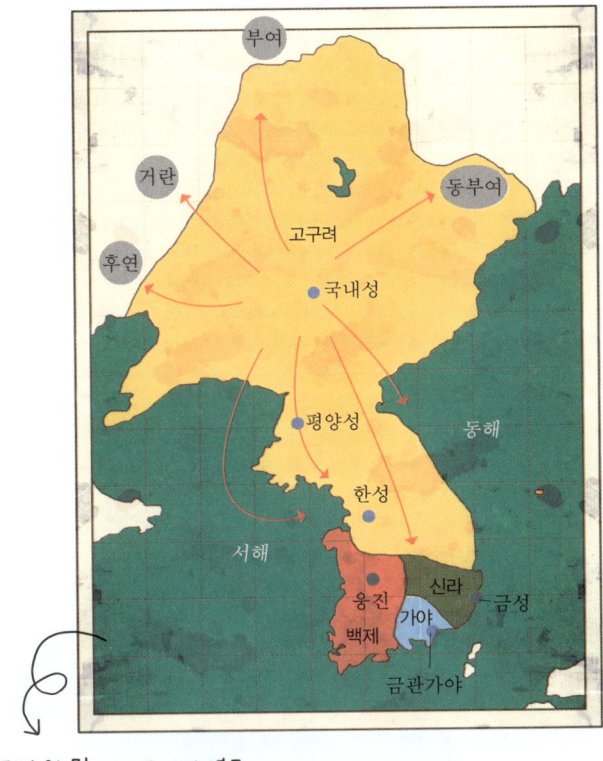

장수왕 말기 고구려의 영토.

고구려와 신라의 관계를 짐작할 수 있는 충주 고구려비.

기독교의 창시자
예수 그리스도

이스라엘 • 기원전 4(?)년~30년

네 이웃을 네 몸과 같이 사랑하라.

마구간에서 태어난 아이

기원전 4년경에 예수는 로마 제국의 식민지인 유대 땅, 그중에서도 가난한 사람들이 모여 사는 갈릴리에서 태어났어요. 아버지는 목수인 요셉, 어머니는 마리아였어요. 아버지처럼 목수 일을 했다는 것 외에 어린 시절에 대해서는 알려진 사실이 별로 없어요.

뿔뿔이 갈라진 유대 인

유대 인들은 여러 당파로 갈라져 있었어요. 무장봉기로 독립을 쟁취해야 한다고 주장하는 당파, 속세를 떠나서 금욕 생활을 하자고 주장하는 당파 등이 있었지요. 예수의 가르침은 그 어느 당파의 주장하고도 달랐어요. 예수는 회개하면 누구든지 하느님의 나라에 들어갈 수 있다고 가르쳤답니다.

유대 인의 구세주

유대 인에게는 옛날부터 내려오는 믿음이 있었어요. 하느님이 언젠가 구세주를 보내 고통에 허덕이는 자신들을 구해 줄 것이라는 믿음이었지요. 많은 유대 인이 예수를 구세주라고 생각했어요. 예수를 그리스도라고 부르는 이유도 그 때문이에요. 그리스도는 유대 어로 기름 부음을 받은 자, 즉 구세주를 뜻한답니다.

↳ 레오나르도 다 빈치, 〈최후의 만찬〉, 1459년~1497년

유대 인의 왕을 십자가형에 처하라

여러 당파는 예수가 왕이 되려 했다는 누명을 씌워 로마 총독 빌라도에게 고발했어요. 빌라도는 이렇다 할 죄목을 발견하지 못했지만 유대 인들의 요구를 받아들일 수밖에 없었어요. 예수가 십자가에 못 박히는 형벌을 받고 죽을 때 그의 나이는 세른세 살이었답니다.

세계 최고의 베스트셀러, 성경

성경은 예수의 일생과 기독교의 가르침이 들어 있는 책이에요. 구약과 신약으로 이루어져 있지요. 저자가 누구인지 알려져 있지 않지만 전 세계에서 가장 많이 팔린 책 중의 하나랍니다.

기독교인은 나빠

예수의 사상이 사람들에게 전파되면서 기독교라는 종교가 탄생했어요. 유대에서 시작된 기독교는 우상 숭배를 거부하며 황제 숭배를 거부했기 때문에 로마 제국의 심한 박해를 받았지요. 네로 황제는 로마에 큰 화재가 일어나자 기독교인의 짓이라며 많은 사람을 처형시키기도 했어요. 기독교가 공식적으로 인정을 받은 것은 313년 콘스탄티누스 황제 때였어요.

↳ 콘스탄티누스 황제.

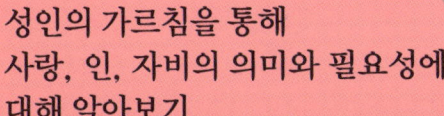

6학년, 〈도덕〉

성인의 가르침을 통해 사랑, 인, 자비의 의미와 필요성에 대해 알아보기

· 예수가 말한 '사랑'의 의미는 무엇입니까?
· 예수가 특히 사랑하라고 한 사람은 어떤 사람입니까?
· 예수, 공자, 석가모니의 공통적인 삶의 모습과 가르침은 무엇입니까?

로마의 영웅이자 정치가
가이우스 율리우스 카이사르

이탈리아 • 기원전 100(?)년~기원전 44년

검투사들이 죽어 간 콜로세움

콜로세움은 수만 명의 구경꾼을 수용할 수 있는 넓은 원형 경기장이에요. 이곳에서 벌어진 경기 중 로마 시민들에게 가장 큰 인기를 끈 것은 검투사들의 경기였어요. 간혹 검투사가 맹수를 상대로 싸우기도 했는데, 상대가 누구건 어느 한쪽이 죽어야 끝나는 경기였어요.

콜로세움.

로마 제국의 위기

카르타고를 비롯해 많은 나라를 정복한 로마는 전쟁을 통해 얻은 노예들을 가혹하게 대했어요. 노예들은 참다 못해 반란을 일으키기도 했는데, 그중 검투사인 스파르타쿠스가 일으킨 반란은 로마 전체를 뒤흔들 정도로 큰 규모였어요. 계속되는 노예들의 반란과 심해지는 빈부 격차로 로마의 공화정은 무너지기 시작했어요.

시민들의 인기를 한 몸에 받은 정치인

카이사르는 유서 깊은 귀족 가문 출신이었지만 그다지 부자는 아니었어요. 귀족 대표였던 폼페이우스는 카이사르, 크라수스와 손잡고 원로원에 맞섰는데, 이것을 삼두 정치라고 해요. 그중에서도 카이사르는 웅변술이 뛰어나고 시민들의 의견에 귀를 기울여 특히 인기가 좋았어요.

루비콘 강을 건너다

카이사르는 갈리아 총독이 되겠다는 포부로 4개 군대를 이끌고 떠났어요. 갈리아 지방은 지금의 프랑스, 벨기에 일대로 갈리아 인은 용맹하고 사납기로 유명했어요. 하지만 카이사르는 전쟁에서 승승장구했지요. 폼페이우스는 카이사르의 세력이 너무 커지는 것이 두려워 카이사르를 없앨 계획을 세웠어요. 이 계획을 미리 알아챈 카이사르는 로마로 진격했어요. 그의 군대는 단숨에 이탈리아의 경계선인 루비콘 강에 이르렀지만, 루비콘 강은 원로원의 승인 없이는 건널 수 없었어요. 잠시 망설이던 카이사르는 "주사위는 던져졌다."는 말을 하고 강물 속으로 말을 몰았어요. 기원전 49년 1월 12일, 로마로 입성한 카이사르는 로마를 장악했어요.

루비콘 강.

공화정의 몰락

원로원은 카이사르를 총통으로 임명했어요. 5백 년 동안 유지되었던 로마의 공화정은 이름뿐인 제도가 되었고 로마는 카이사르 한 사람의 국가가 되었지요. 로마의 지배층은 공화정을 지키려는 공화파와 카이사르를 황제로 세우려는 제정파로 분열되었어요.

부르투스, 너마저!

기원전 44년, 원로원에 나가던 카이사르는 광장 입구에서 40여 명의 공화파에게 둘러싸였어요. 그들은 일제히 카이사르에게 단검을 휘둘렀고 칼에 맞은 카이사르는 비틀거렸어요. 그때 뒤에서 누군가 일격을 가했어요. 그는 카이사르가 친아들처럼 아꼈던 부르투스였어요. 카이사르는 이 한마디를 남기고 쓰러졌어요. "부르투스, 너마저!"

카이사르의 암살을 그린 그림.

황제가 된 옥타비아누스

카이사르가 죽자 그의 양아들이었던 옥타비아누스가 시민들의 지지를 얻어 로마 최초의 황제가 되었어요. 카이사르를 암살해서 공화정을 되살리려던 공화파의 노력은 오히려 역효과가 났지요.

옥타비아누스의 흉상.

연관 검색 클레오파트라

클레오파트라(기원전 69년~ 기원전 30년)는 폼페이우스와 권력 다툼을 벌이다 이집트로 온 카이사르와 동맹을 맺어 자신의 정치 기반을 단단히 했어요. 결국 이집트의 여왕으로서 실권을 장악했지요. 비범한 화술과 뛰어난 지식을 바탕으로 이집트를 다스리고자 했던 적극적인 여성이었지요.

부력의 법칙을 발견한 고대 그리스의 수학자
아르키메데스

그리스・기원전 287년~212년

수학이 너무 재미있어

아르키메데스는 시칠리아 섬의 시라쿠사에서 태어났어요. 열한 살 되던 해에 당시 문화의 중심지였던 알렉산드리아로 건너가서 수학자 코논에게 기하학을 배웠어요. 이때부터 수학의 세계에 흠뻑 빠져들게 되었지요.

아르키메데스의 고대 문서.

유레카!

하루는 왕이 아르키메데스에게 신전에 바칠 왕관이 순금으로 만들어졌는지 알아내라는 명령을 내렸어요. 해답을 찾지 못해 몇 날 며칠 고민하던 아르키메데스는 공중목욕탕에 들어갔다가 물이 넘치는 것을 보고 증명할 방법을 알아냈어요. 이때 아르키메데스는 너무 기쁜 나머지 발가벗은 채로 "유레카!"라 외치며 집으로 달려갔다고 해요. 유레카란 그리스 어로 알아냈다는 뜻이에요. '액체 중에 있는 물체는 그 물체가 밀어낸 액체의 무게만큼 부력을 받는다.'는 그 유명한 아르키메데스의 원리가 이때 발견된 거예요.

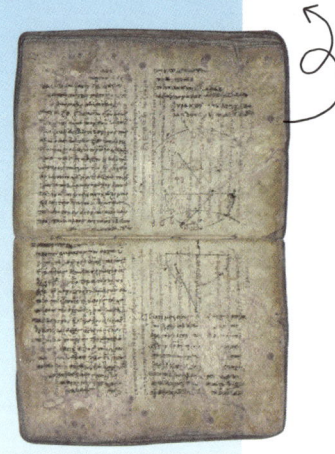

유레카!

포에니 전쟁 시대

로마 제국과 카르타고는 지중해의 패권을 차지하기 위해 세 번에 걸쳐 전쟁을 했어요. 이것을 포에니 전쟁이라고 하는데, 제2차 포에니 전쟁 때 시라쿠사는 카르타고의 편을 들어 로마군의 공격을 받게 되었어요.

로마군을 괴롭힌 죽음의 광선

로마군이 공격해 오자 아르키메데스는 투석기와 기중기 등의 신형 무기를 발명했어요. 특히 '죽음의 광선'이라는 무기는 그 위력이 무시무시했다고 해요. 거울을 이용해 태양 광선을 한 점으로 모이게 하는 성질을 이용한 이 무기는 시라쿠사로 돌진하는 로마군의 함정을 불태워 버렸어요.

도형을 지키려다 죽은 노인

아르키메데스는 특별히 도형에 관심이 많았어요. 아무 곳에나 도형을 그리며 연구하는 습관이 있었지요. 로마 제국의 공격으로 시라쿠사가 무너지던 날에도 아르키메데스는 모래 위에 도형을 그리고 있었어요. 이때 그림자가 도형을 가리자 "물러서라, 내 도형이 망가진다."라고 소리쳤어요. 그림자의 주인은 로마 병사였는데, 그는 노인이 위대한 수학자 아르키메데스인 줄도 모르고 목을 베어 버렸답니다.

아르키메데스의 얼굴이 새겨진 필즈 상 메달.

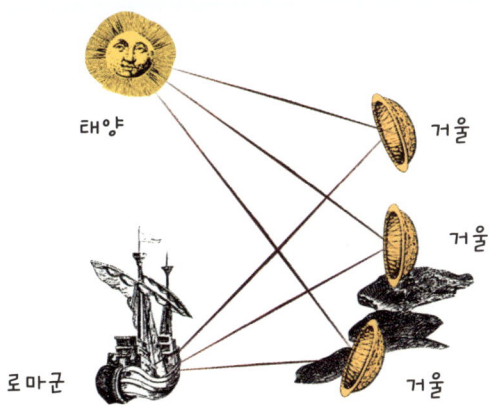

관련 교과

6학년 2학기, 〈과학〉

지레의 원리와 관련된 재미있는 옛날이야기

고대 그리스의 수학자 아르키메데스는 자신이 지구를 들어 올릴 수 있다고 큰소리쳤어요. 대신 충분히 길고 튼튼한 지렛대와 지구를 받칠 수 있는 받침을 달라고 했지요. 아르키메데스는 지레의 원리를 이용하려고 했던 거예요. 무거운 물체를 들 때 지레의 원리를 이용해 받침을 물체 가까이 놓으면 적은 힘을 들여 물체를 들 수 있지요.

이상한 그림이 그려진 묘비

1965년 시라쿠사에서 호텔 공사를 하기 위해 땅을 파던 중에 이상한 그림이 그려진 묘비가 발견되었어요. 원기둥 안에 공이 들어 있는 그림이었는데, 조사 결과 이것은 아르키메데스의 묘비였어요. 원뿔 : 구 : 원기둥의 부피가 1:2:3임을 밝혀낸 아르키메데스는 너무도 자랑스러운 나머지 이 그림을 묘비에 새겨 달라고 유언했다고 해요.

아르키메데스가 묘비에 새겨 달라고 했던 그림.

동방 원정으로 대제국을 건설한
알렉산더 대왕
마케도니아 • 기원전 356년~기원전 323년

그 아버지에 그 아들

고대 그리스에는 200여 개의 폴리스가 있었어요. 폴리스란 작은 규모의 도시 국가로, 마케도니아도 그중의 하나였어요. 조용히 힘을 키운 마케도니아 왕 필리포스 2세는 아테네와 스파르타를 모조리 꺾고 그리스 전체의 지배국이 되었어요. 필리포스 2세에게는 아들이 하나 있었는데 그가 바로 알렉산더 대왕이에요.

결단력이 필요해!

스무 살에 왕위에 오른 알렉산더 대왕은 원대한 꿈이 있었어요. 지중해와 오리엔트 세계를 하나로 통일하는 것이었지요. 당시 소아시아 지방 고르디온엔 '신전 기둥에 묶인 복잡한 매듭을 푸는 자가 아시아의 모든 땅을 지배할 것이다.' 라는 예언이 전해 내려오고 있었어요. 신전 앞에 도착한 알렉산더 대왕은 칼을 빼어 들고 단칼에 매듭을 잘라 버렸지요. 그는 결단력 있는 행동으로 매듭을 푼 셈이에요.

모든 사람은 세계를 모국처럼 생각하라.

알렉산더 제국의 최대 영토.

가자, 동쪽으로!

아시아를 지배하기 위해서는 페르시아를 넘어야 했어요. 페르시아는 동방을 지배하고 그리스를 위협하는 가장 강한 나라였지요. 알렉산더 대왕은 페르시아를 정복하기 위해 기원전 334년, 3만 5천여 군사를 이끌고 동방 원정을 떠났어요. 10여 년에 걸쳐 끈질기게 싸운 끝에 마침내 페르시아를 정복하고 대제국을 건설했답니다.

마케도니아와 페르시아의 전투.

알렉산더 제국은 얼마나 컸나?

알렉산더 제국은 서쪽으로는 마케도니아, 동쪽으로는 인더스 강, 남쪽으로는 이집트에 이르는 광대한 지역이었어요. 알렉산더 대왕은 점령지마다 자신의 이름을 딴 도시, 알렉산드리아를 건설했어요. 70개에 이르는 알렉산드리아가 동서 문명의 교류지가 되었지요.

서른세 살에 찾아온 죽음

알렉산더 대왕은 아라비아 원정을 떠나기 직전에 원인을 알 수 없는 고열에 시달리다 갑자기 세상을 떠났어요. 그때 그의 나이는 서른세 살이었어요. 그 후 알렉산더 제국은 후계자 문제로 오랫동안 내분에 휩싸이다가 마케도니아, 시리아, 이집트로 갈라졌어요.

알렉산더 대왕의 동상.

연관 검색 | 헬레니즘 문화

알렉산더 제국이 건설되면서 그리스 문화와 오리엔트 문화가 결합한 헬레니즘 문화가 탄생했어요. 헬레니즘 문화의 특징은 세계 시민주의와 개인주의예요. 폴리스를 뛰어넘어 좀 더 큰 세계를 지향하고 개인의 행복을 강조하는 사상이지요. 로마를 통해 서유럽으로 전해진 헬레니즘 문화는 유럽 문화의 근간이 되는 한편 인도에 영향을 미쳐 간다라 미술을 낳기도 했어요. 간다라 미술은 그리스, 로마풍의 불교 예술 양식이에요.

간다라 미술 양식의 부처 머리. ▲

고대 그리스의 과학자이자 의학의 아버지
히포크라테스

그리스 • 기원전 460(?)년~기원전 377(?)년

> 인생은 짧고 예술은 길다.

아버지도 의사, 아들도 의사

히포크라테스는 그리스의 코스 섬에서 태어났어요. 의사인 아버지에게 의학을 배워 의사가 되었고, 히포크라테스의 아들도 의사가 되었다고 해요. 대대로 의사 집안인 셈이지요. 히포크라테스는 실력도 아주 뛰어나 '코스 섬의 유명한 의사'라고 하면 모르는 사람이 없었답니다.

의학은 주술이 아니라 과학

이전까지 사람들은 신을 모시는 사제가 병을 낫게 한다고 믿었어요. 질병의 원인도 잘 몰랐고요. 하지만 히포크라테스는 질병엔 반드시 원인이 있다고 생각했어요. 그래서 치료 과정을 꼼꼼히 관찰하고 원인을 찾아내는 데 힘을 썼어요. 의술을 주술이 아닌 과학으로 발전시킨 것이지요.

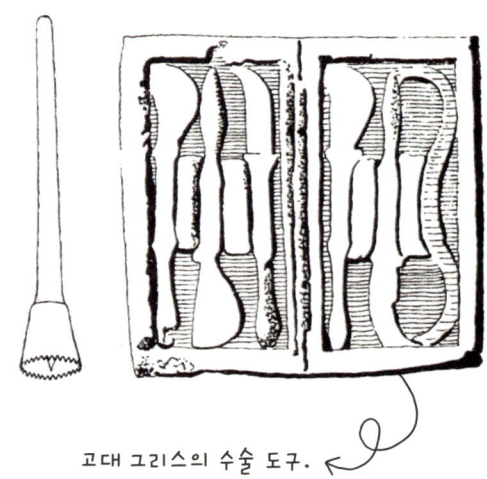

고대 그리스의 수술 도구.

사람은 왜 질병에 걸릴까?

히포크라테스는 사람의 몸도 자연과 마찬가지로 물, 불, 공기, 흙 네 가지 요소로 이루어졌다고 생각했어요. 이 네 원소가 조화를 이루면 건강하고, 조화를 이루지 못하면 병이 생긴다고 보았어요.

돈보다 중요한 조국

히포크라테스가 그리스에 퍼진 전염병을 치료하자 페르시아의 왕 아르타크세르크세스 1세가 많은 재물을 줄 테니 페르시아로 오라는 제안을 했어요. 하지만 히포크라테스는 이 제안을 거절했어요. 당시 그리스와 페르시아는 적대국이었기 때문이에요. 적국인 페르시아에서 부귀를 누리는 것은 옳지 않은 일이라고 생각한 것이지요.

환자를 배려한 의학의 아버지

히포크라테스는 평생 60편의 논문을 썼는데, 그가 세상을 떠난 후 기원전 1세기경에 그의 책과 용어집이 편찬되었어요. 그것이 바로 히포크라테스 총서예요. 히포크라테스는 그의 글을 통해 의술도 중요하지만 환자에 대한 배려를 잊지 말아야 한다고 끊임없이 강조했어요.

히포크라테스의 초승달

고대 그리스 인들은 도형을 그릴 때 '작도'라는 방법을 사용했어요. 눈금 없는 자와 컴퍼스만을 이용해서 그리는 방법이에요. 히포크라테스가 쓴 《기하학 원리》라는 책에는 작도로 그린 초승달이 있어요. 훗날 수학자들은 직각 삼각형의 넓이와 초승달의 넓이가 같다는 것을 발견했어요.

아르타크세르크세스 1세의 제안을 거절하는 히포크라테스.

히포크라테스의 초승달.

| 연관 검색 | 히포크라테스 선서 |

지금도 의사가 되기 위해서는 히포크라테스 선서를 해야 해요. 의사가 가져야 할 마음가짐이라고 할 수 있지요. 하지만 우리가 알고 있는 히포크라테스 선서는 1948년 제네바에서 세계 의사협의회가 채택한 선언문이어서 원래의 내용과는 조금 다르다고 해요.

나는 인간의 생명이 잉태된 순간부터 더없이 존중하겠노라.
비록 위협을 당할지라도 나의 지식을 도리에 어긋나게 쓰지 않겠노라.

– 히포크라테스 선서 원문 중

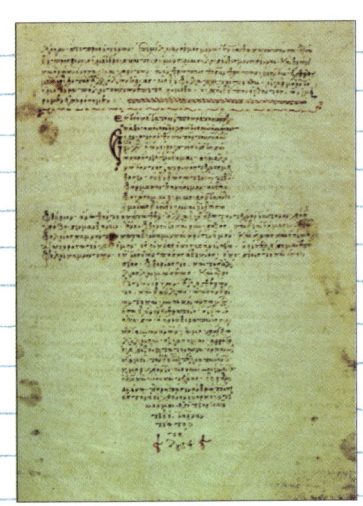

▲ 히포크라테스의 선서.

고대 그리스의 사상가
소크라테스

그리스 · 기원전 470년~기원전 399년

> 너 자신을 알라.

이전과 다른 그리스 철학

소크라테스 이전의 그리스 철학은 주로 우주와 자연을 연구 대상으로 삼았어요. 하지만 소크라테스는 인간의 내면과 행동에 관심을 가지고 연구했어요. 철학의 역할은 사람들이 올바른 삶을 살 수 있도록 도와주는 것이라고 생각했기 때문이지요. 이렇게 해서 이전의 그리스 철학과는 다른 새로운 그리스 철학이 탄생하게 되었어요.

돈을 내면 웅변술을 가르쳐 줄게

그리스가 페르시아 전쟁에서 승리한 후 아테네는 번영을 누리게 되었어요. 수많은 소피스트들이 등장한 것도 이때랍니다. '지혜로운 자'라는 뜻을 가진 소피스트들은 사상가이자 교육가였어요. 그들은 사람들에게 지식과 웅변술을 가르치고 보수를 받았어요.

연관 검색 | 고대 그리스의 철학자

그리스 철학을 발전시킨 플라톤

소크라테스의 제자였던 플라톤(기원전 427년~기원전 347년)은 원래 정치에 뜻이 있었어요. 하지만 스승이 사형을 당하자 정치를 싫어하게 되었지요. 한참 동안 나라 밖을 떠돌다가 아테네로 돌아온 플라톤은 아카데메이아를 설립했어요. 플라톤은 이곳에서 학생을 가르치고 사람들을 모아 강연을 했어요. 아카데메이아는 서양 최초의 대학이었지요.
플라톤은 영원불변한 것을 '이데아'라고 불렀어요. 이데아는 영혼의 눈인 이성으로만 볼 수 있다고 했지요. 그래서 이성이 중요한 것이고, 이성에 따라 행동해야 한다고 가르쳤어요.

아테네의 아카데미 앞에 있는 소크라테스의 동상.

악법도 법이다

문답법 때문에 자신의 무지가 드러난 사람들은 소크라테스를 미워했어요. 그들은 소크라테스가 얄팍한 말재주로 젊은이들을 속인다고 비난했어요. 결국 모함에 빠진 소크라테스는 아테네 법정에서 사형을 선고받았어요. 소크라테스가 감옥에 갇혀 있을 때 친구와 제자들이 그를 찾아가 도망가라고 설득했지만 소크라테스는 '악법도 법'이라며 도망치지 않았어요. 결국 그는 독약을 마시고 죽었어요.

너 자신을 알라

소크라테스는 소피스트들과는 달랐어요. 돈을 받지 않았을 뿐만 아니라 철학을 가르치는 방법도 독특했어요. 사람들에게 먼저 질문을 던지고 그 대답을 들은 다음 잘못된 점을 지적하고 토론을 하는 방식으로 가르쳤지요. 사람들로 하여금 자신이 모른다는 것을 깨닫게 함으로써 더욱 열심히 진리를 추구하도록 하기 위한 교육법이었어요. 이것을 소크라테스 문답법이라고 한답니다.

자크 루이 다비드, <소크라테스의 죽음>, 1787년

그리스 철학을 완성시킨 아리스토텔레스

아리스토텔레스는(기원전 384년~기원전 322년) 플라톤의 제자로 아카데메이아에서 20여 년 동안 공부를 했어요. 아리스토텔레스는 스승인 플라톤을 존경했고, 플라톤 역시 제자인 아리스토텔레스를 무척이나 아꼈어요. 하지만 두 사람의 생각은 조금 달랐어요. 플라톤이 눈에 보이지 않는 이데아의 세계를 중요시한 반면 아리스토텔레스는 현실 세계를 더 중요시했어요.

아리스토텔레스는 여행을 하며 경험을 쌓았어요. 그 과정에서 마케도니아의 알렉산더 대왕 › 206쪽 을 가르치기도 했어요. 그 이후에도 리케리온이라는 학원을 열고 많은 제자를 길렀어요.

유교를 창시한 중국의 사상가
공자
중국 • 기원전 551년~기원전 479년

자기 자신을 존중하는 것처럼 남을 존중하자. 남이 자신에게 해 주기 원하는 바를 남에게 해 줄 수 있는 사람이 진정한 사랑을 하는 사람이다.

춘추 전국 시대

중국을 지배하던 주나라는 왕실의 내분과 이민족의 침입 때문에 점차 세력이 약해졌어요. 도읍을 동쪽으로 옮기고서는 더 이상 중국의 지배자 노릇을 할 수 없게 되었지요. 주나라가 이름뿐인 황실로 전락하자 전국 각지의 제후국이 천하 제패를 놓고 각축전을 벌이기 시작했어요. 무려 550년이나 지속된 이 시대를 '춘추 전국 시대'라고 부른답니다.

가난한 창고지기 소년

공자는 기원전 551년, 노나라의 추읍이라는 곳에서 태어났어요. 아버지 숙량흘은 예순 살이 넘은 노인이었고, 어머니는 이제 갓 스무 살이 넘은 젊은 여인이었어요. 세 살 되던 해에 아버지가 세상을 떠나면서 공자의 시련이 시작되었어요. 집안이 너무 가난해 공자는 어린 시절부터 창고지기나 가축 관리 같은 천한 일을 해야 했지요. 하지만 배우는 게 너무 좋았던 공자는 열다섯 살에 학문을 해야겠다고 결심했어요.

죽을 고비를 넘고 넘었으나

공자는 14년 동안 중국을 떠돌며 여러 나라의 제후들을 만났어요. 공자는 제후들에게 '인'과 '예'에 입각해서 바른 정치를 해야 천하가 태평해진다고 주장했어요. 그러나 제후들은 서로 힘 겨루기에만 바빴지 공자의 사상을 받아들이지 않았어요. 공자와 제자들은 가는 곳마다 쫓겨났고, 굶어 죽을 위기에 처하기도 했어요. 결국 공자는 13년의 여행을 정리하고 다시 노나라로 돌아왔어요.

↳ 산둥성에 있는 공자의 묘.

논어는 무슨 책?

고향으로 돌아온 공자는 제자들을 가르치는 데에 전념했어요. 공자를 따르는 사람이 3천 명이 넘었다고 해요. 공자가 죽은 뒤 제자들은 평소 공자의 가르침을 정리해 책으로 펴냈는데, 이것이 《논어》랍니다. 《논어》는 유교의 가장 중요한 경전이라 일컬어지는 4서 3경 중의 하나이기도 해요.

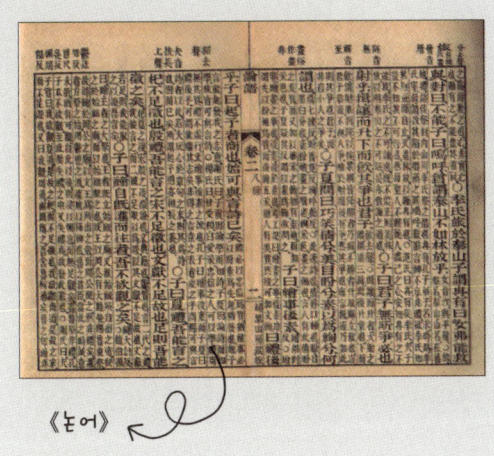

↳ 《논어》

공자가 노나라를 떠난 이유

열심히 학문을 닦은 공자는 인(仁)과 예(禮)의 사상을 펼치는 사상가가 되었어요. 이미 서른 살부터 유명해져서 주위에 많은 사람이 모이기 시작했지요. 노나라의 관리가 되어 정승이라는 높은 관직까지 올라갔지만, 쉰다섯 살 무렵에 관직을 버리고 노나라를 떠났어요. 노나라의 군주가 공자의 사상을 따르지 않았기 때문이지요. 공자는 제자들과 함께 자신의 이상을 펼칠 수 있는 곳을 찾기 시작했어요.

연관 검색 　제자백가

춘추 전국 시대는 수많은 사상가들이 활약한 시대이기도 했어요. 공자를 비롯해 맹자, 노자, 장자, 순자, 한비자 등이 이때 활동했지요. 이들을 통틀어 제자백가라고 해요. 맹자는 공자에 이어 유교를 발전시켰고, 노자와 장자는 도교를 창시했어요. 순자는 성악설을 주장한 사상가이고, 한비자는 법가 사상을 집대성했답니다.

불교를 창시한 인도의 성인
고타마 싯다르타

인도 • 기원전 563년~기원전 483(?)년

흰 코끼리 꿈을 꾸고 태어난 아이

히말라야 산기슭에 자리 잡은 사끼야(석가)국의 왕과 왕비는 아이가 생기지 않아서 고민이 많았어요. 그러던 어느 날, 왕비는 흰 코끼리가 뱃속으로 들어오는 이상한 꿈을 꿨어요. 흰 코끼리는 왕권을 상징하는 동물이기 때문에 사람들은 왕자가 태어나리라 생각했어요. 정말 왕비는 아들을 낳았는데, 그 아이가 바로 싯다르타랍니다.

왕자가 화려한 궁을 떠난 까닭은?

싯다르타는 왕궁에서 풍족한 생활을 누리며 아름다운 아내와 사랑스런 아이까지 두었지요. 어느 날 싯다르타는 왕궁 밖에 사는 사람들이 가난과 질병으로 괴로워하는 모습을 보고 충격에 휩싸였어요. 그리고 수행을 하기 위해서 궁을 떠나야겠다고 중대한 결심을 했어요.

사람이 고통에서 벗어나는 방법

싯다르타는 생각했어요. 왜 인생은 고통스러운 걸까? 고통에서 벗어날 수 있는 방법을 찾기 위해 싯다르타는 7년 동안 전국 방방곡곡을 돌아다녔어요. 그 과정에서 온갖 불의와 악이 판치는 세상을 보았는데, 고통받는 사람들은 대부분 죄 없고 선량한 사람들이었어요. 부다가야에 있는 보리수나무 아래에 자리를 잡은 싯다르타는 깨달음을 얻기 위해 명상을 시작했어요. 깨달음을 얻기 전까지는 움직이지 않으려는 각오였어요.

> 욕망으로부터 걱정이 생기고, 욕망으로부터 두려움이 생긴다. 욕망이 없으면 걱정이 없나니, 또 어디에 두려움이 있을 것인가?

불평등한 신분제 때문에 괴로운 백성들

당시 인도 사람들은 네 가지 계급으로 분류되었어요. 제일 높은 계급은 사제들만 해당하는 브라만, 두 번째 계급은 왕족, 귀족, 관리들이 속한 크샤트리아, 세 번째 계급은 농업이나 목축, 상업에 종사하면서 수입의 일부를 세금으로 내는 바이샤였어요. 그리고 맨 밑바닥 계급은 수드라인데, 이들은 노예나 다름없었어요. 마음대로 사고팔 수 있었을 뿐만 아니라 이들을 살해해도 아무 죄가 되지 않았지요. 서로 다른 신분은 혼인을 할 수도 없었고, 사용하는 언어도 달랐어요. 인도의 이런 불평등한 신분 제도를 카스트 제도라고 하지요.

새로운 종교, 불교의 탄생

싯다르타의 죽음을 표현한 부조.

보리수나무 아래에서 명상을 시작한 지 7주 만에 싯다르타는 깨달음을 얻었어요. 그때부터 그는 '깨달음을 얻은 자'라는 뜻의 붓다 혹은 석가로 불렸어요. 붓다는 전국을 돌아다니며 자신의 깨달음을 사람들에게 전파했어요. 브라만 어가 아닌 평민의 언어인 빨리(pali) 어로 포교 활동을 하고, 제자를 받아들일 때도 계급과 성별을 가리지 않았어요. 이렇게 해서 새로운 종교이자 철학인 불교가 탄생하게 되었답니다.

전 세계로 퍼져 나간 불교

붓다는 사람의 모든 고통은 욕망에서 비롯된다고 보았어요. 욕망에서 벗어난 경지를 해탈이라고 하는데, 신분에 관계없이 누구든지 수행을 하면 해탈의 경지에 도달할 수 있다고 했지요. 만민 평등 사상을 깔고 있는 불교는 많은 신도를 거느리게 되었어요. 중국을 거쳐 한반도, 일본, 동남아 일대로 전파되었고, 오늘날 기독교, 이슬람교와 함께 세계 3대 종교로 자리잡게 되었어요.

중앙에 있는 붓다는 후광에 둘러싸여 있고, 주변에 많은 경비들이 함께 있다.

연관 검색 붓다를 표현한 유물

▲ 1세기경에 간다라에서 만들어진 불상.

▲ 경주 토함산에 있는 석굴암 보존상.

▲ 금동 미륵보살 반가상. 고뇌하는 싯다르타를 표현했다.

부록 한국사 · 세계사 비교 연표

워렌 버핏
370억 달러 사회에 기부

넬슨 만델라
남아프리카 공화국 최초의 흑인 대통령 당선

아웅 산 수 치
미얀마 민주화 운동으로 노벨 평화상 수상

마틴 루터 킹
과격 백인들에게 암살

2001년
미국, 9·11 테러 발생

2007년 — 2006년 — 2000년 — 1994년

스티브 잡스
애플 컴퓨터 설립

반기문
유엔 사무총장 취임

김대중
6·15 남북 공동 선언

김일성
타계

1991년
1990년
1984년

1987년
6월 민주 항쟁

미하일 고르바초프
소련 대통령으로 선출

1978년
미국·중국, 국교 정상화

닐 암스트롱
인류 최초 달 착륙

1976년 — 1970년 — 1969년 — 1968년

백남준
〈미스터 오웰〉 기획, 연출

전태일
분신 자살 사건

김수환
한국 최초의 추기경 탄생

마하트마 간디
소금 행진 주도

1929년 대공황 발생

아돌프 히틀러
제 2차 세계 대전 발발

1930년   1926년   1923년

1939년

유일한
한국 최초로 종업원지주제 실시

나운규
한국 최초 무성 영화 〈아리랑〉 개봉

마더 테레사
사랑의 선교회 설립

달라이 라마
티베트 제14대 달라이 라마로 즉위

1940년

윈스턴 처칠
포츠담 선언, 일본 항복

1945년

1945년
8·15 광복

윤심덕
가요 〈사의 찬미〉 발표

방정환
어린이날 공포

마오쩌둥
중화인민공화국 수립 선포

1948년
대한민국 정부 수립

체 게바라
쿠바 혁명 성공

1949년

1950년
한국 전쟁

한용운
시집 《님의 침묵》 출간

알베르트 슈바이처
노벨 평화상 수상

1950년

1952년

1961년   1959년   1956년

우장춘
겹꽃 피튜니아 꽃 육종합성 성공

박정희
5·16 군사 정변 발발

이중섭
타계

1917년
러시아 혁명

쑨원
신해혁명 성공

파블로 피카소
〈아비뇽의 처녀들〉
완성

알베르트
아인슈타인
특수상대성 이론
발표

헨리 포드
포드자동차
회사 설립

라이트 형제
최초로
동력 비행 성공

블라디미르 레닌
볼셰비키당
(소련 공산당) 창시

1919년 1911년 1907년 1905년 1904년

1903년
1899년
1898년
1896년
1894년

1895년 1881년 1979년 1877년

1905년
을사조약
강제 체결

지그문트 프로이트
《꿈의 해석》 출간

유관순
3·1 운동 참여

안창호
점진학교 설립

마리 퀴리
라듐 발견

빌헬름 뢴트겐
엑스선 발견

빅토리아 여왕
영국령 인도 제국
수립

토머스 에디슨
백열전구 발명

주시경
국어사전 편찬

루이 파스퇴르
탄저병 백신의
효능 입증

1894년
청일 전쟁
발발

김구
대한민국 임시 정부에 참여

1897년
대한 제국
성립

1894년
동학 농민 운동,
갑오 개혁

전봉준
동학 농민 운동
1차 봉기 주도

오토 폰 비스마르크
독일 통일 완성

에이브러햄 링컨
노예 해방 선언

빈센트 반 고흐
출생

레프 톨스토이
《전쟁과 평화》 출간

찰스 다윈
《종의 기원》 출간

카를 마르크스
《공산당 선언》 발표

나폴레옹 보나파르트
프랑스 황제 즉위

알렉산드로 볼타
볼타 전지 개발

1840년
아편 전쟁

| 1871년 | 1869년 | 1863년 | 1861년 | 1859년 | 1853년 | 1848년 | 1804년 | 1800년 |

1860년
최제우,
동학 창시

흥선 대원군
정권 장악

김정호
〈대동여지도〉 제작

갈릴레오 갈릴레이
태양 중심설 주장

로버트 보일
보일의 법칙 발견

아이작 뉴턴
≪자연 철학의 수학적 원리≫ 출간

볼프강 아마데우스 모차르트
출생

조지 워싱턴
미국 초대 대통령 취임

루이 16세
처형

제임스 와트
증기기관 완성

1688년
영국, 명예 혁명

1590년
일본, 전국 통일

1678년
상평통보 전국에 유통

1592년
임진왜란

1789년
프랑스 혁명

1793년 — 1791년 — 1789년 — 1773년 — 1765년 — 1758년 — 1756년 — 1751년 — 1687년 — 1662년 — 1610년 — 1592년

박지원
《열하일기》 출간

정선
〈인왕제색도〉 완성

신윤복
출생

이순신
한산도 대첩 승리

김홍도
영조 어진 제작 참여

정약용
수원 화성 설계 참여, 거중기 발명

마틴 루터
종교 개혁 시작

크리스토퍼 콜럼버스
아메리카 도착

윌리엄 셰익스피어
출생

니콜라우스
코페르니쿠스
《천체의 회전에
관하여》 출간

레오나르도 다 빈치
〈모나리자〉 완성

요하네스 구텐베르크
금속 활자로
《구텐베르크 성서》 인쇄

1453년
동로마 제국
멸망

| 1575년 | 1564년 | 1561년 | 1543년 | 1517년 | 1507년 | 1492년 | 1450년 | 1443년 | 1434년 |

1418년
세종 즉위

이이
〈성학집요〉 저술

이황
도산 서당 설립

장영실
자격루 제작

세종 대왕
훈민정음 창제

마르코 폴로
원 세조 알현

1368년	1299년	1271년
명나라 건국	오스만 제국 성립	몽골 제국, 국호를 원으로 정함

1388년　　　　　1377년　　　　　1275년

1392년
고려 멸망,
조선 건국

1285년
일연,
《삼국유사》
편찬

이성계
위화도 회군

최무선
화통도감 설치

칭기즈 칸
몽골족 통일

1096년
제1차 십자군 전쟁 시작

771년
프랑크 왕국 통일

1206년 — 1019년 — 828년 — 698년

1231년
몽골 침입

1170년
무신정변

1145년
김부식, ≪삼국사기≫ 편찬

936년
고려, 후삼국 통일

918년
왕건, 고려 건국

장보고
청해진 설치

대조영
발해 건국

강감찬
귀주 대첩 승리

예수 그리스도
탄생

무함마드
이슬람교 창시

645년 일본, 다이카 개신				27년 로마 제정 시작	
668년	647년	617년	610년	기원후 / 기원전	4년경

676년
신라, 삼국 통일 완성

선덕 여왕
첨성대 건립

527년
신라 법흥왕, 불교 공인

18년
백제 건국

원효
출생

김유신
당과 연합해 고구려 공격

가이우스 율리우스 카이사르
피살

아르키메데스
출생

221년
진시황, 중국 통일

히포크라테스
출생

44년

37년
고구려 건국

287년

57년
신라 건국

알렉산더 대왕
동방 원정 시작

334년

소크라테스
사형

공자
출생

고타마 싯다르타
탄생

4000만 년 전
인류의 조상 출현

40만 년 전
불 사용법 발견

10만 년 전
농경과 목축 시작

399년

410년　　460년　　551년　　563년

400년
철기 보급

광개토 대왕
동부여 정복

2333년
고조선 건국

8000년경
신석기 시대

70만 년 전
구석기 시대

찾아보기

ㄱ
가이우스 율리우스 카이사르 • 196
갈릴레오 갈릴레이 • 148
강감찬 • 178
고타마 싯다르타 • 208
공자 • 206
광개토 대왕 • 192
김구 • 80
김대중 • 32
김수환 • 34
김유신 • 186
김일성 • 42
김정호 • 116
김홍도 • 130

ㄴ
나운규 • 46
나폴레옹 보나파르트 • 120
넬슨 만델라 • 36
니콜라우스 코페르니쿠스 • 162
닐 암스트롱 • 26

ㄷ
달라이 라마 • 18
대조영 • 182

ㄹ
라이트 형제 • 84
레오나르도 다 빈치 • 158
레프 톨스토이 • 102
로버트 보일 • 144
루이 16세 • 128
루이 파스퇴르 • 104

ㅁ
마더 테레사 • 44
마르코 폴로 • 174
마리 퀴리 • 86
마오쩌둥 • 56
마틴 루터 • 156
마틴 루터 킹 • 28
마하트마 간디 • 66
무함마드 • 188
미하일 고르바초프 • 22

ㅂ
박정희 • 38
박지원 • 134
반기문 • 16
방정환 • 50
백남준 • 20
볼프강 아마데우스 모차르트 • 126
블라디미르 레닌 • 82
빅토리아 여왕 • 108
빈센트 반 고흐 • 96
빌헬름 뢴트겐 • 100

ㅅ
선덕 여왕 • 190
세종 대왕 • 164
소크라테스 • 204
스티브 잡스 • 10
신윤복 • 124
쑨원 • 88

ㅇ

아돌프 히틀러 • 58
아르키메데스 • 198
아웅 산 수 치 • 14
아이작 뉴턴 • 142
안창호 • 76
알렉산더 대왕 • 200
알렉산드로 볼타 • 132
알베르트 슈바이처 • 62
알베르트 아인슈타인 • 74
에이브러햄 링컨 • 118
예수 그리스도 • 194
오토 폰 비스마르크 • 112
요하네스 구텐베르크 • 168
우장춘 • 52
워렌 버핏 • 24
원효 • 184
윈스턴 처칠 • 64
윌리엄 셰익스피어 • 146
유관순 • 48
유일한 • 54
윤심덕 • 68
이성계 • 170
이순신 • 150
이이 • 152
이중섭 • 40
이황 • 154

ㅈ

장보고 • 180
장영실 • 166
전봉준 • 94
전태일 • 12
정선 • 140
정약용 • 122
제임스 와트 • 136
조지 워싱턴 • 138
주시경 • 78
지그문트 프로이트 • 92

ㅊ

찰스 다윈 • 114
체 게바라 • 30
최무선 • 172
칭기즈 칸 • 176

ㅋ

카를 마르크스 • 110
크리스토퍼 콜럼버스 • 160

ㅌ

토머스 에디슨 • 98

ㅍ

파블로 피카소 • 70

ㅎ

한용운 • 72
헨리 포드 • 90
헬렌 켈러 • 60
흥선 대원군 106
히포크라테스 • 202

사진 자료 출처와 소장처

13쪽 • 전태일이 대통령에게 쓴 편지 : 전태일재단 제공
18쪽 • 포탈라 궁 © Ondřej Žváček, CC-BY-SA, Wikimedia Commons
18쪽 • 티베트 가족 © Antoine Taveneaux, CC-BY-SA, Wikimedia Commons
24쪽 • 컬럼비아 대학교 © AlMare, CC-BY-SA, Wikimedia Commons
25쪽 • 버크셔 해서웨이 건물 © JonClee86, CC-BY-SA, Wikimedia Commons
35쪽 • 6·10 민주화 운동 중 명동성당 농성 전경 : 경향신문사, 민주화운동기념사업회 제공
41쪽 • 〈흰 소〉, 이중섭, 1954년, 홍익대학교 박물관 소장
41쪽 • 〈부부〉, 이중섭, 1953년, 국립현대미술관 소장
48쪽 • 독립 선언서 기념비 © Pugnari, CC-BY-SA, Wikimedia Commons
49쪽 • 서대문 형무소 © WaffenSS, CC-BY-SA, Wikimedia Commons
53쪽 • 겹꽃 피튜니아 © Fanghong, CC-BY-SA, Wikimedia Commons
53쪽 • 우장춘 기념관 : 국립원예특작과학원 시설원예시험장 제공
73쪽 • 만해 기념관 © Jjw, CC-BY-SA, Wikimedia Commons
92쪽 • 〈스핑크스와 오이디푸스〉, 귀스타브 모로, 1864년, 메트로폴리탄 미술관 소장
105쪽 • 〈안톤 판 레이우엔훅 초상화〉, 얀 페르콜례, 1680년, 네덜란드 국립과학사 박물관 소장
107쪽 • 척화비, 국립중앙박물관 소장
114쪽 • 갈라파고스 제도 © Michaël Lejeune, CC-BY-SA-2.5, Wikimedia Commons
116쪽 • 〈지구전도〉, 서울대 규장각 소장
117쪽 • 〈청구도〉, 국립중앙도서관 소장
121쪽 • 파리 개선문 © Benh LIEU SONG, CC-BY-SA, Wikimedia Commons
121쪽 • 〈나폴레옹과 조제핀의 대관식〉, 자크 루이 다비드, 1804년, 루브르 박물관 소장
124쪽 • 도화서 터 표지석 © Eggmoon, CC-BY-SA, Wikimedia Commons
125쪽 • 〈미인도〉, 신윤복, 18세기, 간송미술관 소장
125쪽 • 〈월하정인〉, 신윤복, 18세기, 간송미술관 소장
130쪽 • 〈강세황 71세 때 자화상〉, 강세황, 1782년, 국립중앙박물관 소장
130쪽 • 〈길쌈〉, 김홍도, 18세기, 국립중앙박물관 소장
130쪽 • 〈점심〉, 김홍도, 18세기, 국립중앙박물관 소장

131쪽 • 〈서당〉, 김홍도, 18세기, 국립중앙박물관 소장
131쪽 • 〈춤추는 아이〉, 김홍도, 18세기, 국립중앙박물관 소장
133쪽 • 볼타 전지 © GuidoB, CC-BY-SA, Wikimedia Commons
134쪽 • 자금성 © Asadal, CC-BY-SA, Wikimedia Commons
135쪽 • 〈곤여 만국 전도〉, 서울대 규장각 소장
137쪽 • 스티븐슨의 기관차 로켓호 © William M. Connolley, CC-BY-SA, Wikimedia Commons
141쪽 • 〈인왕제색도〉, 정선, 18세기, 리움미술관 소장
141쪽 • 〈금강전도〉, 정선, 18세기, 리움미술관 소장
145쪽 • 런던에 있는 왕립학회 건물 © Kaihsu Tai, CC-BY-SA, Wikimedia Commons
153쪽 • 자운 서원 : 파주문화원 제공
154쪽 • 〈초충도〉, 신사임당, 16세기, 국립중앙박물관 소장
157쪽 • 95개조 반박문을 붙인 비텐베르크 대학 성당 정문 © AlterVista, CC-BY-SA, Wikimedia Commons
158쪽 • 〈그리스도의 세례〉, 안드레아 델 베로키오, 1475년 경, 우피치 미술관 소장
158쪽 • 〈모나리자〉, 레오나르도 다 빈치, 1503년~1506년경, 루브르 박물관 소장
165쪽 • 종묘 제례악을 재현한 모습 © joonghijung at Flickr, CC-BY-SA, Wikimedia Commons
167쪽 • 자격루 © Gapo, CC-BY-SA, Wikimedia Commons
167쪽 • 앙부일구 © Bernat, CC-BY-SA, Wikimedia Commons
171쪽 • 〈무학대사 영정〉, 국립중앙박물관 소장
183쪽 • 발해 유적지에서 나온 용머리 © tjfriese, CC-BY-SA, Wikimedia Commons
190쪽 • 모란 © KENPEI, CC-BY-SA, Wikimedia Commons
192쪽 • 광개토 대왕비 복제품 © Lawinc82, CC-BY-SA, Wikimedia Commons
193쪽 • 충주 고구려비 © Lawinc82, CC-BY-SA, Wikimedia Commons
196쪽 • 콜로세움 © Diliff, CC-BY-SA, Wikimedia Commons
197쪽 • 루비콘 강 © Stefano Bolognini, CC-BY-SA, Wikimedia Commons
203쪽 • 〈아르타크세르크세스 1세의 제안을 거절하는 히포크라테스〉, 안 루이 지로데트리오종, 1792년, 파리 의학역사박물관 소장
205쪽 • 〈소크라테스의 죽음〉, 자크 루이 다비드, 1787년, 메트로폴리탄 미술관 소장

* 저작권자가 누락되거나 착오가 있다면 다음 쇄를 찍을 때 수정하겠습니다.